新时代青年学者管理文库

Management Library for Young Scholars in the New Era

国家自然科学基金青年项目（72402027）研究成果

MANAGEMENT LIBRARY

资源拼凑与危机学习对组织韧性的影响研究

Research on the Impact of Resource Bricolage and Crisis Learning on Organizational Resilience

刘爽 著

东北财经大学出版社
Dongbei University of Finance & Economics Press
大连

图书在版编目（CIP）数据

资源拼凑与危机学习对组织韧性的影响研究 / 刘爽著．—大连：东北财经大学出版社，2025.9．—（新时代青年学者管理文库）．—ISBN 978-7-5654-5694-7

Ⅰ．F272

中国国家版本馆CIP数据核字第2025UJ5443号

资源拼凑与危机学习对组织韧性的影响研究

ZIYUAN PINCOU YU WEIJI XUEXI DUI ZUZHI RENXING DE YINGXIANG YANJIU

东北财经大学出版社出版发行

大连市黑石礁尖山街217号　邮政编码　116025

网　　址：http://www.dufep.cn

读者信箱：dufep@dufe.edu.cn

大连永盛印业有限公司印刷

幅面尺寸：170mm×240mm　字数：222千字　印张：18.5

2025年9月第1版　　2025年9月第1次印刷

责任编辑：王　玲　孔利利　　责任校对：赵　楠

封面设计：张智波　　版式设计：原　皓

书号：ISBN 978-7-5654-5694-7　　定价：95.00元

教学支持　售后服务　　联系电话：（0411）84710309

如有印装质量问题，请联系营销部：（0411）84710711

前言

当今全球市场正处于变革和发展的关键时期。逆全球化趋势、中美技术脱钩、新冠肺炎疫情、俄乌冲突、通胀飙升等内外部危机相互交织叠加，使市场环境的易变性、不确定性、复杂性和模糊性特征日益明显，成为新常态，给企业生存和发展带来严峻的挑战。同时，作为新兴市场典型代表的中国，共建“一带一路”倡议，“创新驱动发展”战略，以国内大循环为主体、国内国际双循环相互促进的新发展格局，为中国企业在全球危机事件频发的情况下实现快速转型发展创造了广阔的空间和历史机遇。部分企业抓住市场竞争结构加速演变、全球价值链深度重塑的机会，乘着新一轮科技和产业革命的东风谋取更大的发展。在这个过程中，组织韧性是企业面对危机情境中产生的干扰，能够有效地预测、避免、调整应对，最终随着时间的推移实现蓬勃发展的关键。因此，危机情境下如何塑造组织韧性是企业亟待解决的重要问题。

现有研究指出，面对危机情境时具有灵活的资源配置是企业快速应对并塑造组织韧性的重要立足点。另外，已有研究开始呼吁关注学习的重要作用，探究企业如何通过学习获得快速提升，甚至反超竞争对手，从而塑造组织韧性。尽管上述研究为理解组织韧性的形成提供了有益的洞见，但单独关注资源或学习行动对组织韧性形成影响的解释力显然有限，对资源的快速响应效应在组织韧性形成过程中如何传导，特别是学习机制如何发挥作用仍然缺乏深入细化的探讨。在资源的配置上，资源拼凑被视为企业快速适应环境改变的一种灵活的动态反应，然而现有对资源拼凑的研究主要聚焦于常规情境，认为企业或通过资源拼凑重组手边资源提升企业的能力和绩效，或因临时采取资源拼凑行为会随时间推移失去积极效应，甚至降低企业绩效，对危机情境的关注十分匮乏，故危机情境下资源拼凑对组织韧性的影响有待检验。在学习上，有关研究认为企业在危机中通过学习沉淀经验，通过创造性学习降低危机带来的负面影响，可促进组织变革，提高企业能力，但现有文献对危机发生时如何进行危机学习的关注较少，对危机发生时资源拼凑如何激发危机学习进而塑造组织韧性尚未做出清晰的解释。

基于此，针对企业响应外部危机事件的诸多实践，本书构建并检验了“资源拼凑—危机学习—组织韧性”的理论框架，揭示了危机情境下组织韧性的形成机理，通过研究发现：第一，资源拼凑行为对组织韧性的形成具有重要的积极影响。危机发生时，企业会接受危机现实，并迅速做出反应，即企业会通过资源拼凑快速创建应对危机的解决方案。危机中，资源拼凑作为快速响应策略并不局限于资源匮乏这一具体情境，还适用于企业原本配置完善的资源难以发挥原有优势等情境。因此，危机发生时，企业通过资源拼凑灵活且快速地重组手头资源，形成有效的应对解决方案，可促进组织应对意外干扰，塑造组织韧性。

第二，危机学习在资源拼凑与组织韧性之间起着重要的中介作用。危机中既包含威胁，又包含机遇，企业通过资源拼凑可获得应对威胁与机遇的经验，但由于危机响应经验会随着时间的推移而弱化，企业应通过危机学习及时将上述经验内化到原有知识体系中，以推动组织的优化和变革，进而在危机情境中保持长期竞争优势。具体来说，危机发生时，企业的资源拼凑行为会激发特定的企业危机学习内在机制，一般表现为危机反思、快速修正和重复实践这三个动作的贯序循环。企业通过危机反思、快速修正和重复实践的贯序循环，将资源拼凑过程中形成的有效但临时的知识固化并迁移到企业长期的经营活动中。

第三，环境不确定性在资源拼凑与危机学习之间具有重要的调节作用且呈现一定的差异性。当危机所伴随的环境的不确定性较强时，资源拼凑与危机反思、重复实践之间的正向关系会变强，但资源拼凑与快速修正之间的正向关系没有显著变化。

第四，组织的创造性氛围在危机学习与组织韧性之间具有重要的调节作用且呈现一定的差异性。当组织的创造性氛围较好时，危机反思与适应能力之间的正向关系变弱，快速修正与适应能力之间的正向关系变强，但重复实践与适应能力之间的正向关系保持不变，危机学习与预警能力之间的正向关系保持不变。

本书的理论贡献主要体现在以下四个方面：第一，基于资源拼凑与危机学习的整合，探讨了危机情境下组织韧性的形成机制，解释了面对外部危机事件所伴随的机会与威胁时，企业如何通过资源拼凑与危机学习形成组织韧性以实现可持续经营，揭示了组织韧性形成的因果关系机制，弥补了现有关于组织韧性的研究单一考量资源或学习因素所导致的解释力不足。

第二，基于危机发生时企业资源行动的快速响应倾向，探讨了资源拼凑在危机情境下创造危机解决方案并对组织韧性形成的关键作用，拓展了资源拼凑理论在危机情境下的应用和解释边界。

第三，对于危机学习的研究，解释了危机发生时企业如何快速固化和迁移通过资源拼凑获取的有效但临时的危机应对知识和经验，并将其作用于组织韧性。基于过程观视角，提炼了危机学习在危机反思、快速修正和重复实践三个贯序行动方面的内容表现，丰富了危机学习理论。

第四，重大公共灾害等危机事件的发生往往同时伴随着企业外部环境的变化与企业内部环境的激活。从企业外部看，危机会引发行业、竞争或消费环境维度上的环境不确定性发生较大变化；从企业内部看，危机同时伴随着组织鼓励和支持员工应对变化的特定创造性氛围。因此，本书引入了危机中环境不确定性和组织的创造性氛围这两个可观测的情境变量，试图探寻上述主效应模型和中介效应模型的权变机制，从而在一定程度上弥补了现有研究主要将危机情境作为一种宏观背景导入条件的不足，丰富了有关危机发生时内外部具体情境因素造成相关影响的解释。

随着市场环境的多变性、不确定性、复杂性、模糊性特征的日益明显，竞争环境的日趋激烈，企业的经营活动正在或将长期遭受高强度的干扰，而信息技术发展推动的新一轮科技和产业变革将持续释放经济红利，给企业带来前所未有的机遇。面对全新的环境挑战与历史机遇，企业必须在充满不确定性的环境中保持对风险和机会的高度警觉，充分发挥资源拼凑的“巧”配作用，在有限的时间内，通过危机学习创造性固化和迁移有效的危机响应经验，提升企业能力，以应对外部危机事件给企业带来的威胁，撬动危机中潜藏的机遇。本书对于资源拼凑、危机学习与组织韧性关系的研究，立足于企业危机响应的实践，尝试提炼指导实践的工具性框架和措施，既是对企业如何实现可持续发展的思考，也是从战略管理角度对组织危机管理进行探讨的尝试。

本书的出版得到国家自然科学基金青年项目“逆全球化背景下中国跨国企业研发国际化重构机制及其对企业创新的影响研究——基于安全逻辑视角”（项目编号：72402027）的资助，在此深表谢意。

刘爽

2025年4月

目　录

1

绪论

本章聚焦于阐述本书的现实背景与理论背景，提出本书拟探讨的问题，明确研究目的，说明所选择的研究方法以及所设计的技术路线，阐述本书的理论意义、现实意义与研究创新点。

1.1 研究背景

本节将基于现有的经济社会发展状况与理论研究阐述本书的现实背景与理论背景。

1.1.1 现实背景

（1）危机情境给企业生存与发展带来严重威胁与绝佳机遇

当今全球市场正处于变革和发展的关键时期，政治、经济、技术、文化等各种因素变化相互交织叠加，放大了市场环境的易变性、不确定性、复杂性和模糊性特征，并使其成为未来发展的新常态，其正在持续提升“灰犀牛”/“黑天鹅”事件发生的可能性与频率（李平，2020；Kalina，2020），世界正处于百年未有之大变局。逆全球化趋势、中美技术脱钩、新冠肺炎疫情、俄乌冲突、通胀飙升等使世界经济遭受重创，美国、欧盟等发达经济体的增长势头明显减弱，其他经济体也受到严重影响。联合国发布的《2023年世界经济形势与展望》报告指出，受多重危机交汇影响，2023年全球经济增速已从2022年的3.0%下降至1.9%。

全球经济增速下行给企业的生存和发展带来前所未有的挑战（甄珍、王凤彬，2022；Petricevic and Teece，2019）。首先，新冠肺炎疫情严重影响了企业的生产活动，导致企业从生产到销售环节无法顺利进行，产业链的稳定性遭到破坏，而逐渐抬头的单边主义与保护主义进一步导致了产业链不稳定性的升级。其次，部分产业停摆导致大量失业，收入减少进一步加剧市场需求疲软，客户流失使得企业库存产品难以卖出。外部危机事件造成的风险叠加在产业链供给端与需求端，使之互相传导，牵一发而动全身。随之而来的订单变化、违约增加、原材料价格上涨又给企业现金流带来巨大压力，导致企业运营资金不足。近三年国内与国外很多行业都因此受到巨大冲击，餐饮业、制造业、旅游业、国际贸易等行业无一幸免，如国内知名餐饮企业深圳醉翁亭、旅游签证龙头企业百程旅行网等宣布停止营业，又如国外拉美百年航空公司阿维安卡航空、美国百年汽车租赁公司赫兹宣布申请破产。

尽管危机情境给企业的生存和发展带来严峻挑战，但仍有部分企业立足于政治经济格局发生深刻变化的历史交汇点，把困难视为成长的机会，抓住市场竞争结构加速演变、全球价值链深度重塑的机会，试图乘着新一轮科技和产业革命的东风谋取更大的发展。特别是作为新兴市场典型代表的中国，其共建“一带一路”倡议，“创新驱动发展”战略，以国内大循环为主体、国内国际双循环相互促进的新发展格局，为中国企业在全球危机事件频发的情况下实现快速发展和转型创造了广阔的空间和历史机遇。例如，国内物联网无线通信产品与技术解决方案提供商、全球领先的无线通信模组龙头公司广和通在受到新冠肺炎疫情与美国对中国科技企业实施限制的双重约束的情况下，迅速满足国内、国际市场广泛的物联网和无线通信模组需求实现逆势上扬，使其股票成为新冠肺炎疫情期间少数的A股翻倍股之一。因此，面对危机情境带来的挑战与机遇，中国企业如何在危机情境中持续成长成为亟待解决的重要问题。

（2）企业亟须塑造能够应对威胁并抓住机遇的组织韧性

企业的生存和持续发展正在或将长期遭受外部危机事件的干扰，

具有组织韧性的企业能够在干扰中做出积极调整，因此组织韧性成为企业应对干扰，并帮助企业抓住环境变化中的机会实现跃迁发展的关键（Duchek，2020；李平，2020；Williams et al.，2017）。组织韧性是指企业面对动态环境中产生的不利（有时是敌对的环境）时，能够有效地预测、避免、调整应对策略，最终随着时间的推移实现蓬勃发展的能力（Demmer et al.，2011；Sajko et al.，2020）。具有高韧性的组织能够在危机出现后，及时激活企业应对危机的能力，积极寻求补救和改进的机会，敢于在绝境中勇闯新路。

比如新冠肺炎疫情期间涌现的极具代表性的本土化妆品企业林清轩，在新冠肺炎疫情暴发线下门店纷纷闭店、业绩快速下跌90%的生死存亡时刻，其创始人孙春来并没有坐以待毙，而是向全体员工发出《至暗时刻的一封信——致清轩战友书》提振士气，鼓励并发动全公司超2 000名员工将可触达的客户资源转移到线上，推动直播带货，快速且果断地实施了公司的数字化改革。仅用时15天，林清轩就从破产边缘完成了逆袭，业绩甚至达到了以往同期的145%。然而，不具有高韧性的企业，其组织表现往往比较僵化，在面对危机冲击的过程中无法灵活地调整应对策略，最终难以在危机中存活下来，难逃倒闭的命运。统计资料显示，新冠肺炎疫情期间，有近400万家中小企业倒闭，北京K歌之王、兄弟连等知名公司也未能幸免。因此，组织韧性是企业在危机情境下逆袭实现蓬勃发展的关键。

（3）危机情境下企业面临快速调整资源的挑战

外部危机事件的难以预测性、突发性和强不确定性需要企业在较大时间压力和资源压力下，迅速接受危机并做出反应（Tognazzo et al.，2016），即将危机应对计划付诸行动，这就要求企业要随着环境的变化而快速调整资源（Sharma and Iyer，2012；苏芳等，2016）。比如，新冠肺炎疫情期间，为了配合防疫需要尽量减少人员流动，居民对生鲜商品的需求激增。这期间为了保障民生，生鲜企业甚至餐饮企业展现出强大的资源调配能力，各大生鲜电商、连锁超市紧急调配人力、物力等保障订单的配送，并在这个过程中创造性地生成了“共享员工”这一模式；一些大型餐饮企业快速调整原有资源的用途，凭借其完善的生鲜蔬菜配送供应链网络，与大型商超共同保障民生需求。

一方面，在持续应对危机的过程中，快速调整资源意味着企业存在资源基础，这些资源可以在挑战出现时在新情况下被激活或重新组合（Vogus and Sutcliffe，2007）；另一方面，在持续应对危机的过程中，快速调整资源离不开意义创造与行动的结合，此时，最重要的原则之一就是“拼凑”：即兴创作和创造性解决问题的能力（Weick，1993）。面对全球经济政治格局的重塑，特别是危机事件给企业生存和发展环境带来的不确定性，企业能否通过对资源的快速调整响应危机事件成为其在危机情境下能否保持连续性运营的关键。

（4）危机情境下企业亟须通过学习塑造长期竞争优势

随着外部危机事件影响的逐渐减弱，大部分企业对危机响应能力的关注也会减少，仅有少部分企业会将危机应对经验沉淀下来并融入企业的日常经营中。但正是企业对危机经验的学习行为有助于企业在危机情境中捕获机会、推动新的变革来塑造长期竞争优势，它是企业应对威胁，并在新环境中抓住机会进而实现蓬勃发展的关键。值得注意的是，企业通过危机学习获得的经验会随着时间的推移而衰减（Madsen，2009），即企业在危机发生期间的学习行为会受到“时间约束”，这使得企业难以按照常规情境下的学习行为进行长期经验积累（Andersson and Evers，2015），故应依据危机发生期间积累的有效的危机响应经验进行更有针对性的学习。

尽管市场环境的易变性、不确定性、复杂性和模糊性给企业在时间约束下的快速学习带来了一定的困难，但不可否认的是，随着全球信息技术的高速发展，新一轮科技和产业革命方兴未艾，云计算、大数据、物联网、人工智能等数字技术不仅有利于推动企业转型（Coreynen et al.，2017；Kristoffersen et al.，2020），还促进了企业内各个部门以及各个企业间的开放和互联，拓展了企业获取和学习知识的渠道，提高了企业的学习效率。基于此，值得注意的重要问题是危机发生时，企业如何进行学习。

1.1.2 理论背景

（1）危机情境下组织韧性的形成机制有待深入挖掘

组织韧性是企业在外部环境的易变性、不确定性、复杂性和模糊性不断增加的情况下，应对危机的核心能力（Kantur and Iseri-say，2015；Williams et al.，2017；Duchek et al.，2020；单宇等，2021）。伴随着全球经济和政治格局的深刻变化，不可预测的危机事件愈加频发，其对企业的持续发展构成了潜在但不可预测的严重威胁（李平、竺家哲，2021），使得企业应对危机事件的组织韧性的重要性日益凸显（Li，2020），组织韧性这一研究主题开始得到研究者们的关注。目前已形成基于安全性和可靠性视角、弹性工程视角、积极心理学和组织发展视角、战略视角等不同的流派（Linnenluecke，2017；Hillmann and Guenther，2021）。

韧性（resilience）起源于Holling（1973）在生态学领域的研究，其认为韧性是生态系统受损后恢复至原始平衡状态的能力。而后，韧性在工商管理领域被广泛应用，韧性是组织遭遇危机或逆境事件时渡过难关所不可或缺的能力，韧性所表现出的防御属性、成长属性、预期属性可以帮助组织减弱环境冲击带来的影响，同时另辟蹊径，实现反超改进（Sajko et al.，2020；Kahn et al.，2018；Valero et al.，2015；李平、竺家哲，2021）。因此，如何构建组织韧性成为工商管理领域学者积极探讨的话题。

从组织韧性的影响因素来看，组织韧性的形成涉及组织外部因素与组织内部因素。组织外部因素包括政治、经济、社会、行业四类外部危机事件（张公一等，2020；Williams and Shepherd，2016；Grøgaard et al.，2019）以及企业的亲社会行为和广泛的利益相关者网络（Ortiz-de-Mandojana and Bansal，2016；DesJardine et al.，2019）。相关研究指出，具有组织韧性的企业能够在遭遇低概率/高影响力的危机事件时激发出创造力，应对环境复杂且快速的变化（Bouaziz and Hachicha，2018；Williams et al.，2017；Huang et al.，2018）。在这个过程中，利用社交网络能够让企业与外部相关者保持稳定关系，提高企业获取外部信息的能力，从而提高企业承受外源冲击的能力（李平、竺家哲，2021）。组织内部因素包括资源、战略和结构等硬能力（Williams et al.，2017；El Nayal et al.，2020；Buyl et al.，2019）以及个体层面和团队层面的特征、认知和情感等软能力（Kahn et al.，2018；彭新敏等，2022；Linnenluecke，2017）。

从组织韧性的形成路径来看，现有研究指出组织韧性的提高主要集中于危机事件出现后企业快速响应和创造性学习两个阶段（李平、竺家哲，2021；刘书博，2020；Duchek，2020）。危机事件发生时组织的首要任务是迅速反应，其行为的核心特征是资源分配的巧创性和及时性（李平，2020），运用资源是组织执行应对策略的保障，敏捷、变通地应用和配置内外部资源有助于处理紧急情况（Ma et al.，2018），以继续或重新启动业务，利用业务能力和资源适应来应对局势（Eismann et al.，2021）。另外，组织从被动应对模式转换为主动思考模式，抓住危机情境中的机遇进行创造性学习，才有可能塑造组织韧性，实现反超改进的效果（Kahn et al.，2018；路江涌和相佩蓉，2021）。

理论界已经开始关注组织韧性在帮助企业应对危机情境时发挥的重要作用，相关研究者也达成一定的共识，即面对危机情境时灵活的资源配置是企业快速应对并及时塑造组织韧性的首要选择（彭新敏等，2022；Duchek，2020）。另外，已有研究者开始呼吁关注学习的重要作用，组织在企业、团队、个体层面推动积极的学习活动也是组织将被动应对转为主动创造的关键，创造性学习能够快速提高组织韧性，使企业实现反超改进，巩固和完善组织韧性（李平、竺家哲，2021；Kahn et al.，2018；路江涌、相佩蓉，2021）。

显而易见的是，独立关注资源或学习行动对组织韧性形成影响的解释力显然有限。对资源的快速响应效应在组织韧性形成过程中如何传导，及产生影响的内在机制仍然缺少进一步的探讨；组织学习为何会发生，其内部机理的具体表现也有待进一步探索。因此，综合探讨危机情境下企业资源行动和学习行为的表现，并基于此揭示组织韧性形成的内在机理，能够深化和拓展现有研究对组织韧性的探讨，为后续研究提供整合性的理论分析框架。

（2）资源拼凑理论在危机情境下的应用亟待得到关注和丰富

企业拥有的有价值的、稀缺的、难以模仿的与不可替代的资源是企业塑造竞争优势，实现持续增长的关键（Barney，1991；Zupic and Drnovsek，2014），但是基于资源基础观的研究基于一种静态视角，面对动态变化的外部环境，企业需要形成能够快速适应环境改变的动态资源行动，理论界对资源拼凑的关注也日益增加（Baker and Nelson，2005；Senyard et al.，2014；苏芳等，2016；Santos et al.，2022）。拼凑理论起源于人类学研究，其认为对手头可以利用的一切资源进行解构、认知和重新组合，能够创造新规则、新方法或新手段（Lévi-Strauss，1967）。资源拼凑涉及手头资源、将就利用、资源重组三个核心概念（Baker and Nelson，2005），本质上是一种“巧创”

行为，承认异质性资源的价值，强调资源的构建逻辑（陆亚东，2015）。

现有研究主要关注常规情境下资源拼凑的应用。一方面，现有研究认为资源拼凑能够帮助企业重组手边资源应对挑战或识别机会，以提高企业竞争优势或企业绩效（Baker and Nelson，2005；Senyard et al.，2014；冯文娜等，2020；于晓宇、陈颖颖，2020；Sun et al.，2020），从而促进企业成长；另一方面，部分研究也指出，资源拼凑所形成的创造性的资源解决方案通常被视为一种暂时过渡的方法，随着时间的推移，多领域资源拼凑会导致群体内认知模式相同、修补陷阱、挤占标准化资源、降低学习能力等，从而会降低企业绩效，负向影响企业成长（Baker and Nelson，2005；Sonenshein，2014；Steffens et al.，2023）。

然而，相比于资源拼凑在常规情境下的丰富探讨，资源拼凑理论研究对危机情境的关注十分匮乏。仅有少部分学者开始关注资源拼凑在危机情境下的应用，认为企业通过资源拼凑能够应对外部危机事件带来的负面影响，但相关研究仍然遵循常规情境下资源拼凑的资源匮乏假设（苏芳等，2016；Santos et al.，2020）。事实上，关于资源拼凑较早的研究就是探讨组织如何通过拼凑应对危机（Weick，1993），但在之后的研究中，资源拼凑在危机情境中的应用并没有得到更深入和细致的关注。面对新冠肺炎疫情冲击、全球供应链中断、技术脱钩等危机情境逐渐成为企业生存和发展的新常态，先前建构于常规情境下的资源拼凑在危机情境中的适用性亟须探讨，以便修正、补充和完善现有建构于常规情境下资源拼凑理论的基本假设和解释逻辑。

（3）组织危机学习的内在机制需要进一步探索

危机发生时，组织危机是触发组织学习的关键要素（Schiffino et al.，2017），而组织学习是管理组织危机的核心机制（Rena and

Christensen，2020）。因此，面对危机情境，组织危机管理与组织学习的有效融合不仅有助于应对危机事件给企业带来的负面冲击，还能实现企业在危机中的持续学习，推动学习型组织的生成与演化，完善组织知识，提高企业的适应性和竞争优势。基于组织危机管理与组织学习的交叉研究，现有关于管理组织危机的学习机制提出两个先验假设：第一，组织能够利用危机事件产生的知识和经验来触发学习和变化（Baum and Dahlin，2007；Deverell，2010）；第二，危机由复杂的外部环境驱动而产生（Eismann et al.，2021），在组织僵化和组织偏见的影响下，很难全面评估和了解危机，这使得危机学习活动的开展并不容易。

在上述两种情况下，挑战在于组织如何从危机中学习。基于此，组织危机管理与组织学习的研究者共同关注危机学习在应对危机事件时的关键作用，相关议题在组织领域与政治学领域得到深入探讨。危机学习起源于组织危机管理中的认知主义学习观点（Antonacopoulou and Sheaffer，2014），其认为更好地评估危机，通过对危机进行学习并根据这种理解采取行动可以有效预防或应对危机带来的负面影响（Deverell，2009；Kovoor-Misra et al.，2000；Boin et al.，2016）。

事实上，在组织危机管理与组织学习的共同驱动下，组织的危机学习行为通过解释危机事件、识别经验教训能够推动组织抓住改革的机会（Birkland，2006；Birkland，2009；Müller-Seitz and Macpherson，2014）。基于Argyris和Schön（1978）提出的组织学习中的单环学习与双环学习，危机学习在推动组织改革的过程中的作用包括纠正组织及其程序中的差异和缺陷，调整价值观、理念和组织政策等（Deverell，2009；Madsen，2009）。上述观点在战略管理领域也得到初步验证（Carmeli and Schaubroeck，2008；Min，2019）。相关理论研究表明，学习负面或危机事件的经验教训会影响公司的管理行动和决策过程，作为危机管理与组织学习的结果，面临危机情境的公司应该更可能在冲击中采取新的策略，以促进企业更好的发展。

虽然战略管理领域的研究者已经意识到组织危机管理与组织学习融合的重要性，积极推动危机学习的研究，但现有研究大多从“事后”的角度探讨危机结束后的学习行为，忽视了危机发生时的学习行为。鉴于通过危机学习获得的经验会随着时间的推移而衰减（Madsen，2009），危机发生时的危机学习行为就显得尤为重要。为了更好地实施组织在危机管理过程中的学习行为，有必要识别危机情境下企业危机学习的驱动因素，探讨危机学习的内在机理，以便提炼危机发生时企业危机学习的独特行为，进一步检验危机发生时组织危机学习行为在企业战略管理过程中的有效性。

1.2 研究问题的提出

伴随着全球经济和政治格局的巨变，特别是在新冠肺炎疫情等公共卫生突发事件的扰动下，企业面对的环境日益复杂，严重影响管理和运营流程，导致企业面临较大的生存压力（Butterick and Charlwood，2021；Ketchen and Craighead，2020）。这种具有挑战性的危机情境要求组织更具组织韧性，以便在外部危机的冲击下应对威胁并抓住机会，以保持稳定发展，甚至实现反超改进（Liu et al.，2019）。为了在不利事件的冲击下更具组织韧性，企业一方面需要通过灵活的资源调动来快速应对危机事件（彭新敏等，2022；E1 Nayal et al.，2020），这离不开意义创造与行动的结合，此时，最重要的原则之一就是“拼凑”（Weick，1993；Ducher，2020）；另一方面，企业从逆境中学习并吸取教训是塑造韧性的根本（Kahn et al.，2018；

Vakilzadeh and Haase，2021）。

现有关于资源拼凑的研究主要聚焦于常规情境，对危机情境下资源拼凑作用的探讨略显不足。组织韧性作为企业响应外部危机事件的关键能力，危机情境下资源拼凑对组织韧性形成的影响亟须探讨。同时，危机中既包含威胁，又包含机遇，资源拼凑有助于企业在危机中识别机会，通过资源拼凑所获得的危机响应经验有助于企业获取新的知识来抓住危机中的机会。但企业为应对危机所采取的资源拼凑行为通常被视为一种临时性的资源解决方案（Duchek，2020），这种经验会随着时间的推移而减弱，企业需要在危机发生时及时推动危机学习，将上述经验内化到原有知识体系中，推动组织的优化和变革，才能在危机情境中抓住机会以保持长期竞争优势。但现有研究对危机情境下企业通过危机学习转化资源拼凑过程中获取的有效经验并塑造组织韧性尚未做出清晰的解释。

在系统搜集和整理组织韧性、资源拼凑、危机学习的相关理论后，本书将核心研究问题聚焦于危机情境下企业的资源拼凑行为如何通过危机学习影响组织韧性。进一步，危机情境是本书的宏观背景导入条件，是提出研究问题的一种宏观情境，较为抽象，在经验研究中难以进行实证测量。为了从经验层面更严谨地考量情境因素对组织韧性形成机制的影响，本书紧密围绕危机，基于企业外部和企业内部，引入环境不确定性和组织的创造性氛围两个情境变量。

重大公共灾害等危机事件的发生往往同时伴随着企业外部环境的变化与企业内部环境的激活。一方面，从企业外部看，重大公共灾害等危机事件的发生通常都伴随着企业外部环境的迅速改变，比如消费行为、竞争结构或行业业态的改变等，这会进一步加大企业预测外部环境变化的难度，在经验研究层面反映在环境不确定性上；另一方面，从企业内部看，重大公共灾害等危机事件发生后，企业内部的环境也会伴随着危机事件的出现发生改变，通过调整组织的整体氛围以鼓励和支持员工积极地或创造性地应对危机，而非坐以待毙，这种对积极或创造性行动的支持在经验研究层面反映在组织的创造性氛围上。基于此，本书将核心问题细化为以下四个子问题：

第一，危机情境下企业资源拼凑的作用是什么？企业资源拼凑如何影响组织韧性的构建？现有关于资源拼凑的研究主要聚焦于常规情境，通过资源拼凑重组手头资源，企业可克服资源匮乏或发掘冗余资源价值，并发现现有资源的新用途（George et al.，2012；Cunha et al.，2014），以解决问题或参与它们本来无法应对的新挑战（Steffens et al.，2023）。与常规情境下丰富的资源拼凑研究不同，对资源拼凑在危机情境中的探讨十分匮乏。面对外部危机事件给企业带来的时间压力、资源压力或生存危机等负面影响，资源拼凑对企业应对危机情境下新挑战的作用尚不明晰，现有建构于常规情境下资源拼凑的假设在危机情境下的适用性有待进一步检验。因此，有必要识别资源拼凑在危机情境下的作用，并探索其对组织韧性的影响。

第二，危机发生时，企业如何进行危机学习？企业危机学习对于资源拼凑与组织韧性之间的关系有何作用？已有研究发现，从逆境中吸取经验进行学习是塑造韧性的根本（Vakilzadeh and Haase，2021）。危机学习是组织危机管理与组织学习的融合，源自组织危机管理中的认知主义学习观点（Antonacopoulou and Sheaffer，2014），该观点认为更好地评估危机，通过对危机进行学习并根据这种理解采取应对行动可以有效降低危机事件带来的负面影响（Deverell，2009；Kovoor-Misra et al.，2000；Boin et al.，2016），而且通过抓住危机情境中的机遇进行创造性学习可实现组织变革和优化（Kahn et al.，2018；Bothello and Salles-Djelic，2018），能够帮助企业进一步适应环境。因此，对于危机学习理论的探讨，能够打开危机发生时企业危机学习过程的“黑箱”，解构企业如何沉淀、固化和深度思考通过资源拼凑获取的危机响应经验，明晰危机学习在资源拼凑与组织韧性之间所起的重要作用。

第三，环境不确定性作为关键的调节变量如何影响危机发生时企业资源拼凑与危机学习之间的关系？环境不确定性是企业由于缺少信息，对企业所处的外部环境或对市场需求、技术发展、竞争者等方面的变化感到无法预测的状态（Milliken，1987；McKelvie et al.，2011；俞仁智等，2015）。外部危机事件的突发性与不可预测性使企业需要保持与外部环境的紧密连接和互动，时刻关注环境变化所传递的信息，感知机会与风险，才能在危机情境下实现持续发展（Temouri et al.，2022），因此，环境不确定性对企业的战略决策、组织结构、流程规范、企业成长等有着极大的影响（Afshar Jahanshahi and Brem，2020；Temouri et al.，2022）。基于此，对于环境不确定性的考量，能够从更微观的视角审视危机情境下企业资源拼凑与危机学习之间的关系。

第四，组织的创造性氛围作为关键的调节变量如何影响企业危机学习与组织韧性的关系？组织的创造性氛围根植于组织的工作环境，会推动企业在特定时刻讨论、产生和启动新想法，被认为是在挑战面前为组织适应环境和转型提供有利环境的必要条件（Mafabi et al.，2013；Stephenson et al.，2010），但这一环境条件在推动企业将新想法付诸行动时也面临着创新所带来的风险。因此，当危机发生时，组织的创造性氛围会影响企业捕获机会的行为，也可能给企业造成新的威胁。基于此，对于组织的创造性氛围的考量，能够从更微观的视角审视危机情境下，企业危机学习与组织韧性之间的关系。

1.3 研究目的与意义

本节将基于上述现实背景与理论背景以及本书所提出的研究问题，阐述研究目的、理论意义与实践意义。

1.3.1 研究目的

本书将在资源拼凑、危机学习和组织韧性研究的基础上，通过定性分析与定量分析相结合的方法，挖掘危机情境下组织构建韧性实现转危为机背后的内在机理与实现路径，系统总结本书的理论价值，提炼有助于指导实践的工具性框架和措施。具体而言，本书的主要研究目的包括：

第一，提炼危机情境下组织韧性形成过程的理论框架。基于资源拼凑与危机学习理论，分析企业资源拼凑与危机学习在形成组织韧性方面所体现出来的重要作用，遵循“前因—过程—结果”的逻辑主线，提炼危机情境下组织韧性实现过程的理论框架，并检验该理论框架的合理性，为解释中国企业在受到危机冲击时实现转危为机提供具有启发性的借鉴。

第二，分析危机情境下资源拼凑的作用。通过系统梳理资源拼凑的相关文献，发现资源拼凑作为帮助企业重组手头资源来解决新问题或应对新挑战的有效手段主要应用于常规情境，对危机情境下企业通过资源拼凑应对挑战的关注不足。以现有研究为依托，本书充分考虑危机情境下企业手边资源禀赋以及灵活的资源响应行动所表现出来的特点，识别危机情境下资源拼凑行为的表现，分析资源拼凑对于组织韧性塑造的影响。

第三，识别危机发生时企业危机学习的内在机理。基于过程观视角，挖掘企业在危机发生时的学习行为特点，在此基础上识别危机学习的具体表现。一方面，探索危机情境下企业如何通过危机学习沉淀和创造性学习资源拼凑过程中产生的危机应对经验；另一方面，分析危机学习对于组织韧性的影响，并检验危机学习在资源拼凑与组织韧性之间关键的中介作用。

第四，探讨情境因素即环境不确定性、组织的创造性氛围对组织韧性形成过程的影响。危机情境作为一种宏观背景导入条件，是本书提出研究问题的一种宏观情境，较为抽象，在经验研究中也难以进行实证测量。因此，鉴于重大公共灾害等危机事件的发生通常伴随着企业外部环境的变化和企业内部环境的激活，一方面基于外部环境的变化选取环境不确定性作为关键调节变量，检验环境不确定性对于资源拼凑与危机学习之间关系的影响；另一方面，考虑企业为积极应对危机而调整内部环境，选取组织的创造性氛围作为关键调节变量，检验组织的创造性氛围对于危机学习与组织韧性之间关系的影响。

1.3.2 研究意义

（1）理论意义

本书充分考虑了外部危机事件冲击下，企业转危为机的实践活动面临的具体情境与独特行为，探究了危机发生时企业资源拼凑与危机学习的表现，深入挖掘了组织韧性的构建机制，并检验了环境不确定性与组织的创造性氛围对组织韧性形成过程的影响，加深了对企业在危机情境下能够持续发展的理解。本书的理论意义主要表现在如下几个方面：

第一，遵循“前因—过程—结果”的主线所提炼的“资源拼凑—危机学习—组织韧性”的理论框架，揭示了组织韧性的实现机制，弥补了现有关于组织韧性的研究单一考量资源或学习所导致的解释力不足。外部危机事件的突发性和不可预测性会给企业带来较大的时间压力和资源压力（Tognazzo et al.，2016），在短时间内会给企业的生存和发展带来巨大的冲击，要求组织变得更具灵活性、适应性和组织韧性，以便在外部危机的冲击下生存并持续繁荣发展（Liu et al.，2019）。本书基于企业在危机情境下转危为机的实践，所提炼的组织韧性的维度与实现机制能够解释企业的资源拼凑如何通过危机学习影响组织韧性，综合考量了资源与学习的作用，弥补了现有关于组织韧性的研究单一考量资源或学习因素所导致的解释力不足（李平，2020；Li，2020），为后续关于组织韧性的研究提供了整合性的理论分析框架。

第二，基于危机发生时企业资源行动的快速响应倾向，探讨了资源拼凑在危机情境下创造危机解决方案并对组织韧性形成的关键作用，拓展了资源拼凑理论在危机情境下的应用和解释边界。现有关于资源拼凑的研究主要针对常规情境，认为资源拼凑遵循建构逻辑，对手头可以利用的一切资源进行解构、认知和重新组合，能够创造新规则、新方法或新手段（Lévi-Strauss，1967）。企业通过资源拼凑创造性地重组手头资源能够帮助企业解决问题、识别机会或参与它们难以应对的挑战，可提高企业的能力或绩效（Baker and Nelson，2005；Senyard et al.，2014；冯文娜等，2020；于晓宇、陈颖颖，2020）。但也有研究将资源拼凑视为一种临时过渡的方案，认为随着时间的推移它可能降低企业的绩效（Baker and Nelson，2005；Sonenshein，2014；Steffens et al.，2023）。与常规情境下资源拼凑丰富的探讨不同，对危机情境下资源拼凑的研究比较匮乏，仅有的研究仍然遵循常规情境下的资源匮乏假设（苏芳等，2016；Santos et al.，2020）。本书探索了危机情境下资源拼凑对组织韧性的影响，识别出资源拼凑作为快速响应策略并不局限于资源匮乏这一具体情境，还适用于企业配置的资源难以发挥优势的情景，重新关注了资源拼凑对应对危机的重要作用（Weick，1993），能够弥补现有资源拼凑理论对危机情境考量的不足。

第三，基于企业在危机发生时独特的学习行为所开展的危机学习研究，能够挖掘危机学习背后的内在机理，并贡献于危机学习理论在战略管理应用中的深化。危机学习是组织危机管理与组织学习的交叉，基于组织研究与政治学视角在公共管理领域进行了丰富的探讨。同时，战略管理也开始关注危机学习的关键作用，相关研究指出通过危机学习可以有效降低危机事件带来的负面影响（Deverell，2009；Kovoor-Misra et al.，2000；Boin et al.，2016），而且通过抓住危机情境中的机遇进行创造性学习实现组织变革或提高能力（Kahn et al.，2018；Bothello and Salles-Djelic，2018），能够帮助企业进一步适应环境。其挑战在于企业在危机发生时如何进行危机学习。本书对于危机学习的探讨，能够提炼危机学习的内在机理，解释危机情境下企业快速恢复至原有状态甚至实现反超改进的原因，深化了对危机学习理论的研究，同时响应了战略管理领域对于加强危机学习理论研究的呼吁。

（2）实践意义

随着“黑天鹅”与“灰犀牛”等高影响力/低概率事件的日益频发，企业发展所面临的经营环境将更为复杂，给企业发展带来巨大挑战。本书对于危机情境下企业资源拼凑、危机学习与组织韧性的研究，为企业在面临危机冲击时塑造韧性和竞争优势提供指导性的工具框架和措施。本书的实践意义主要包含以下几个方面：

第一，为企业在危机情境下制定科学合理、及时的资源响应行为和决策提供经验借鉴和方向引领。危机事件的突发性和不确定性使得企业赖以生存的模式或路径遭到破坏，企业需要通过不断审视自身的资源禀赋来创造新的有价值的、高性价比、能够快速应对环境剧变的资源组合。本书对于危机情境下组织韧性形成机制的探讨，剖析了在危机事件的持续干扰下，企业资源拼凑响应行动会激发特定的企业危机学习机制，可在短时间内实现对客户等市场主体的快速响应，提高战略决策的科学性、针对性和有效性。

第二，为企业在危机事件冲击下通过危机学习塑造组织韧性，并抓住转瞬即逝的机会提供实践启发与概念工具。组织韧性的塑造不仅有助于企业把握在充满风险和不确定性的发展环境中出现的机会，更是促进其实现转型升级的一种有效途径。在面对危机冲击时，企业要在充满不确定性的外部环境中抓住转瞬即逝的机会，不能仅仅依赖于保障现有业务的稳定，更要充分调动形成组织内部的创造性氛围，推动企业的自身能力随着外界环境的变化而提高。本书对于企业资源拼凑与危机学习的探讨，扎根于企业危机响应过程中所表现出的行为多样性和差异性特征，强调在危机发生时，企业资源拼凑如何通过危机学习塑造能够支持企业持续发展的组织韧性，帮助企业提炼成功模式和经验，提升企业对机会的敏感性，为企业在危机情境下更好地理解和预测客户需求提供一定的参考。

第三，为培育企业新型竞争优势提供事实依据与政策助力。随着市场环境的多变性、不确定性、复杂性、模糊性特征的日益明显，企业的经营活动正在或将长期遭受更高强度的扰动或威胁。加之世界政治经济格局正在发生深刻变化，世界经济整体增速放缓，中国处于经济转型的关键时期，各类风险大量叠加并加速传导。面对新的挑战，如何在市场中培育新型竞争优势以应对环境的剧烈冲击，是企业发展的关键。在此背景下，本书对于危机情境下企业资源拼凑、危机学习与组织韧性的探讨，建立在对企业运营过程中资源行动与学习行为的深度洞察的基础上，探索和验证了组织韧性的形成路径，为企业应对竞争日益多元化的新环境，进而形成新型竞争优势提供事实依据与政策助力。

1.4 研究内容与研究方法

本节主要介绍研究内容与研究方法，包括本书各章节的内容安排、所采用的多种研究方法以及展开研究的技术路线。

1.4.1 研究内容

本书主要包含7个章节的内容，其结构设计与内容安排如下：

第1章，绪论。本章节主要对本书的现实背景与理论背景，围绕上述背景提出的研究问题，针对研究问题设计的内容框架和选择的研究方法，以及探讨该研究问题的目的、理论意义和实践意义以及研究的创新性进行系统的介绍。

第2章，文献综述。本章节分别对本书核心变量的研究现状进行系统的阐述，包括组织韧性的研究流派、内涵、实现路径及影响因素；资源拼凑的内涵、类型及其对企业的影响；危机学习的源起、内涵及其发挥的作用。在此基础上，识别现有研究中的理论空白或不足之处，为本书后续研究的开展奠定理论基础，并提供理论指引。

第3章，探索性案例研究。本章节利用探索性案例研究方法，并采用多案例研究的设计，基于复制逻辑，分析危机情境下组织韧性的形成机制。分析过程严格遵循从数据中涌现的原则。基于分析结果，识别危机情境下资源拼凑、危机学习与组织韧性之间的关系，提炼核心构念即危机学习所呈现的理论维度，搭建资源拼凑、危机学习影响组织韧性的理论框架。

第4章，概念模型构建与研究假设发展。首先，本章节立足于探索性案例研究的结论，基于已有理论研究阐述通过探索性案例研究得到理论框架的理论逻辑。其次，为“资源拼凑—危机学习—组织韧性”理论框架引入两个情境变量：环境不确定性和组织的创造性氛围，构建整体模型。最后，从现有理论研究出发，尝试解释整体模型中各个关键变量之间的潜在关系，提出研究假设，以指导后续的大样本实证检验。

第5章，研究设计与小样本测试。本章节主要对整体模型中的各个关键变量开展量表设计与预测试。首先，基于本书在探索性案例分析中得到的结论，依据现有理论研究，明确各个关键变量的内涵和维度，广泛筛选已有和相关的成熟量表；其次，依据科学的量表设计原则，在已有或相关的成熟量表上，参照探索性案例分析设计本书各个变量的量表，形成整体问卷；最后，进行小范围的问卷发放和回收，并对各个变量量表的题项进行评估和修正，以形成最终发放的正式问卷。

第6章，研究数据与实证分析。本章节主要对发放和回收的大样本数据进行系统的分析，以检验本书提出的研究假设。首先，对回收的问卷数据进行简单处理，删除重复、无效的数据。其次，评估本书的核心变量即资源拼凑、危机学习、组织韧性、环境不确定性、组织的创造性氛围的信度和效度。最后，利用科学统计软件对核心变量间的关系进行验证性因子分析，系统检验相关变量间的主效应和中介效应，利用回归分析检验相关变量的调节效应，并根据上述量化分析的结果检验本书的研究假设，为研究结论的提炼提供科学、可靠的分析基础。

第7章，研究结论与展望。本章节主要系统性总结和概括本书最终得到的研究结论，在与现有理论对话的基础上，阐述本书的理论价值，提炼有助于指导企业开展实践活动的管理启示与工具性框架。在此基础上，阐述开展相关研究的过程中所存在的不足之处，并提出未来可能的研究方向。本书各章节的内容安排如图1-1所示。

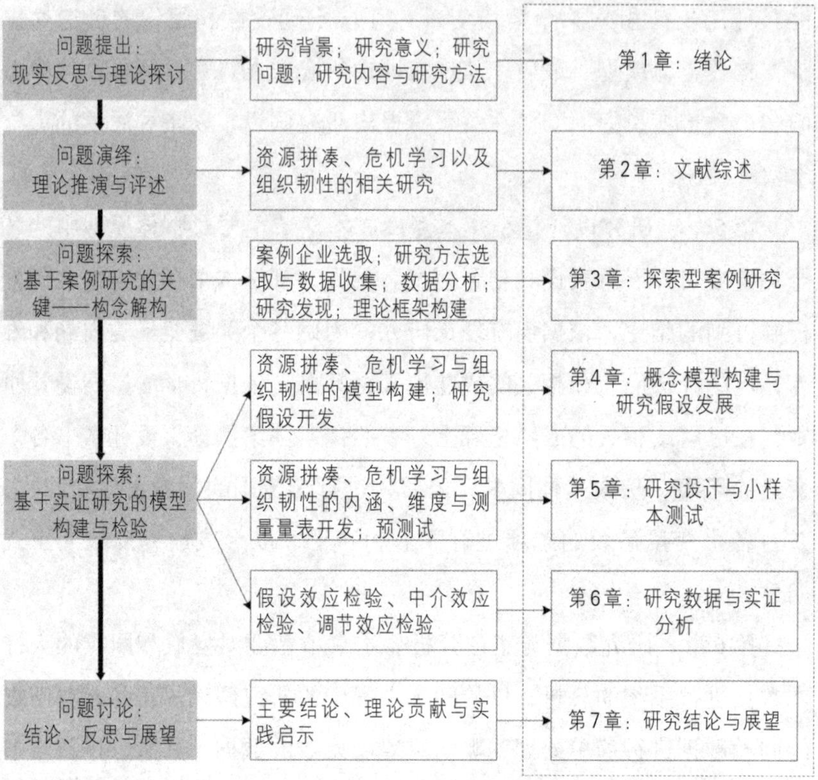

图1-1　本书整体结构与内容安排示意图

1.4.2　研究方法

本书结合质性分析与量化分析，采用文献分析法、案例研究法、问卷调查法以及实证研究法，基于系统的理论文献分析，遵循理论抽样原则选择案例企业进行深度访谈和探索性案例研究，提炼本书的理论分析框架。在此基础上，采用大样本的实证研究方法检验理论框架中各个变量间的关系，并提炼研究结论。

第一，文献分析法。首先，在知网、Web of Science等中英文期刊检索平台对与本书核心变量即资源拼凑、危机学习、组织韧性、环境不确定性、组织的创造性氛围相关的高质量或高被引的综述类文献进行检索、筛选与收集，明晰现有研究的大致方向。在此基础上，围绕核心变量进行大范围的模糊检索，搜集整理相关文献，尤其重视在UTD24、FT50、《管理世界》等中英文顶级期刊上发表的论文。基于所搜集的相关文献，系统分析和归纳现有研究的理论脉络和观点，识别现有理论研究的空白或悖论，为之后开展的研究工作奠定理论基础。

第二，案例研究法。案例研究是指针对现实生活环境中正在发生的现象（“案例”），从多种渠道收集资料，对所收集的资料进行混合与交叉分析，最终深入描述并报告这一现象的过程（Yin and Davis，2007；Yin，2009）。案例研究涉及单案例、多案例等变式，注重回答“如何”（how）和“为什么”（why）等问题，重点描述现实情境，以解释因果关系或展示过程（黄江明等，2011）。通过案例说理，对案例进行深度描写（thick description），可识别复杂、特殊现象背后的诱因，解构问题与结论之间的逻辑关系（Yin，2009）。本书对于企业在面临外部危机事件的冲击时，如何通过企业资源拼凑与危机学习构建组织韧性的探讨在本质上属于“如何”（how）型范畴的研究，企业在发展过程中面对的不确定情境极其多样，其企业资源拼凑、危机学习的行为也极具复杂性。因此，通过案例研究能够对复杂现象的具体表现进行细致的描述，洞察其背后的理论规律，对一系列复杂过程给出准确、有趣、可验证的洞见（Eisenhardt，1991；Yin，2009）。

第三，问卷调查法。问卷调查法是管理学量化研究中最为普及的方法之一，能够帮助调查者快速有效地搜集数据。问卷调查法较适用于对一般决策行为的总体状况和特征的研究，能够更好地判别受访对象的认知与决策行为。在问卷设计上，可以沿用现有量表，也可以设计新量表。现有量表一般具有较高的信度、效度和认可度，但也存在文化、时间或语言上的局限；设计新量表要注意内容的科学性、合理性、有效性等。本书在进行问卷设计时，优先选择成熟度较高且在中国情境下应用较多的量表，在此基础上，深度结合案例访谈数据和分析结论，对已有量表进行修正，以更好地满足相关研究的需要。在此过程中，邀请相关领域专家和企业高管反复讨论题项的内容、设计、逻辑关系等，以尽量提高问卷的合理性和适用性，在此基础上设计最终的调查问卷。

第四，实证研究法。使用SPSS 22.0和AMOS 26.0统计分析软件对理论模型中变量间的关系进行检验。首先，使用SPSS 22.0对通过问卷调查所收集的数据进行描述性统计分析，并对关键变量的信度与效度进行检验。之后，使用AMOS 26.0对资源拼凑、危机学习、组织韧性之间关系模型的拟合度进行检验，基于结构方程模型对资源拼凑、危机学习、组织韧性之间的主效应、中介效应进行检验，使用SPSS 22.0，基于回归分析对环境不确定性、组织的创造性氛围的调节效应进行检验，并依据实证分析结果分析本书所提出的研究假设，为本书的结论提供科学合理的统计分析基础。

本书主要按照“研究主题确定—理论回顾与文献梳理—模型构建与维度识别—研究假设发展与提炼—相关量表开发—小样本测试—统计分析—研究结论与管理启示”的脉络展开研究。本书的技术路线如图1-2所示。

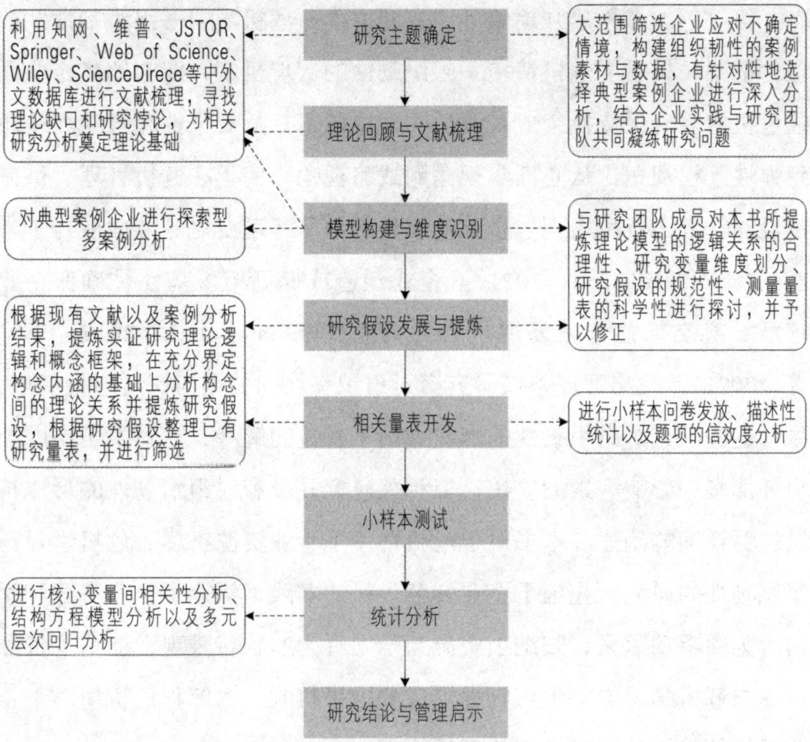

图1-2　本书技术路线图

1.5　研究的创新点

本书聚焦于企业在外部危机事件的冲击下，识别企业资源、进行学习层面的战略选择和做出快速响应行动时所表现出的独特性，在系统追踪并分析资源拼凑、危机学习、组织韧性、环境不确定性和组织的创造性氛围等研究成果的基础上，提炼了组织韧性的实现机制，揭示了危机发生时企业的资源拼凑与危机学习行为，可为之后的研究提供具有启发性的经验借鉴。本书的创新之处体现在如下几个方面：

第一，本书构建并检验了“资源拼凑—危机学习—组织韧性”的理论框架，揭示了危机情境下组织韧性的实现机制，能够解释企业面临危机情境时保持持续成长背后的理论逻辑。从安全性和可靠性视角到弹性工程视角，从心理学视角到战略视角，关于在危机管理、供应链设计、人力资源培训、企业响应外部动荡环境变化等方面展开了丰富的探索（Hillmann，2021）。企业塑造或提高组织韧性是确保企业存活，甚至抓住未来发展机会的关键（Williams et al.，2017；单宇等，2021），战略管理领域研究者对组织韧性的关注与探讨与日俱增。尽管这些研究对组织韧性的形成做出了有益的解释，探讨了组织内部与外部多种影响因素的作用，但相关研究并没有对组织韧性的形成机制进行详细的阐述。本书对于危机情境下企业资源拼凑、危机学习与组织韧性的研究，扎根于企业转危为机的实践，识别了企业资源和学习行为的驱动因素，归纳了资源与学习行为的独特表现，提炼了资源拼凑与危机学习影响组织韧性形成的因果机制，为解释危机情境下企业保持持续增长提供了新的理论框架。

第二，通过整合资源与学习，识别了企业在外部环境不确定和内部创造性氛围的影响下，进行资源拼凑与危机学习在应对危机时发挥的作用，加深了对企业在危机冲击下能够实现转危为机的理解。危机事件的不可预测性和突发性会给企业的生存带来巨大的威胁（Tognazzo et al.，2016；Sajko et al.，2020）。同时，当危机影响整个行业的秩序时，原有的竞争结构被打破，企业也会面临新的发展机遇（Gao et al.，2017；单宇等，2021）。因此，危机情境下能否实现转“危”为“机”对企业生存和发展至关重要。先前的研究表明，资源或学习行为对企业应对威胁、捕捉机会有直接影响（Linnenluecke，2017；Massa，2017），本书则全面地了解到资源和学习如何共同发生作用。企业在危机事件的影响下，如果不采取灵活的资源拼凑行动，将在危机学习行为的创造性方面受到限制。同样，如果企业缺少及时的危机学习，其资源拼凑的潜力将无法得到体现。因此，本书从危机发生时资源拼凑与危机学习整合的视角，深度洞察了企业转危为机现象背后的行动表现。

第三，基于企业外部与内部因素，考量了环境不确定性与组织的创造性氛围两个情境因素对资源拼凑、危机学习与组织韧性三者间关系的影响。围绕抽象的危机引入更为微观的情境因素，在一定程度上降低了对企业危机应对行为理解的偏误。现有关于组织韧性的研究，将危机情境视为提出研究问题的一种宏观背景导入条件，主要聚焦于识别组织内部和组织外部影响组织韧性的因素（Linnenluecke，2017；Williams et al.，2017；Buyl et al.，2019；Kahn et al.，2018），忽略了围绕危机来探讨更为微观的影响组织韧性的情境因素。本书围绕危机，基于企业外部和企业内部因素，引入了环境不确定性和组织的创造性氛围两个情境变量。重大公共灾害等危机事件的发生往往同时伴随着企业外部环境的变化与企业内部环境的激活。一方面，从企业外部看，重大公共灾害发生通常伴随着企业外部环境的迅速改变，比如消费行为、竞争结构或行业业态改变等，这会进一步加大企业预测外部环境变化的难度，在经验研究层面反映在环境不确定性上；另一方面，从企业内部看，重大公共灾害等危机事件发生后，企业内部的环境也会伴随着危机事件的出现发生改变，通过调整组织的整体氛围来鼓励和支持员工积极地或创造性地应对危机，而非坐以待毙，这种对积极或创造性行动的支持在经验研究层面反映在组织的创造性氛围上。对于环境不确定性和组织创造性氛围的考量，在一定程度上弥补了现有关于组织韧性的研究主要将危机情境作为一种宏观背景导入条件，忽略了围绕危机探讨更为微观的情境因素所造成的研究缺口。

2

文献综述

本章主要系统回顾和概述组织韧性、资源拼凑与危机学习三个方面的理论和文献，识别已有研究中的空白或不足之处，并据此提出本书的研究问题，为之后开展的案例研究与实证研究奠定理论基础，提供理论指引。

2.1 组织韧性的相关研究

本节将回顾与组织韧性相关的理论与经验研究，主要就组织韧性的研究流派、组织韧性的内涵与维度以及组织韧性的实现路径与影响因素进行系统梳理和阐述。

2.1.1 组织韧性的研究流派

韧性（resilience）一词起源于生态学领域，Holling（1973）在 *Resilience and stability of ecological systems*（《生态系统的韧性与稳定性》）一书中提出“韧性”的概念，认为韧性是生态系统受损后恢复至原始平衡状态的能力。之后，Staw等（1981）与Meyer（1982）将韧性引入工商管理领域，由此开启了韧性在管理学应用的新篇章。Meyer借鉴了进化论假设的“变异—选择—保留”机制（Campbell，1965），探讨了组织应如何应对外部威胁。Meyer的研究结果表明，韧性是组织面对危机或逆境事件时渡过难关不可或缺的特性，通过塑造韧性，组织可以减弱环境冲击带来的影响。随着经济环境的快速变化和竞争的日趋激烈，“组织韧性”这一研究主题日益得到研究者们的关注，相关研究有着不同的发展流派（Linnenluecke，2017；Hillmann and Guenther，2021），见表2-1。

表2-1　　　　　　　　**组织韧性研究的流派**

视角	关注的情境	构建组织韧性的原因	构建组织韧性的方案	组织的行动程序	本质
安全性和可靠性视角	组织内部的不确定性	处理故障并尽量降低影响	准备和预警/正念和冗余	危机管理、连续性管理和应急规划	因失败而行动
弹性工程视角	组织外部的不确定性	恢复功能	通过冗余性、灵活性和适应性将韧性设计到系统中	供应链设计	系统设计
积极心理学和组织发展视角	组织外部的不确定性	应对危机和压力	通过提高员工和团队韧性来提高组织韧性	人力资源培训	人员发展
战略视角	组织外部的不确定性	保持绩效和竞争优势	建立和投资与组织韧性相关的能力和资源	对外部动荡的响应	竞争力

资料来源 HILLMANN J，GUENTHER E. Organizational resilience：a valuable construct for management research ［J］. International Journal of Management Reviews，2021，23（1）：7-44.

（1）安全性与可靠性视角下的组织韧性研究

20世纪80年代开始，切尔诺贝利、埃克森瓦尔迪兹、博帕尔和挑战者号航天飞机事故等大规模事故和灾难引发了学者们的关注，关于组织韧性的研究从关注对外部事件的响应转向探讨组织内部的安全性与可靠性（Shrivastava，1995；Smith and Elliott，2006）。相关研究指出具有高组织资源冗余度等特征能够反映出组织具有高可靠性（如图2-1所示），具有高可靠性的组织能够基于内部结构的可靠性有效应对可能产生负面影响的事件或故障，确保组织采用的应急规划与危机管理程序或流程能够提高组织韧性（Sitkin，1992）。安全性和可靠性视角下的组织韧性研究提出了两个关键理论：正常事故理论与高可靠性理论。正常事故理论认为，在复杂且紧密耦合的系统中，故障不可避免，只能尽量减少，因此必须被视为正常并通过严格的监控来减少，以确保安全（Perrow，1999；Dekker et al.，2008）。Perrow（1984）基于三英里岛核电站事故说明了“正常事故”的特点：发电站二级非核部分的一个小故障引发了其他更严重的故障，运营商无法做出判断和应对，导致事故迅速升级，且部分核熔毁。这类事故是由人员活动的失败和人员决策的有限理性而导致的（Perrow，1994）。由此，正常事故理论衍生了一个“可靠性范式”（Van Den Eede et al.，2006），该范式强调形成“处理失败”能力的重要性，以提高危机期间的组织韧性。

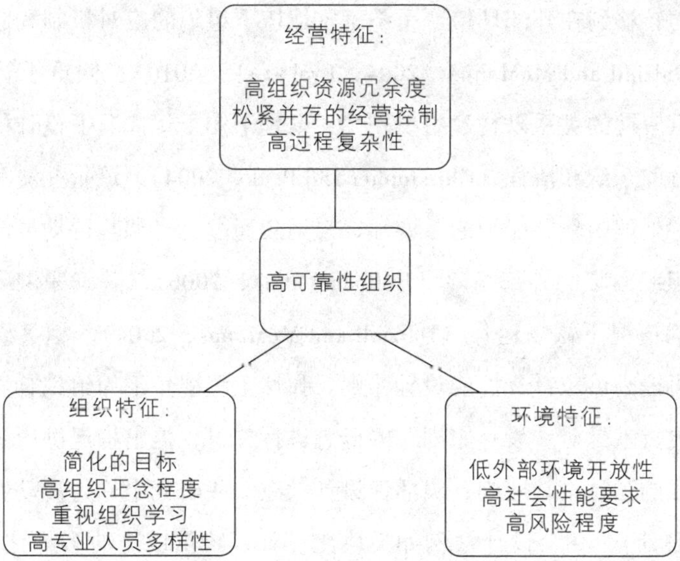

图2-1　高可靠性组织特征模型

资料来源 路江涌，相佩蓉.危机过程管理：如何提升组织韧性［J］. 外国经济与管理，2021，43（3）：3-24.

高可靠性理论认为，由于良好的组织设计和管理，故障或事故可以减少，甚至能够预防和遏制（Roberts and Bea，2001；Weick and Sutcliffe，2007）。随后，关于组织韧性的研究重点就是探索如何为未知挑战做好准备。相关研究将组织韧性概念化为抑制惰性倾向，建立具有可靠性的正念（Weick et al.，1999），其本质上强调对企业小幅调整的“关注”，认为持续的小幅调整可以防止错误积累，从而减少或遏制事故和灾难性故障（Weick and Sutcliffe，2001）。这个过程中，通过从别人的失败中吸取教训、提高对必须预防的风险事件的认知技能、识别风险敞口、反复尝试、即兴行动、敏捷性操作等来提高危机期间的组织韧性（Weick，1993）。

（2）弹性工程视角下的组织韧性研究

与关注组织内部可靠性不同，弹性工程视角下的组织韧性研究将注意力转移到在外部环境严重不确定情境下组织的应对机制和应对战略（Dalziell and McManus，2004；Erol et al.，2010），侧重于管理组织间供应链的关系以构建组织韧性，聚焦于在干扰情况下设计能够灵活运行的系统和流程（Christopher and Peck，2004）。该研究流派强调形成“处理中断”能力的重要性，强调应通过适当调整行动或流程来管理组织面临的外部风险（Hollnagel et al.，2006），以确保供应链在中断的情况下恢复运作（Dalziell and McManus，2004），相关研究聚焦于可提高供应链韧性的设计原则。弹性工程视角下的组织韧性研究的主要贡献是对“设计原则”的概念进行探讨，提出构建供应链或网络韧性的三种设计原则：灵活性设计（在一些研究中称为流动性或敏捷性设计）、冗余设计（例如模块化设计、跨供应商的多样化设计、多种运输或生产模式设计）和适应性设计（受影响的各方在快速变化或混乱时期进行沟通和重组）（Pettit et al.，2010；Sheffi and Rice，2005；Zsidisin and Wagner，2010）。采用这些设计原则对组织成本和服务特征的影响尚不明确，但这些研究均认为供应链的正确配置，包括具有灵活性，具有冗余替代方案或高效的适应能力，可以提高组织韧性，并为组织带来更大的附加收益（Aleksić et al.，2013；Omidvar et al.，2017）。例如，Scholten和Schilder（2015）就探讨了灵活性作为首要的设计理念对供应链韧性的影响（如图2-2所示）。在此基础上，Birkie等（2017）提出管理人员风险感知的重要作用，认为管理人员只有在感知到风险时才会激活用于提高供应链韧性的组织设计。

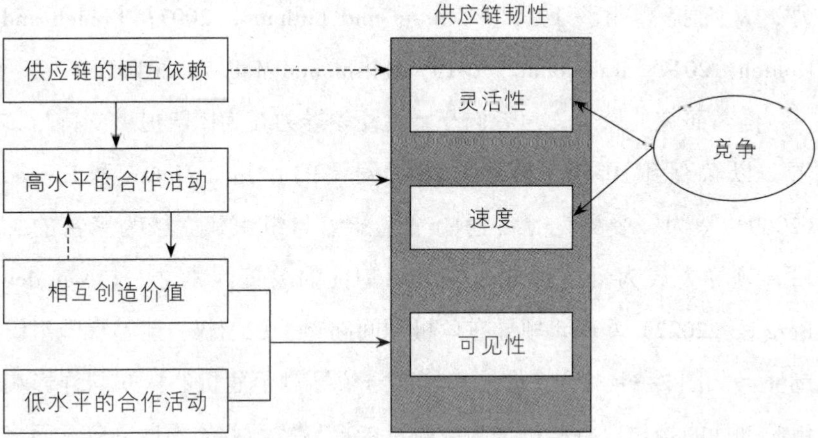

图2-2　合作对供应链韧性的影响

资料来源 SCHOLTEN K，SCHILDER S. The role of collaboration in supply chain resilience [J]. Supply Chain Management：An International Journal，2015，20（4）：471-484.

（3）积极心理学和组织发展视角下的组织韧性研究

积极心理学和组织发展视角下的组织韧性研究同样关注企业如何应对外部不确定情境所带来的危机，侧重于探讨个人和团队层面在组织中的互动方式对组织韧性的影响（Coutu，2002；Luthans，2002a；Luthans，2002b）。该研究流派起源于临床和发展心理学，借鉴了班杜拉（1997）关于自我效能的研究，认为组织韧性的塑造取决于团队是否具有韧性（Linnenluecke，2017）。Luthans（2002a；2002b）首先提出发展和管理员工的心理力量是构建组织韧性的有效路径，之后学术界围绕心理资本展开了大量研究。相关研究发现员工的心理资本涉及自我效能、乐观、希望、信心、主观幸福感、情商、工作满意度、工作幸福感、组织承诺、员工压力、辞职意图等因素，可通过培训或战略人力资源开发对员工的心理资本进行干预，确保个人或团队具有最佳互动条件与流程，构建能够改善绩效的人力资源优势和心理能力，从而提高组织韧性（Youssef and Luthans，2007；French and Holden，2012；Kahn et al.，2013；Wilson and Mallak，2016）。

随着研究的深入，学者们开始关注领导力在为团队提供支持与文化，以确保组织韧性构建方面所发挥的作用。McCoy和Elwood（2009）认为，受到良好待遇的员工能够与组织建立较为紧密的关系，领导力成为变革时期构建组织韧性的关键因素之一；Van den Berg等（2022）发现，领导在危机期间向员工赋予权力能够提升组织韧性（如图2-3所示）。此外，员工与领导对于危机的认知同样影响组织韧性的构建，将危机视为威胁可能会导致企业的不良反应，而将危机视为机会时，组织可能更具韧性（French and Holden，2012）。

（4）战略视角下的组织韧性研究

战略视角下的组织韧性研究关注企业对组织外部不确定性的响应，侧重于探讨组织因适应环境变化而做出的战略决策，在这个过程中，企业需要比同行更快地了解环境、创造机会并重新调整资源（Hamel and Välikangas，2003）。战略视角下的组织韧性研究者强调不仅要确保企业在面对动荡时能够生存，而且企业要能够保持增长并建立持续的竞争优势，通过发展或提高组织韧性来创造竞争优势将是保证组织未来成功的关键因素（Marwa and Milner，2013；Reeves and Deimler，2009）。该研究流派立足于战略管理对于适应性匹配（adaptive fit）

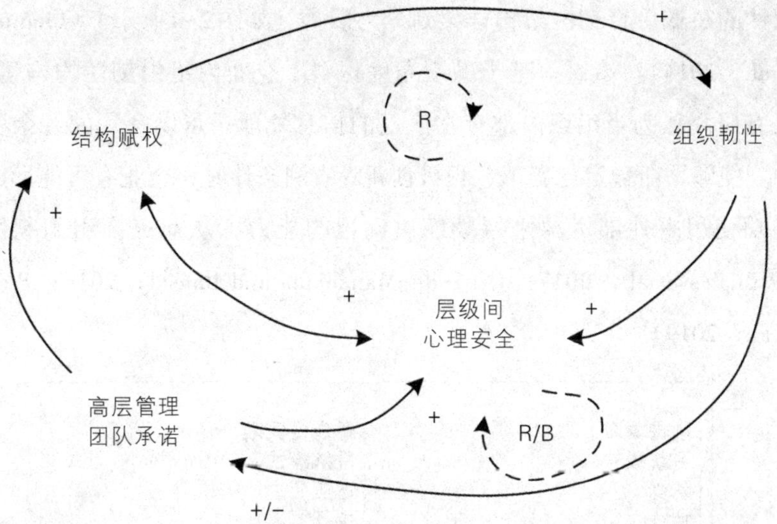

图2-3　结构赋权与组织韧性的因果关系循环图

资料来源 VAN DEN BERG J，ALBLAS A，BLANC P L，et al. How structural empowerment boosts organizational resilience：a case study in the Dutch home care industry［J］. Organization Studies，2022，43（9）：1425-1451.

的讨论，认为组织韧性的建立需要企业保持对于环境中机会与风险的警觉性，根据环境的类型及感知，有意识地做出不同的战略响应行为来适应环境，通过利用环境变化创造新选项和能力来提高组织韧性，从而在竞争中建立优势（Chakravarthy，1982；Lengnick-Hall and Beck，2005；Dewald and Bowen，2010；Limnios et al.，2014）。

相关研究主要聚焦于如下两个方面的探讨：第一，基于宏观视角探讨了竞争企业间组织韧性存在差异的原因，已有研究发现组织创新、组织创造力、知识管理、声誉、战略敏捷性等因素的不同表现会导致企业间的组织韧性存在差异（Akgün and Keskin，2014；Carvalho et al.，2016；Marwa and Milner，2013；Mafabi et al.，2012；Gao et al.，2017；Ismail et al.，2011），基于韧性的高低与系统状态可取性的高低可将韧性架构框架划分为四类（如图2-4所示）（Limnios et al.，2014）。第二，基于微观角度探讨了企业内组织韧性的构建，已有研究认为当组织内部存在广泛的信息处理、可以利用的冗余资源、能够平衡稳定与变革、积极创新等有利条件时，企业有可能形成成功使用内外部资源来持续解决问题的能力，从而提高组织韧性（Williams et al.，2017；Ortiz-de-Mandojana and Bansal，2016；Buyl et al.，2019）。

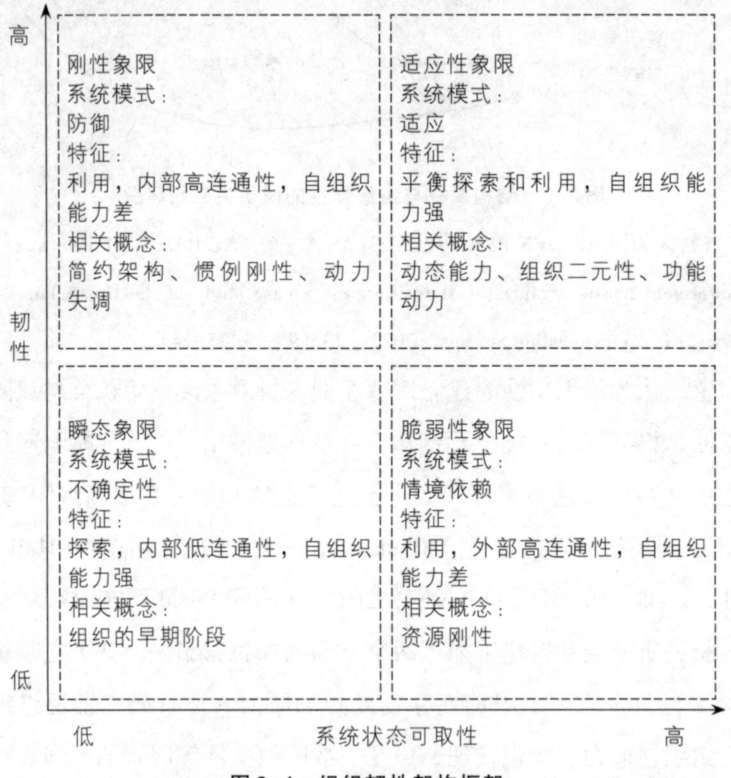

图2-4　组织韧性架构框架

资料来源 LIMNIOS E A M，MAZZAROL T，GHADOUANI A，et al. The resilience architecture framework：four organizational archetypes［J］. European Management Journal，2014，32（1）：104-116.

2.1.2 组织韧性的内涵与维度

（1）组织韧性的内涵

虽然学术界就组织韧性这一主题做出了广泛探讨，但对组织韧性的概念并没有形成明确统一的界定，相关研究主要从以下三个视角来剖析：①强调观察组织发展的过程视角（Ishak and Williams，2018）；②强调韧性所带来的财务绩效的结果视角（Sahebjamnia et al.，2018）；③强调组织能力升级的能力视角（Ma et al.，2018）。其中，立足于企业动态能力发展起来的组织韧性观，相比于其他视角更能反映组织韧性的本质特征而被战略领域的研究者广泛关注。组织韧性使组织能够有效地处理意外事件，从可能威胁其生存的危机中恢复过来，甚至实现未来的成功（Hillmann and Guenther，2021；Xie et al.，2022）。现阶段关于组织韧性的内涵主要从防御属性、成长属性和预期属性三个方面进行探讨（Duchek，2020），见表2-2。

表2-2　**组织韧性的内涵**

代表性文献	组织韧性的内涵	能力属性
Lengnick-Hall and Beck（2005）	组织韧性被定义为认知、行为和环保意识的独特融合，这些属性提高了公司了解其现状和制订反映这种了解的响应方案的能力	防御属性
Ates and Bititci（2011）	组织韧性是指一个组织在未来发展方面发生变化的能力，在动荡的变化面前生存、适应和维持业务的能力	防御属性

续表

代表性文献	组织韧性的内涵	能力属性
Valero et al.（2015）	组织韧性是指一个组织在环境变化（如灾害）的情况下适应或快速恢复的能力	防御属性
Kahn et al.（2018）	组织韧性是一个组织在逆境条件下，承受冲击、保持或改进运营的能力	防御属性/成长属性
Witmer et al.（2016）	组织韧性是指对重大的颠覆性变化做出有效反应并将挑战转化为机遇的能力	防御属性/成长属性
Demmer et al.（2011）；Lengnick-Hall et al.（2011）	组织韧性是企业面对动态环境中的不利情况（有时是敌对的环境），能够有效地制定针对具体情况的应对措施，最终随着时间的推移实现蓬勃发展的能力	防御属性/成长属性
Ortiz-de-Mandojana and Bansal（2016）	组织韧性是组织预测、避免和应对环境冲击等方面的能力	预期属性/防御属性
Sajko et al.（2021）	组织韧性是指组织在预测、避免、应对环境冲击方面的潜在能力	预期属性/防御属性
Duchek et al.（2020）	组织韧性是指预测潜在威胁、有效应对突发事件以及从这些事件中学习，从而促进组织变革等能力	预期属性/防御属性/成长属性

资料来源 作者根据相关资料整理。

组织韧性的防御属性关注企业在遭受危机冲击后如何维持和恢复组织功能，强调组织能够采取应对策略抵御危机事件冲击（Robert et al.，2010）。例如，Grøgaard等（2019）指出组织韧性是指一个组织面对需求和压力不断变化的环境时，感知、分析和识别机会和需求的能力；Williams等（2017）指出组织韧性是指企业为了在逆境前、中、后期积极调整并保持有效运作而建构的与环境互动的能力；van der Vegt等（2015）指出组织韧性是指承载冲击并复原的能力，以及面对长期压力、变化和不确定性调整组织构架和运营手段的能力。

组织韧性的成长属性关注组织在遭受危机的冲击后要能实现能力的进化（Vaelikangas and Romme，2013）。例如，Dai等（2017）指出，组织韧性为组织承受外部冲击的能力以及组织快速恢复至原有运营状态甚至超越之前运营状态的能力；Carvalho和Areal（2016）认为组织韧性是一种能力，该能力能够帮助组织在面对威胁时恢复原有状态，并支持组织在逆境中茁壮成长和发展；单宇等（2021）认为组织韧性是组织在不利事件的冲击下能够恢复和反弹，并在反思改进的过程中逆势成长的能力。

组织韧性的预期属性强调组织韧性不仅仅是生存的能力，还涉及识别潜在风险并采取积极措施应对的能力，组织必须捕捉到危机的早期信号，才能快速做出反应，从而避免危机升级（Somers，2009）。例如，Ortiz-de-Mandojana and Bansal（2016），Sajko等（2021）指出组织韧性的首要特征就是能够对危机冲击进行预测。同时，一些研究也指出组织韧性应该涉及三种属性的复合（如图2-5所示）（Duchek，2020）。

（2）组织韧性的维度

对于组织韧性的维度，现有研究主要从能力的特征和能力的种类两个方面进行划分或测量（见表2-3）。

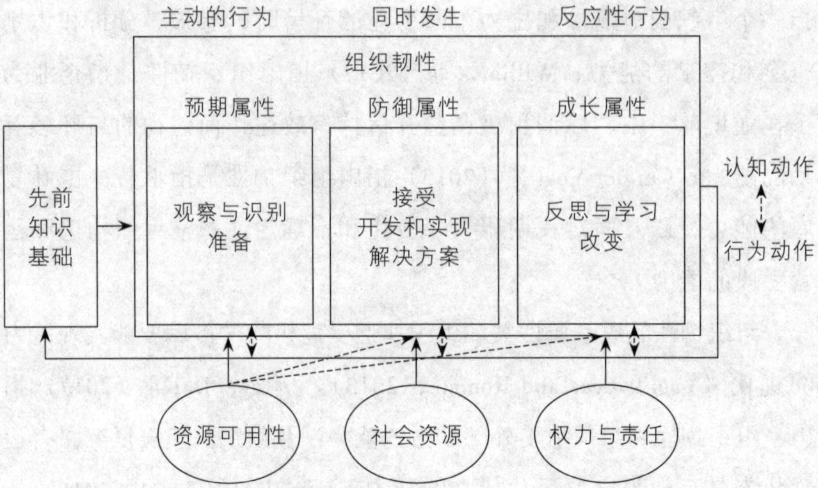

图2-5　组织韧性概念框架

资料来源 DUCHEK S. Organizational resilience: a capability-based conceptualization [J]. Business Research, 2020, 13 (1): 215-246.

表2-3　**组织韧性的维度**

	组织韧性的维度	代表性文献
特征	稳健性；敏捷性；完整性	Kantur and Iseri-say (2015)
	稳健性；冗余性；充足性；灵活性	Tierney (2008)
	稳定性；灵活性	DesJardine et al. (2017)；Sajko et al. (2020)
	主动性；反应性	Chowdhury and Quaddus (2019)
种类	适应能力；恢复能力；情境意识	王勇 (2019)
	预警能力；调整和巧创能力；恢复和改进能力	李平、竺家哲 (2021)
	适应能力；预期能力；情境意识	张秀娥、滕欣宇 (2021)；Kantur and Iseri-say (2015)

续表

	组织韧性的维度	代表性文献
种类	预期能力；应对能力；适应能力	冯文娜、陈晗（2022）
	适应能力；计划（plan）能力	Lee et al.（2013）
	预期能力；适应能力；恢复能力	Pettit et al.（2013）
	情境意识；关键漏洞管理；适应能力	McManus（2008）
	准备能力（preparation）；适应能力	Burnard et al.（2018）
	组织适应能力；组织竞争力	Mafabi et al.（2012）

资料来源 作者根据相关资料整理。

从能力的特征来看，Kantur和Iseri-say（2005）认为组织韧性的维度包含稳健性、敏捷性和完整性三个方面。其中，稳健性反映了组织能够抵御外部不利事件的冲击，并维持和恢复组织功能；敏捷性反映了组织在面对外部不利事件的冲击时能够迅速采取行动；完整性反映了组织作为一个整体面对外部不利事件冲击时具有凝聚力。Tierney（2008）提出组织韧性的维度包含稳健性、冗余性、充足性、灵活性四个方面，特别强调了冗余性反映的组织抵御外部事件时的冗余资源准备。DesJardine等（2017）提出组织韧性的维度包含稳定性和灵活性两个方面。此外，Chowdhury和Quaddus（2017）认为组织韧性的维度包含主动性和反应性两个方面。其中，主动性是指组织面对危机时有所准备，能够识别潜在风险并采取主动措施；反应性是指组织在面对外部不利事件冲击时，能够进行响应和应对。

从能力的种类来看，McManus（2008）认为组织韧性的维度包含情境意识、关键漏洞管理和适应能力三个方面。其中，情境意识是指组织能够关注内外部环境变化并提取影响组织决策的关键信息的能力；关键漏洞管理是指组织能够对外部不利事件冲击组织所形成的破坏效应进行管理的能力；适应能力是指组织能够进行流程整合、调整和重新配置组织资源，以便从意外事件中快速恢复，并利用困境所带来的机遇实现组织持续学习和成长的能力。之后，相关学者对此分类进行了适当的修改和完善，比如Lee等（2013）认为组织韧性包含适应能力和计划能力两个方面；Burnard等（2018）认为组织韧性包含准备能力和适应能力两个方面（如图2-6所示）；王勇（2019）认为组织韧性包含适应能力、恢复能力、情境意识三个方面；冯文娜、陈晗（2022）认为组织韧性包含预期能力、应对能力、适应能力三个方面。此外，还有学者提出组织竞争力也是组织韧性的维度之一（Mafabi et al.，2012）。

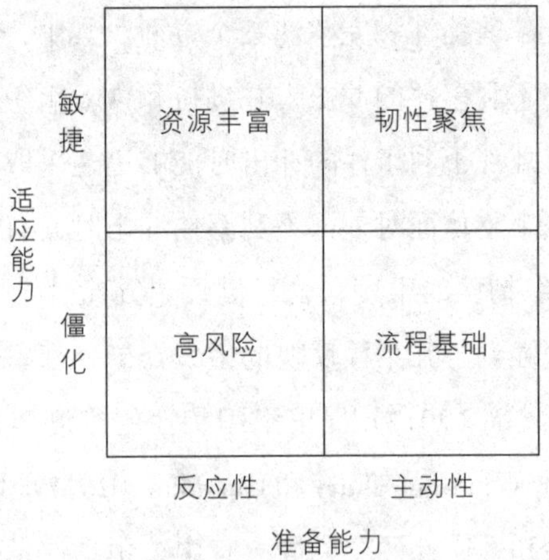

图2-6　韧性配置矩阵

资料来源 BURNARD K，BHAMRA R，TSINOPOULOS C. Building organizational resilience：four configurations［J］. IEEE Transactions on Engineering Management，2018，65（3）：351-362.

2.1.3 组织韧性的实现路径与影响因素

（1）组织韧性的实现路径

从形成流程看，组织与环境互动形成组织韧性的过程具有动态和反复迭代的特征。其主要在负面事件发生前与负面事件发生后进行探讨。在负面事件发生前，组织主要在机制、能力、资源等方面进行准备和防御，提高对逆境察觉和认知的可能性，包含风险认知/评估与准备工作等环节（刘书博，2020）。在负面事件出现后，组织基于可用的资源快速开发和采用解决方案以应对危机（Ducher，2020）。此外，负面事件出现后在逆境中反思并学习是塑造韧性的根本（Williams et al.，2017）。李平和竺家哲（2021）对国外顶级期刊进行研究后指出，组织韧性的发展可能主要集中在负面事件出现后。

第一，从资源视角出发，探讨组织韧性的形成路径。基于资源视角的研究，关注负面事件出现后，企业资源的重新调整对组织韧性的影响（如图2-7所示）。危机事件出现后，组织的首要任务是迅速做出反应，其行为的核心特征是巧创性和及时性（李平，2020）。巧创性强调企业在横向策略维度上能够做出具有创造性的智谋行动，包括资源的重新分配、战略变革等（宋耘等，2021；彭新敏等，2022）。运用资源是组织执行应对策略的保障，敏捷、变通地应用和配置内外部资源有助于处理紧急情况（Ma et al.，2018）。在这个过程中，组织内充斥着各类"即席创作者"，其通过利用手头资源实现临时性的改良和巧创。值得注意的是，这种临时性的改良和巧创行为是基于企业战略的灵活创作，而非毫无计划的天马行空（Goleman and Sonnenfeld，2020；李平、竺家哲，2021）。

及时性则强调企业在纵向时间维度上能够做到及时反应，这要求企业在面对危机情境时积极面对、主动回应，快速激活组织的韧性

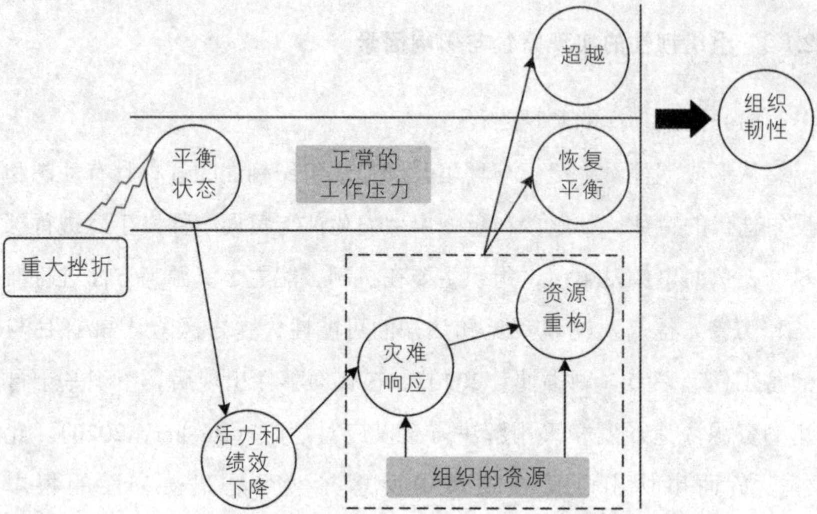

图2-7　组织的适应和韧性：概念框架

资料来源 ［1］LINNENLUECKE M K，GRIFFITHS A，WINN M. Extreme weather events and the critical importance of anticipatory adaptation and organizational resilience in responding to impacts ［J］. Business Strategy and the Environment，2012，21（1）：17-32. ［2］DESJARDINE M，BANSAL P，YANG Y. Bouncing back：building resilience through social and environmental practices in the context of the 2008 global financial crisis ［J］. Journal of Management，2019，45（4）：1434-1460.

"基因"，从而在巧创的基础上，实现快速响应（张公一等，2020）。因此，基于资源视角的研究通常与企业动态能力相结合，探讨基于资源的动态行动对组织韧性的影响。例如，Do等（2022）基于资源与动态能力理论，探讨了基于资源的管理举措正向影响了越南中小企业的组织韧性，解释了组织在面对危机时应如何开发其内部资源；Ozanne等（2022）探讨了澳大利亚和新西兰的中小企业在新冠肺炎疫情期间如何通过动态管理社会资源来塑造组织韧性。

第二，从组织学习视角出发，探讨组织韧性的形成路径。已有研究发现，从逆境中吸取教训是塑造韧性的根本（Vakllzadeh and

Haase，2021)。危机事件出现后，通过学习让组织汲取应对危机过程中形成的有效经验和相关知识（Christianson et al.，2009；李宇和王竣鹤，2022)，在个体、组织、制度等方面加以改进以实现组织修复(Madsen，2009；Massa，2017)，从而将响应经验固化为组织应对危机的机制，可避免企业再次受到类似的负面影响，更好地应对未来的风险（Eismann et al.，2021)。

从逆境中学习的组织也必须意识到自己的局限性，在这个过程中，组织从被动应对模式转换为主动思考模式，会形成新的应对思路和知识组合（马浩，2020；Barton and Kahn，2019)，应抓住危机情境中的机遇进行高阶的学习活动，对企业的战略方向和决策问题进行深度思考，寻找组织能够开展创新的方向，进行组织路径再定位(Kahn et al.，2018；Bothello and Salles-Djelic，2018)，对企业流程、战略、组织、文化等方面进行提升和转型，改进原有的状态或功能(Lee et al.，2020)，抓住和利用机会（Gao et al.，2017)，才有可能实现反超改进的效果（路江涌、相佩蓉，2021)。因此，基于组织学习视角的研究通常都与变革有关（如图2-8所示)。

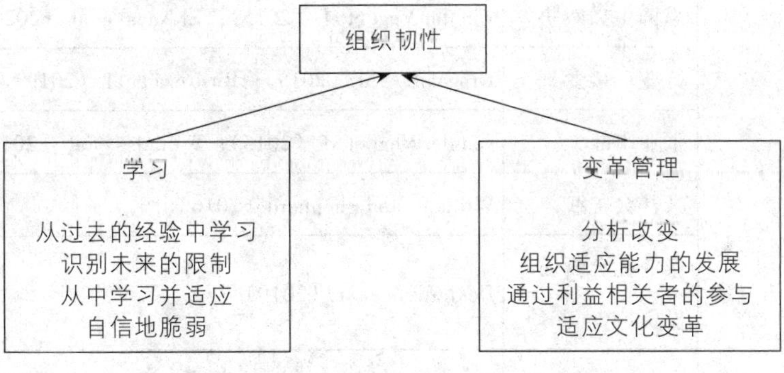

图2-8　组织韧性的形成

资料来源 VAKILZADEH K，HAASE A. The building blocks of organizational resilience：a review of the empirical literature［J］. Continuity & Resilience Review，2021，3（1）：1-21.

（2）组织韧性的影响因素

综合现有研究，组织韧性的影响因素研究主要从组织外部因素与组织内部因素两个方面展开。

A.组织外部因素

关于组织外部因素对组织韧性影响的探讨，现有研究主要聚焦于危机事件与组织的外部关系网络两个方面（见表2-4）。

表2-4 **组织韧性的外部影响因素**

组织外部影响因素		代表性文献
危机事件	政府转型	Bouaziz and Hachicha（2018）
	经济危机	Williams et al.（2017）；DesJardine et al.（2019）
	社交媒体的混乱	Williams et al.（2017）
	气候变化	Williams et al.（2017）；Huang et al.（2018）
	自然灾害	van der Vegt et al.（2015）；Williams and Shepherd（2016）
	新冠肺炎疫情	单宇等（2021）；李兰等（2022）
	恐怖主义威胁	van der Vegt et al.（2015）；El Nayal et al.（2020）
	行业环境变化	Grøgaard et al.（2019）；Bustinza et al.（2019）
	工业事故	van der Vegt et al.（2015）；Williams et al.（2017）
外部关系网络	亲社会实践	Williams and Shepherd（2016）
	企业社会责任投资	DesJardine et al.（2019）
	利益相关者关系	Ortiz-de-Mandojana and Bansal（2016）；张梦桃和张生太（2022）

资料来源 作者根据相关资料整理。

从危机事件来看，组织韧性的外部影响因素主要包含政治、经济、社会、行业四类（张公一等，2020）。第一，Bouaziz和Hachicha（2018）发现，政治因素是影响组织韧性不可忽视的外部因素之一，政府转型情境显著影响组织韧性所反映的动态调整企业战略的能力。第二，DesJardine等（2019）发现经济因素能够影响企业的战略方向，经济危机显著影响组织韧性的稳定性与灵活性。第三，社会层面的危机事件包括社交媒体的混乱（Williams et al.，2017），气候变化（Huang et al.，2018），飓风、洪水、地震等自然灾害（Van der Vegt et al.，2015），新冠肺炎疫情（单宇等，2021）以及恐怖主义威胁（van der Vegt et al.，2015）等，其会促使企业采取自主行动增强组织韧性。第四，行业层面的危机事件涉及行业环境变化（Grøgaard et al.，2019）、工业事故（Williams et al.，2017）等，其会推动企业进行技术创新，有利于提升组织韧性。

从外部关系网络来看，企业的亲社会实践、企业社会责任投资和利益相关者关系能够有效提升组织韧性（李平、竺家哲，2021）。一方面，企业的亲社会实践（Williams and Shepherd，2016）和企业社会责任投资（DesJardine et al.，2019）等能够通过发展社交网促进企业与外部依赖关系保持稳定，提高企业受外源冲击的能力；另一方面，通过结构联结和关系联结强化与广泛的利益相关者之间的关系，能够提高企业获取外部信息的能力，从而增加企业应对外部环境变化而进行调整的组织韧性（Ortiz-de-Mandojana and Bansal，2016）。

B.组织内部因素

对于组织内部因素对组织韧性影响的探讨，现有研究主要聚焦于硬能力与软能力两个方面（见表2-5）。

表2-5　　　　　　　　组织韧性的内部影响因素

组织内部影响因素		代表性文献
硬能力	冗余资源/弹性资源	Williams et al.（2017）；El Nayal et al.（2020）
	备用设备	Ortiz-de-Mandojana and Bansal（2016）
	现金流储备	Linnenluecke（2017）；Williams et al.（2017）
	商业模式	Linnenluecke（2017）
	战略方向	Buyl et al.（2019）；彭新敏等（2022）
	战略执行力	Ortiz-de-Mandojana and Bansal（2016）
	模块化的组织结构	Keum（2020）；李雪灵等（2023）
	所有权集中的结构	El Nayal et al.（2020）
软能力	领导力	Kahn et al.（2018）；彭新敏等（2022）；王涛等（2023）
	员工性格特征/员工能力	Linnenluecke（2017）
	团队内部的认知能力	Williams et al.（2017）
	团队内部积极的情感状态	Williams et al.（2017）；Barton and Kahn（2019）；段升森等（2021）
	团队内部良好的群体关系	Linnenluecke（2017）；Kahn et al.（2018）；迟冬梅等（2023）
	团队潜力	Stoverink et al.（2020）

资料来源 李平，竺家哲．组织韧性：最新文献评述［J］．外国经济与管理，2021，43（3）：25-41

从硬能力来看，组织韧性的内部影响因素主要涉及资源、战略和结构三个方面（李平、竺家哲，2021）。首先，在资源方面，例如，组织对于冗余资源（Williams et al.，2017）、弹性资源（El Nayal et al.，2020）、备用设备（Ortiz-de-Mandojana and Bansal，2016）、现金流（Linnenluecke，2017）等进行储备，能够有效提高组织抵抗外部风险的能力，从而提高组织韧性。其次，在战略方面，公司的商业模式、战略方向、执行力也会影响组织的稳定性，进而影响组织韧性（Buyl et al.，2019）。最后，组织结构的模块化（Keum，2020）、所有权集中（El Nayal et al.，2020）能够使组织结构更加灵活，从而有益于风险防控。

从软能力来看，组织韧性的内部影响因素主要涉及个体层面和团队层面的特征、认知和情感等（李平、竺家哲，2021）。首先，在个体层面，领导的风险感知能力（Kahn et al.，2018）、注意力配置（彭新敏等，2022）等领导力方面的发展会影响企业采取危机应对战略的方向，员工性格特征或能力，包括知识储备、自我效能、智力、灵活性（Linnenluecke，2017；Williams et al.，2017）等方面的因素会影响企业危机应对行为的执行。其次，在团队层面，团队对于愿景、目标、价值等方面拥有良好的认知能力能够使其面对危机事件时高效地做出反应（Williams et al.，2017）；团队内部积极的情感状态包括乐观、希望等有助于企业在危机中更好地保持内部的稳定（Barton and Kahn，2019）；团队内部良好的群体关系有助于增加企业面临危机时的安全感与凝聚力，有助于企业面对危机时快速恢复（Kahn et al.，2018）。最后，Stoverink 等（2020）发现，团队潜力能够降低组织的脆弱性，提高组织韧性。

2.2 资源拼凑的相关研究

本节将依据本书的研究问题，针对资源拼凑的内涵、类型及对企业的影响进行系统的梳理与回顾。

2.2.1 资源拼凑的内涵

资源拼凑起源于人类学家Lévi-Strauss（1967）在《野性的思维》一书中所提出的“拼凑”思维，通过对人类文化和人类思维的研究，Lévi-Strauss提出对手头可以利用的一切资源进行解构、认知和重新组合，能够创造新规则、新方法或新手段。法国哲学家、解构主义的代表人物Jacques Derrida（1981）将“拼凑”引入哲学领域，其认为解构主义奠定了拼凑表现出的解构与重构的哲学基础。随后，Weick（1993）首次将拼凑引入组织领域的研究中，从组织社会学角度出发提出拼凑是组织面对危机事件而立即采取行动的一种行为方式，并且该方式与组织即兴同时发生。Baker和Nelson（2005）则将拼凑与创业研究相整合，提出资源拼凑是创造性地探索和挖掘现有资源的新属性和新用途，利用并整合手边资源来解决问题或发现新机会。此后，资源拼凑被学者们广泛关注。现有研究立足于Baker和Nelson（2005）的开创性工作对资源拼凑的概念的详细探讨，其概念界定主要涉及资源和行为方式两个方面（见表2-6）。

基于资源的角度，资源拼凑的概念侧重于“手头资源”，认为拼凑是利用手头现有资源，而不是等待“正确”的资源（Senyard et al.，2014）。手头资源（resources at hand）是已经存在但未被发掘或被忽视价值的资源，企业能够以零成本或低成本的方式获得（祝振铎和李新春，2016；李雪灵等，2022）。从这一角度出发，相关的概念界定

表2-6 **资源拼凑相关内涵界定**

角度	内涵	重点	代表性文献
资源	资源拼凑是指为了抓住机遇和克服困难，使用打破常规的解决方法，重组手头现有资源	强调拼凑对象为“手头资源”	Senyard et al.（2014）；祝振铎、李新春（2016）；祝振铎、李非（2017）；王兆群（2017）；Busch and Barkema（2021）
	资源拼凑是依靠现有的和以前低估或使用不足但随时可用的资源，而不是购买新资源，并通过资源组合来解决新问题		
行为方式	资源拼凑是借助手头资源解决问题的策略，包含奏效思维、手边资源驱动和重组资源行为三个要素	强调拼凑行为是“将就利用”而且是“有目的的重组”	Di Domenico et al.（2010）；Halme et al.（2012）；Davis et al.（2013）；赵兴庐、张建琦（2016）；Korsgaard et al.（2021）；宋晶、陈劲（2019）
	资源拼凑是对稀缺资源的创造性组合		

资料来源 王琳.成长期产业技术创新联盟知识融合影响因素及风险防控研究[D]. 长春：吉林大学，2021.

遵循了Baker和Nelson（2005）的基本定义。例如，祝振铎和李非（2017）认为资源拼凑是指为了抓住机遇和克服困难，使用打破常规的解决方法，重组手头现有资源；王兆群（2017）也指出资源拼凑是为了减少资源匮乏的制约，以最低的成本和最快的响应重组或重塑手头现有资源；Busch和Barkema（2021）同样认为资源拼凑是依靠现有的和以前低估或使用不足但随时可用的资源，而不是购买新资源，并通过资源组合来解决新问题。

基于行为方式的角度，资源拼凑的概念侧重于“创造性重组行为”，拒绝受到当前实践或方法的认知限制，认为拼凑是在资源之间建立新的联系，用一种资源去替代组合中的另一种资源，直到达到预期效果的资源组合出现（于晓宇等，2017a；Duymedjian and Rüling，2010）。从这一角度出发，资源拼凑的概念暗含了两个核心内容：将就利用和有目的的资源重组（Baker and Nelson，2005）。将就利用（making do）可以理解为即兴而作的积极行动，拼凑者并不是以最优为准则，而是以合适为标准，从事拼凑的企业愿意进行实验和修补（tinker），并试图找到实现目标的方法（Senyard et al.，2014）。有目的的进行资源重组（combination of resources for new purposes）强调拼凑不仅仅是将被遗弃的资源或单一用途资源重新用于其原始目的来节省资源，从根本上讲，它为了创造性地重组资源来实现有别于原始目的的新目标（Reypens et al.，2021）。

基于此，赵兴庐和张建琦（2016）认为资源拼凑是借助手头资源解决问题的策略，包含奏效思维、手边资源驱动和重组资源行为三个要素；Halme 等（2012）指出资源拼凑是对稀缺资源的创造性组合；Davis 等（2013）同样认为资源拼凑是创造性地整合或重组现有资源以完成新的目标；Di Domenico 等（2010）认为资源拼凑是一种即兴行动，通过持续试错并进行创新迭代不断尝试创造新的有价值的资源组合，以克服资源约束抓住新机遇或应对新挑战。

2.2.2 资源拼凑的类型

目前，关于资源拼凑的研究主要关注创业企业，国内外学者主要从拼凑对象、资源属性、拼凑动机、拼凑频率和范围、行为本质、资源来源等方面对资源拼凑的类型进行了划分（见表 2-7）。

表2-7　　　　　　　　**资源拼凑的代表性分类**

依据	维度	内涵	代表性文献
拼凑对象	物质拼凑	通过拼凑被遗弃的或被视为单一功能的材料来创造新价值	Baker et al.（2003）；Baker and Nelson（2005）；赵兴庐等（2016）；刘振等（2019）
	人力拼凑	通过拼凑客户或供应商等利益相关者来创造新的劳动力	
	技能拼凑	通过拼凑业余爱好者的能力创造新的服务	
	制度拼凑	利用手头资源形成新的制度规范或行业规则的过程	
	顾客拼凑	运用手头资源满足顾客新需求的过程	
	要素拼凑	将被遗忘、单一功能或非标准的物质、人力或技能等转化为生产要素的过程	
	网络拼凑	企业利用相关的客户、供应商和雇员建立的关系网络进行资源搜寻和拼凑	
资源属性	物质资源拼凑	是对人力、物力、财力等有形资源通过赋予新的属性将其改造成有价值的资源的行动	张建琦等（2015）
	创意资源拼凑	对知识、经验、技巧等无形资源通过重组的方式产生新创意的行为	

续表

依据	维度	内涵	代表性文献
拼凑动机	需求型拼凑	以低成本的方式拼凑手头的资源来满足企业的当前需求	王兆群等（2017）；Geoffrey Desa and Basu（2012）；于晓宇等（2017a）；Baker（2007）；Baker et al.（2003）
	构想型拼凑	通过拼凑被遗忘的资源从而开发出新的价值	
拼凑频率和范围	平行拼凑	企业长时间同时在多个领域或多个项目开展资源拼凑活动	Baker and Nelson（2005）；于晓宇等（2017b）
	选择性拼凑	企业在有限的时间内，在一个领域或一个活动里开展资源拼凑活动	
行为本质	即兴拼凑	企业依据当前的环境变化对资源进行即兴的灵活调整和拼凑	朱秀梅等（2018）；Baker et al.（2003）
	计划拼凑	企业在目标导向下依据计划对资源进行调整和拼凑	
资源来源	内部拼凑	拼凑者利用自身所具有的异质性资源进行拼凑的过程	Vanevenhoven et al.（2011）；Winkel et al.（2013）
	外部拼凑	拼凑者搜集、组织和调用外部资源进行拼凑的过程	

资料来源 作者根据相关资料整理。

从企业所拼凑的对象来看，资源拼凑可以划分为物质拼凑、人力拼凑、技能拼凑、制度拼凑、顾客拼凑、要素拼凑和网络拼凑。Baker等（2003）提出的网络拼凑强调拼凑的对象是先前存在或建立的人际网络关系，现构建新联系或挖掘现有联系的新价值，利用这种联系搜寻或整合资源。Baker和Nelson（2005）进一步丰富了资源拼凑涉及的资源，包括物质资源、人力资源、技能资源、制度资源和顾客资源五类。其中，物质拼凑强调拼凑的对象是被遗弃的或被视为具有单一功能的材料，以此开发物质的新价值；人力拼凑强调拼凑的对象是客户或供应商等利益相关者，通过将他们引入项目来创造新的价值；技能拼凑强调拼凑的对象是业余爱好者或自学的人，通过整合他们的能力提供有用的服务；制度拼凑强调拼凑的对象是新的实用主义制度，企业在规则不明确或未受限制的领域进行拼凑以创建新的生产方式、新的商业模式等；顾客拼凑强调拼凑的对象是具有小众或边缘需求的客户，通过与顾客明确买卖双方的相互责任占据新的市场（Baker et al.，2003；Baker and Nelson，2005；于晓宇等，2017a）。近年来，有学者进一步将物质拼凑、人力拼凑和技能拼凑整合为要素拼凑，提出要素拼凑是将物质、人力和技能等资源转化为生产要素的过程（赵兴庐等，2016）。

从企业拼凑资源的属性来看，资源拼凑可以划分为物质资源拼凑和创意资源拼凑。物质资源拼凑是指拼凑能够交易的有形资源，包括人、财、物、市场、技术等，这些有形资源可能具有单一用途或被遗忘丢弃，通过拼凑为其赋予新的属性从而创造价值（张建琦等，2015）。创意资源拼凑是指拼凑无形资源，这种无形资源包括知识、关系、技巧、经验等，通过重组上述资源能够产生新的创意（张建琦等，2015）。

从企业的拼凑动机来看，资源拼凑可以划分为需求型拼凑和构想型拼凑。需求型拼凑的动机是以低成本快速满足企业的当前需求，因此这种拼凑方式会减少资源搜寻时间，减少对资源提供者的依赖和资源投入成本，但可能会以影响产品质量为代价，且通过对手边资源的拼凑来达到任务要求，会遵循“满意模式”，一旦达到需求就会停止拼凑（Baker and Nelson，2003；于晓宇等，2017a；王兆群等，2017）。构想型拼凑的动机是使现有资源实现价值最大化，因此这种拼凑方式会识别企业废弃资源的价值，感知废弃资源的优势，有目的地、创造性地利用手头的冗余资源来开发新产品，发挥冗余资源的价值（Baker，2007；于晓宇等，2017a；王兆群等，2017）。

从企业的拼凑频率和范围来看，资源拼凑可以划分为平行拼凑和选择性拼凑。平行拼凑的频率高且范围大，是一种发生在多领域持续性或重复性的拼凑行为（Baker and Nelson，2005）。平行拼凑强调问题导向，应能够快速应对新的问题或威胁，但是由于涉及多领域连续拼凑，且缺少对拼凑行为的改进倾向，往往会导致拼凑“反标准化”造成的结果不确定性的风险扩大（于晓宇等，2017b；Senyard et al.，2014）。选择性拼凑的频率低且范围小，是一种发生在单一领域、不连续的拼凑行为，通常在一次拼凑结束后才开始考虑下一次，并且优先关注对企业最重要的项目（Baker and Nelson，2005；鲍明旭，2017）。选择性拼凑强调机会导向，通过设定对于拼凑结果的预期对拼凑方案进行合理筛选，并且会依据上一次拼凑方案的效果来确定下一次的拼凑行为，能够有效地降低拼凑风险（于晓宇等，2017b；Welter et al.，2016；Baker and Nelson，2005）。

从企业拼凑行为的本质来看，资源拼凑可以划分为即兴拼凑和计划拼凑。即兴拼凑强调拼凑者不会浪费时间和资源对拼凑行为本身制订计划，而会以更大的自由度和灵活性依据环境变化调整拼凑行为（Baker et al.，2003；薛红志和牛芳，2009）。其以手段导向为驱动，聚焦于先行动或边行动边计划，故更具创造性和不可预见性，也使企业更易于快速应对不确定性情境，迅速把握市场机会（Delmar and Shane，2004；朱秀梅等，2018）。计划拼凑强调拼凑者重视资源拼凑计划的制订，是一种在市场调查和竞争分析的基础上，进行的有目的、有组织地对现有资源进行配置的行为（Baker et al.，2003；Chandler et al.，2011）。在对市场和产品有共同认知的前提下，以目标导向为驱动，聚焦于先计划后行动，能够更合理地拼凑现有资源（李玎玎和李雪灵，2021；朱秀梅等，2018）。

从企业拼凑资源的来源来看，资源拼凑可以划分为内部拼凑和外部拼凑。内部拼凑强调企业拼凑的资源为企业内部的有形或无形资源，是一种通过对内部可触达资源的调整和改造，为资源赋予新价值的拼凑行为（Vanevenhoven et al.，2011；Winkel et al.，2013）。外部拼凑强调企业拼凑的资源为外部环境中可以搜索、转移并整合的有形或无形资源，是一种通过对外部可触达资源的调整和改造，开发新资源与新价值的拼凑行为（Vanevenhoven et al.，2011；Winkel et al.，2013）。

2.2.3 资源拼凑对企业的影响

关于资源拼凑对企业的影响，学者们大多从常规情境出发，探讨资源拼凑对企业成长的正向或负向影响。常规情境下的资源拼凑研究遵循资源匮乏假设或者发展冗余资源价值的目标，认为企业通过资源拼凑重组手边资源应对挑战或识别机会，可以提高企业竞争优势或企业绩效（Baker and Nelson，2005；Senyard et al.，2014；冯文娜等，2020；于晓宇和陈颖颖，2020；Sun et al.，2020），从而促进企业成长；但是部分研究者也指出，资源拼凑所形成的创造性的资源解决方案通常被视为一种暂时过渡的方法，随着时间的推移，多领域资源拼凑会导致群体内认知模式相同、修补陷阱、挤占标准化资源、缺少学习能力等，会降低企业绩效，从而会负向影响企业成长（Baker and Nelson，2005；Sonenshein，2014；Steffens et al.，2023）。除此之外，也有少部分学者在危机情境下探讨了资源拼凑的作用，认为资源拼凑能够帮助企业应对外部危机事件带来的负面影响（苏芳等，2016；Santos et al.，2020）。相关研究见表2-8。

表2-8　**资源拼凑对企业的影响**

研究情境	资源拼凑的划分	资源拼凑对企业的影响	代表性文献
常规情境	资源拼凑、物质拼凑、人力拼凑、技能拼凑、要素拼凑、网络拼凑、组件拼凑、协同拼凑、选择型拼凑、并行型拼凑	促进企业成长。一方面，资源拼凑可以在企业面临资源匮乏时，通过创造性地重组手头资源实现新目标，促进企业创新，提高企业绩效和竞争力，从而促进企业成长；另一方面，资源拼凑可以帮助企业创造性地重组手边的冗余资源，通过开发冗余资源获取超额收益，能够帮助企业识别机会，获取瞬时竞争优势并提高绩效，从而促进企业成长	冯文娜等（2020）；于晓宇和陈颖颖（2020）；秦剑（2012）；李雪灵（2022）；Sun et al.（2020）；George et al.（2012）；Senyard et al.（2014）；Ravishankar and Gurca（2015）

续表

研究情境	资源拼凑的划分	资源拼凑对企业的影响	代表性文献
常规情境	资源拼凑、物质拼凑、人力拼凑、技能拼凑、要素拼凑、网络拼凑、组件拼凑、协同拼凑、选择型拼凑、并行型拼凑	阻碍企业成长。现有研究指出，资源拼凑所形成的创造性的资源解决方案通常被视为一种暂时过渡的方法，随着时间的推移，多领域资源拼凑会导致群体内认知模式相同、修补陷阱、挤占标准化资源、缺少学习能力等，会降低企业绩效，从而负向影响企业成长	Steffens et al.（2022）；Sonenshein（2014）；Busch and Barkema（2021）；Guo et al.（2018）
危机情境	基于经验的拼凑、基于战略匹配的拼凑、资源拼凑	应对危机带来的负面影响。由于外部环境剧烈变化，可能会产生负面影响，新创企业需要在危机时期审查其内部流程并重新分配其内部资源，通过资源拼凑对可获得的资源进行创造性重组能够快速做出响应并解决组织的突发问题	苏芳等（2016）；Santos et al.（2020）

资料来源 作者根据相关资料整理。

第一，常规情境下，资源拼凑对企业成长具有促进作用。拼凑被隐含地视为主观重建手头资源的独特行为过程，具有拼凑能力的企业能够创造性地重组资源（Duymedjian and Rüling，2010）。当企业面临资源匮乏时，通过资源拼凑可以创造新的资源组合，不仅能打破资源惯性（Gilbert，2005；Gilbert-Saad et al.，2018），而且促进了企业的创新（Andersen，2008），将现有资源应用于新用途，可提高企业的创新能力和绩效，识别新的发展机会（An et al.，2018），最终促进企业成长（如图 2-9 所示）（Baker and Nelson，2005；George et al.，2012；Cunha et al.，2014；李雪灵等，2020）。

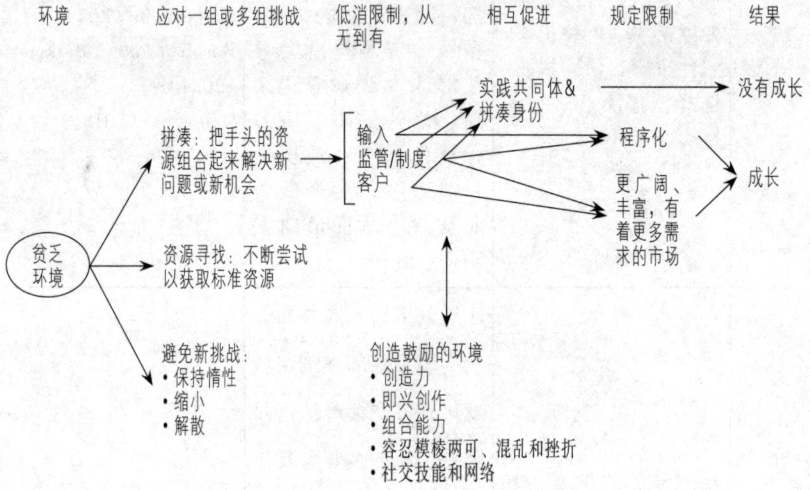

图 2-9　资源拼凑与成长的过程模型

资料来源　BAKER T，NELSON R E. Creating something from nothing：resource construction through entrepreneurial bricolage［J］. Administrative Science Quarterly，2005，50（3）：329-366.

例如，Ravishankar 和 Gurca（2015）通过分析印度电动汽车制造商 Mahindra Reva 在新兴市场的运营过程发现，当新兴市场缺乏物质资源和客户资源，并面临时间限制时，企业可以通过组件拼凑和协同拼凑的方式重新组合现有资源来开发新的知识和技术解决方案，并且降低开发不连续的成本，对企业创新有显著的促进作用；Steffens 等（2023）通过调查澳大利亚的新创企业发现，资源拼凑是实现资源替代的有效手段，当新创企业面临“新生弱小”的资源限制时，通过创造性地将手头资源重新组合成标准资源的可行替代品能够帮助企业解决问题或参与它们本来无法应对的新挑战，提高组织的竞争力；李雪灵等（2022）通过对资源拼凑研究的系统性回顾指出，通过资源拼凑能够以最低的成本制定资源战略，或者超越已有活动边界，制定全新的资源战略从而创造新产品，以促进企业获取客户和市场，实现企业成长。

当环境宽松度很高时，企业拥有的资源质量高且数量充足，通过拼凑自身资源即可实现预期目标，企业也会使用资源拼凑（Desa and Basu，2013）。企业通过资源拼凑可以转化冗余资源的价值来获取超额收益。例如，于晓宇等（2017b）通过对全国345家企业（包含私营、国有、外资）的调查研究发现，资源拼凑是开发冗余资源的重要方式，企业通过选择性拼凑能够有效转化已沉淀冗余资源的价值，提高企业绩效；于晓宇和陈颖颖（2020）进一步证实，大量冗余资源提高了企业对试错和失败的容忍度，为资源拼凑提供了保障并激发了企业的拼凑动机，有利于提高企业的瞬时竞争优势；Sun等（2020）也指出，资源拼凑是重组冗余资源、帮助企业识别机会的有效手段。

第二，常规情境下，资源拼凑对企业成长也具有阻碍作用。现有研究发现，资源拼凑是资源约束下问题解决的临时替代方案，随着时间的推移可能大规模地降低企业绩效（Sonenshein，2014），从而负向影响企业成长。例如，Baker和Nelson（2005）认为同时在多个领域进行并行拼凑可能使企业产生相同的认知模式，削弱企业在更广的范围内抓住机会的能力，限制企业成长；Steffens等（2023）发现通过资源拼凑产生的解决方案可能低于标准或规范，通常是次优（second-best solutions）的，需要企业反复进行维护、调整和修复，可能导致企业陷入修补陷阱（tinkering traps）。修补陷阱将组织锁定在重复修复错误的循环中，使其反复投入时间和注意力，最终限制其成长；Busch和Barkema（2021）指出，资源拼凑在企业长期发展中影响其成长可能是由缺乏学习能力导致的；Guo等（2018）认为资源拼凑可能会从公司的资源组合中挤出标准化资源，最终降低公司绩效。

第三，危机情境下，资源拼凑可帮助企业应对危机。现有研究指出，资源拼凑会在制度、市场等外部环境发生剧烈变化的时候，甚至是危机情境下发挥作用（苏芳等，2016；Santos et al.，2020；于晓宇等，2017a）。由于外部环境剧烈变化可能会产生负面影响，企业需要在危机时期审查其内部流程并重新分配内部资源（Sharma and Iyer，2012）。此时，面对危机带来的时间压力，企业不会拖延到找到最优资源才开始行动，而是通过资源拼凑依靠可获得的资源而非最优资源快速响应并解决组织面临的突发性问题（Zheng et al.，2011）。例如，苏芳等（2016）通过案例分析深度解析了一家离岸软件外包创业企业在应对国际金融危机时，通过基于经验的拼凑和基于战略匹配的拼凑两种手段，帮助企业解决了资源匮乏问题，并进一步识别和扩大了发展机会；Santos等（2020）对巴西企业的研究同样证实了资源拼凑能够帮助新创企业有效缓解危机情境带来的资源约束，并且进一步提高新创企业在新兴市场的创新能力。Shaheen等（2023）对社会创业企业研究后指出，在新冠肺炎疫情暴发时，企业先选择平行拼凑，随后转换为选择性拼凑，可提高企业的社会创新能力。

2.3 危机学习的相关研究

本节将依据研究主题以及所确定的具体研究问题，针对危机学习的源起与发展、内涵以及危机学习的作用进行系统性的回顾。

2.3.1 危机学习的源起

危机学习源起于组织危机管理中的认知主义学习观点（Antonacopoulou and Sheaffer，2014），该观点将危机带来的负面影响归因于管理缺陷（Mitroff，2002；Nystrom and Starbuck，1984），认为管理人员的反应是非理性的，可能出现判断错误，导致处理信息和决策的能力降低（Mitroff and Killman，1984；Pearson and Clair，1998）。因此，危机与学习之间的关系存在如下假设：更好地评估危机，通过对危机进行学习并根据这种理解采取补救行动可以有效预防或降低危机带来的负面影响（Deverell，2009；Kovoor-Misra et al.，2000；Boin et al.，2016）。

聚焦于预防的学习过程涉及寻找危机的原因，避免组织将来遭受相同或类似的危机；聚焦于应对的学习过程涉及通过提高危机管理能力来尽量避免相同或类似事件产生负面后果，这是在学习如何应对（当前或未来）危机事件（Deverell，2009）。基于此，危机学习是组织危机管理与组织学习的连接与融合（如图2-10所示）。

一方面，组织危机管理是触发组织学习的关键因素（Schiffino et al.，2017）。组织危机是指造成高度不确定性并威胁或被认为威胁组织生存能力的一系列低概率、高影响力事件（Pearson and Clair，1998；Seeger et al.，1998），包括生态危机、商业或经济失败、社会技术灾难、敌对攻击、自然灾害、流行病、基础设施崩溃、产品和服务故障、暴力袭击和社会动荡等（Richardson，1994；Seeger et al.，1998）。组织危机描述了一种扰乱和挑战组织运行的情境，其特点是因果关系和解决手段模糊不清，并且组织需要在强大的内部和外部压力下迅速做出决定（Pearson and Clair，1998；Rosenthal et al.，2001）。

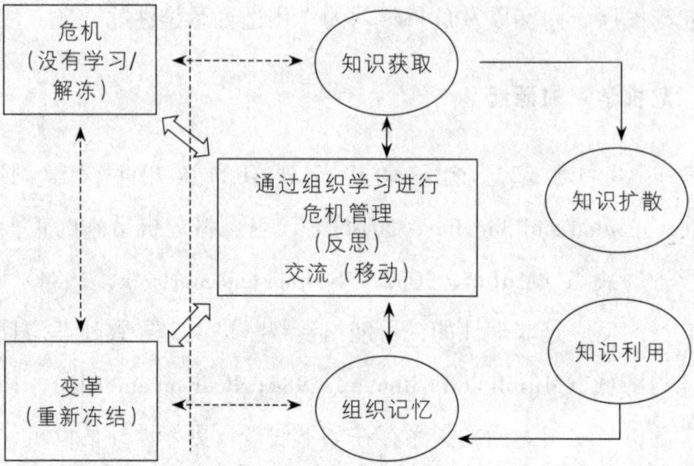

图2-10 危机管理组织学习的综合模型

资料来源 WANG J. Developing organizational learning capacity in crisis management [J]. Advances in Developing Human Resources, 2008, 10 (3): 425-445.

受此类事件影响的组织包括高度可靠的组织、应急响应和人道主义救济组织、政府、企业和自组织社区等。当面临危机的直接威胁时，各组织必须迎接挑战，重新分配资源以继续或重新启动业务，利用业务能力和资源适应来应对局势（Eismann et al., 2021）。危机发生后，组织管理危机的一项重要任务就是从危机中吸取经验（Lee et al., 2020），而且不同危机之间的相似性提供了相对有利于学习产生作用的条件（如图2-11所示）（Chekkar-Mansouri and Onnee, 2013）。

另一方面，组织学习是管理组织危机的核心机制，从危机中吸取教训对于发展防止危机发生或限制其负面影响所需的能力至关重要（Rena and Christensen, 2020; Carley and Harrald, 1997）。组织学习的概念最早由March和Simon（1958）在*Organizations*（《组织》）一书中提出，其认为组织学习是企业在不断变化的外界环境和日益复杂的内部环境中，通过组织的学习活动来获取知识，提高能力，不断克

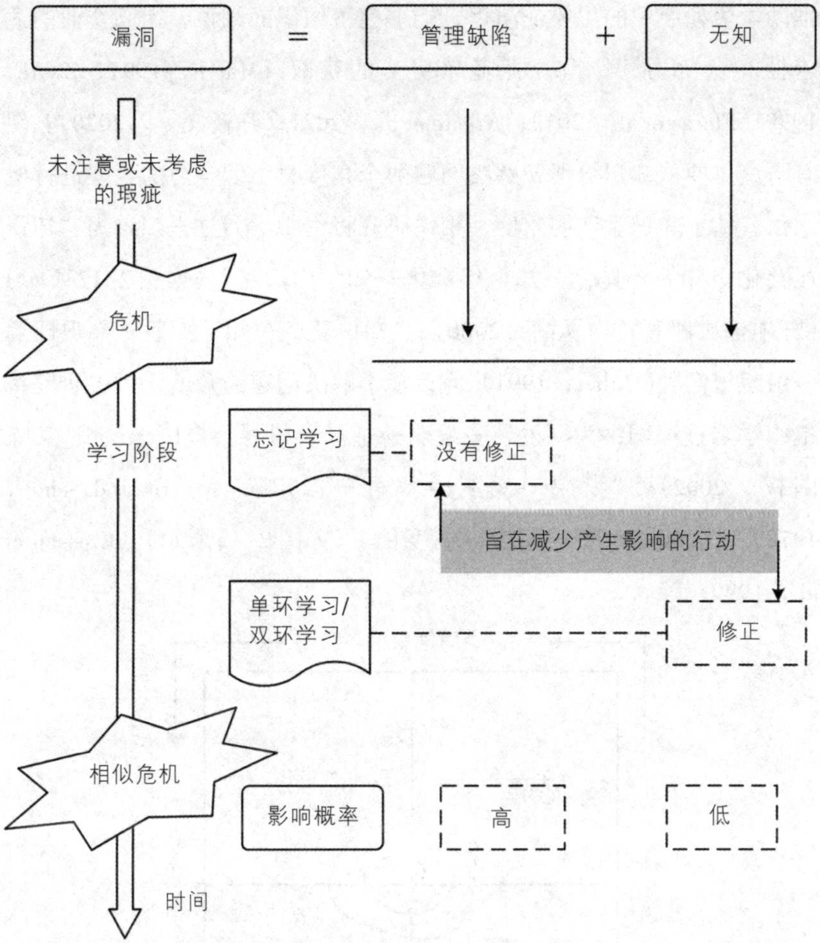

图2-11　相似危机现象的概念模型

资料来源　CHEKKAR - MANSOURI R，ONNEE S. Towards a theoretical understanding of the recurrence of crises embracing the issue of organizational learning: an illustration with the case of two hostile takeover bids faced by société générale (1988，1999)［J］. Journal of Contingencies and Crisis Management，2013，21 (1)：56-68.

服困难，最终保证企业的行为与环境变化保持一致。之后，关于组织学习的研究日渐得到学界的广泛关注，其认为组织学习的持续发展会推动学习型组织的生成或演化，能够完善组织的知识，提高企业的适应性和竞争力，影响企业竞争优势的获取（March，1991；Zahra，1999；Flores et al.，2012；Argote et al.，2021；陈逢文等，2020）。现有研究主要从知识管理和解决问题两个角度对组织学习的过程进行概念化。基于知识管理的角度，相关研究将组织学习过程归纳为“知识社会化→知识外显化→知识组合化→知识内隐化”（如图2-12所示）（野中郁次郎和竹内弘高，2006），“知识获取→知识扩散→知识理解→组织记忆”（Huber，1991）等；基于解决问题的角度，相关研究将组织学习过程归纳为“发现→发明→选择→执行→推广→反馈”（陈国权，2002），“发现→发明→执行→推广”（Argyris and Schon，1978），“直觉→解释→整合→制度化”（如图2-13所示）（Crossan et al.，1999）等。

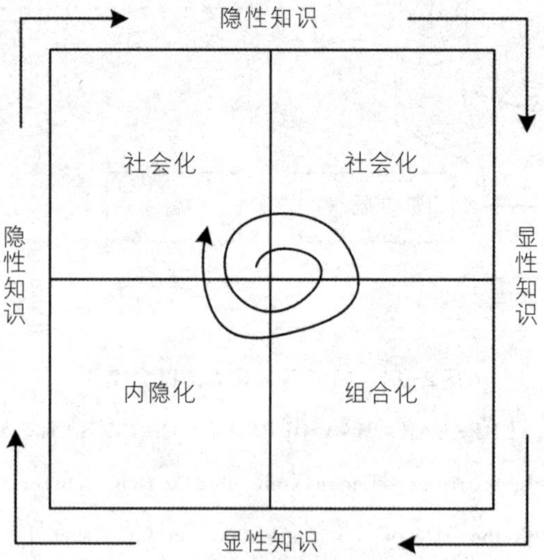

图2-12　知识管理SECI模型

资料来源 野中郁次郎，竹内弘高．创造知识的企业：日美企业持续创新的动力［M］．北京：知识产权出版社，2006.

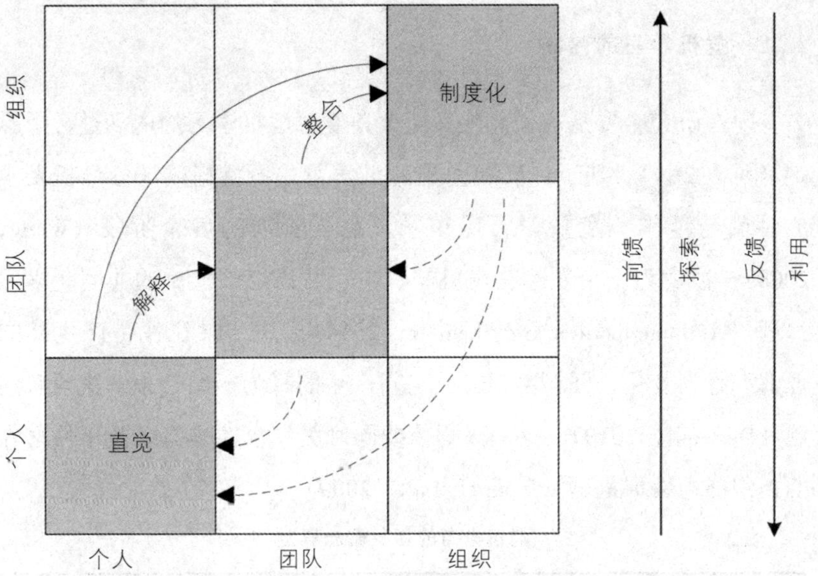

图2-13　组织学习过程

资料来源 CROSSAN M M, LANE H W, WHITE R E. An organizational learning framework: from intuition to institution [J]. Academy of Management Review, 1999, 24 (3): 522-537.

遵循现有的组织危机管理与组织学习研究，Stern和Sundelius（1997）对于管理组织危机的学习机制提出了两个先验假设：其一，危机学习假设指出组织利用危机事件产生的知识和经验来触发学习和变化（Baum and Dahlin，2007；Deverell，2010）；其二，威胁刚性假设指出危机由复杂的外部环境驱动而产生（Eismann et al.，2021），在组织僵化和组织偏见的影响下，很难全面评估和了解危机，这使得危机学习活动的开展并不简单。在这两种情况下，挑战在于组织如何从危机中学习。

2.3.2 危机学习的内涵

现有研究主要从广义和狭义两个角度对危机学习的内涵进行了界定（见表2-9）。基于广义视角的危机学习并不特指或区分危机发生的时间与范围，危机学习应该融入危机管理的各个阶段（Wang，2008），被视为一个发生在危机前、中、后的组织实施的非间断学习过程（Antonacopoulou and Sheaffer，2014），其结果往往是产生新的理解和行为变化，强调将旧方法与新产生的行为相结合来解决现有问题（Deverell，2010），这一过程需要同时关注事件本身以及事件之外的组织能力发展问题（Lampel et al.，2009）。

表2-9　**危机学习的相关概念界定**

视角		主要内容	代表性文献
广义		被视为一个发生在危机前、中、后的组织实施的非间断学习过程	Antonacopoulou and Sheaffer（2014）
狭义	学习时机	危机间学习：向之前某个危机学习并做出改善的过程	Moynihan（2009）
		危机中学习：由危机压力、不确定性和时间压力激活的，由解决问题和应对当前问题的决策活动驱动的学习过程	
	学习程度	一级学习（一阶学习）：在一级学习中，学习尽管发生但是缺少根本价值观念的改变	Stein（1997） Smith（2002）
		二级学习（二阶学习）：是更深层次的学习，意味着组织中的集体价值观发生了改变	

续表

视角		主要内容	代表性文献
狭义	学习对象	从自身的经验中学习：组织可以从自身应对意外事件的实践活动中吸取经验教训	Lee（2020）
		从其他组织的替代事件中学习：组织可以从其他公司经历的意外事件中吸取经验教训	Min（2019）

资料来源 作者根据相关资料整理。

基于狭义视角的危机学习在广义视角的基础上进一步突出了危机学习的学习时间、程度和对象，并据此对危机学习的内涵进行了更为细化的界定。根据危机学习发生的时间，Moynihan（2009）将危机学习进一步界定为危机间学习与危机中学习。危机间学习是指发生在危机结束之后，向之前某个危机学习并做出改善的过程，目的是为预防未来的危机做准备（Eismann et al.，2021；Moynihan，2009）。危机中学习是指发生在组织面临危机冲击的过程中，由危机压力、不确定性和时间压力激活的，由解决问题和应对当前问题的决策活动驱动的学习过程（Steen and Rønningsbakk，2021；Moynihan，2009），目的是改善对危机的应急响应。

根据危机学习的程度，在Argyris和Schön（1978）提出的单环学习与双环学习的基础上，Stein（1997）与之对应地提出危机学习中的一级学习和二级学习。一级学习是发生组织内部的较低层次的学习，频率高，但较少涉及转变基本价值；二级学习是发生在组织内部的较高层次的学习，会影响集体价值观的变化，能够在危机响应工作中起到作用。同样，Smith（2002）也提出了危机学习过程中的一阶学习和二阶学习。

根据学习的对象，危机学习可以被定义为从自身的经验中学习（Lee，2020）和从其他组织的替代事件中学习（Min，2019）。企业应对危机的实践活动能够产生丰富的经验，可以通过对自身经验的持续学习获取关键知识（Eismann et al.，2021），它是企业进行危机学习的首要选择。此外，出于类似的原因，在一个系统中发生的危机有可能在另一个“类似”的系统中重复发生，这种替代事件能够为公司提供获得学习收益的重要机会，公司相关人员可以通过了解替代事件吸取关键教训（Duchek，2020）。

2.3.3 危机学习的作用

现有研究大部分关注危机学习在公共管理领域的重要性，探讨了政府机构和公共服务机构的危机学习过程（Rena and Christensen，2020；Broekema et al.，2017），且主要从政治学视角和组织视角展开（Schiffino et al.，2017；Mellahi and Wilkinson，2010；Deverell，2009；Smith，2002），也有部分研究开始关注危机学习在战略管理领域中的应用（Carmeli and Schaubroeck，2008；Imamoglu，2013；Cucculelli and Peruzzi，2020）。

第一，基于政治学视角的研究。这一流派的研究聚焦于政策框架的方向、政策分析的重点、知识获取和对经验教训的重视，认为危机是政府机构或公共服务机构等行为主体能够利用并推动学习和改革的机会（Birkland，2006；Birkland，2009；DeLeo et al.，2021），相关主体通过危机学习能够抓住机会实现改革。在政治学研究中讨论要吸取的教训和要处理的应对措施，其学习表现为行为主体对危机事件的解释、对经验教训的看法和推动的政策框架变化，涉及危机性质、严重性、发生原因、责任归属以及对未来的影响等内容，通常伴随组织内部的问责（blame）（Boin et al.，2005；Boin et al.，2009；Kuipers and Boin，2015；马奔和程海漫，2017）。这些研究将学习定位为危机管理过程的最后阶段，鼓励学者们通过分析支持上述政治动态的战略、叙事、利益和资源，从而归纳得出危机事件发生后的公共议程（THART et al.，2009；Müller-Seitz and Macpherson，2014）。在此基础上，相关研究还进一步探讨了这种政治动态的情境（媒体、公众、民间社会）以及调查委员会等机构（Rena and Christensen，2020；Eismann et al.，2021）在危机学习与改革之间的作用。

第二，基于组织视角的研究。这一流派的研究聚焦于探讨组织学习模式和影响组织学习的障碍，强调知识的传播和制度化（Antonacopoulou and Sheaffer，2014；Elliott and Macpherson，2010）（如图2-14所示），其认为组织可以在危机事件结束一段时间后，对其进行回溯性学习，倾向于认为应更好地评估危机，通过对危机进行学习并采取补救行动可以有效预防或应对危机带来的负面影响（Deverell，2009；Kovoor-Misra et al.，2000；Boin et al.，2016）。例如，Quaglia和Verdun（2023）指出，欧洲中央银行凭借对欧元区早期的危机经验进行学习，有效地降低了新冠肺炎疫情对欧盟活动的影响。

在组织学习研究中，Argyris和Schön（1978）创造性地提出了单环学习和双环学习的概念，它帮助危机学习的研究确定了不同的学习程度和范围，从渐进调整到涉及价值观、理想和组织政策的基础变化（Deverell，2009；Smith，2002）。当组织成员发现并纠正组织及其程序中的差异和缺陷，而无须调查基本的组织前提和规范时，就实现了单环学习。因此，单环危机学习过程允许组织执行和实现当前的政策和目标。当外部环境变化缓慢或组织前提和环境不冲突时，这种学习最好。然而，在快速变化的时期，管理人员可能会质疑组织现状，进而重构与组织目标相关的组织规范、战略和假设。这种更深层次的学

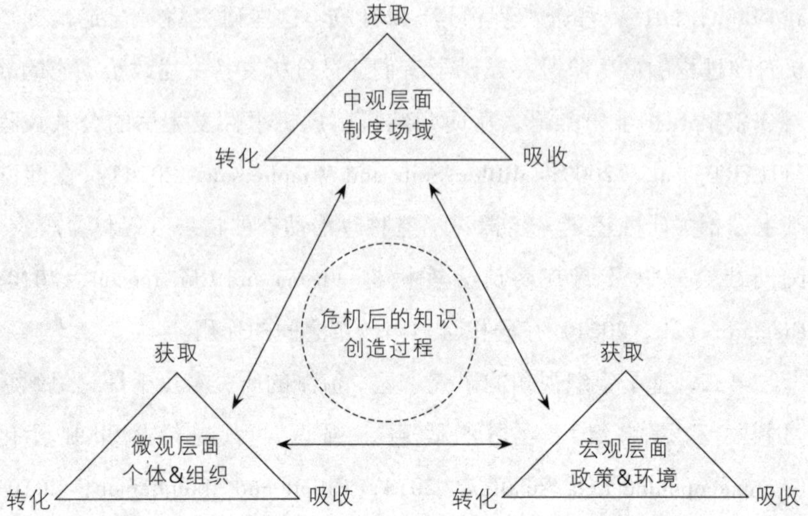

图 2-14　危机后的知识创造过程

资料来源 ELLIOTT D, MACPHERSON A. Policy and practice: recursive learning from crisis [J]. Group & Organization Management, 2010, 35 (5): 572-605.

习形式以错误检测为前提，不仅与实现有效性能的策略和假设有关，还与定义有效性能的规范有关（Madsen，2009；Eriksson and Hallberg，2022）。双环危机学习中，行为主体需要通过调查并在必要时修改组织的基本规范、政策和目标来纠正错误（Madsen，2009；Kim et al.，2013）。

与政治学视角将危机解释为推动学习的机会不同，基于组织视角的研究认为，危机还可能阻碍学习或者学习本身就是一种危机（Broekema et al.，2017），组织在惯性的约束下可能会抵制学习以及学习带来的变革（Lampel et al.，2009）。因此，危机学习的效果取决于组织的学习能力和遗忘倾向两种力量抗衡的结果（Haunschild et al.，2015）。

第三，基于战略管理的研究。Preble（1997）呼吁将危机管理纳入战略管理流程，部分研究者已认识到企业发展过程中危机学习的重要性（Carmeli and Schaubroeck，2008；Cucculelli and Betinelli，2016），将危机学习视为企业生存的重要手段（Ng et al.，2022；Desai，2014；Herbane，2014），并探讨企业如何从危机中吸取教训以推动模式变革或能力提升。一方面，危机学习可以用于解释组织在危机结束后为何会发生组织变革。以前的关于负面或危机事件的经验会影响公司的管理行动和决策过程，作为学习过程的结果，遭遇危机冲击的组织应该更有可能在随后的冲击中采取新的策略。例如，Elliott和Macpherson（2010）指出，从危机中学习最终会导致“经验教训”在组织的新规范、工具和基础设施中被制度化，但这种学习必须通过培养创造性的能力来推动；Cucculelli和Peruzzi（2020）指出，发生经济衰退后，企业通过对经济衰退期的经验进行学习会在经济恢复期调整其对商业模式的设计；Imamoglu等（2013）指出，从失败和危机中吸取教训对企业变革有决定性的影响。

另一方面，危机学习能够显著提升企业的能力。Min（2019）对1994年至2012年全球航空业发生的致命事件的数据分析的结果表明，替代性失败（其他人的负面结果）为公司提供了获得学习收益的重要机会，能够帮助企业预防危机；Carmeli和Schaubroeck（2008）指出，从先前的失败中吸取教训能够提高企业的危机准备能力，企业的危机准备能力越强，其越能在面对危机时降低负面影响。

2.4 文献评述

本节将结合组织韧性、资源拼凑、危机学习等相关研究成果进行文献评述，梳理研究思路和线索，为后续研究提供理论指引。

2.4.1　危机情境下组织韧性的实现过程有待进一步解释

现有关于组织韧性的研究涵盖了基于安全性和可靠性视角的危机管理研究、基于弹性工程视角的供应链设计研究、基于心理学视角的人力资源培训研究以及基于战略视角的组织响应外部动荡环境的研究四个方面（Hillmann，2021）。新冠肺炎疫情的暴发、中美贸易战、全球政治和经济格局重塑等提高了企业生存环境的不确定性，企业能否构建或提高组织韧性成为企业能否存活，甚至能否抓住未来发展机会的关键（Williams et al.，2017；单宇等，2021），战略管理领域研究者对组织韧性的关注与探讨与日俱增。

在组织韧性的界定上，相关研究从防御属性、成长属性、预期属性三个方面进行了探讨（Duchek et al.，2020），防御属性强调组织在危机情境下的反弹恢复，成长属性强调组织在危机情境下的反超改进，预期属性强调组织对行业中危机发展的预判。在组织韧性的影响因素上，相关研究从组织内部和组织外部两个方面进行了探讨（Linnenluecke，2017）。基于组织外部的因素研究了危机事件对组织韧性激活的影响（Williams et al.，2017），以及社会网络关系对组织获取信息进行危机预判的影响（DesJardine et al.，2019）；基于组织内部的因素探讨了资源、战略、组织架构、领导力、团队等在企业面对危机时如何帮助企业实现防御和成长（Buyl et al.，2019；Kahn et al.，2018）。在组织韧性形成路径的研究上，现有文献主要探讨危机发生过程中，企业做出战略变革或资源灵活配置等快速响应行为以及危机过程中的学习对组织韧性的影响（彭新敏等，2022；Duchek，2020；Hoegl and Hartmann，2021）。

现有研究对组织韧性的形成进行了有益的探讨，为研究提供了坚实的理论基础，但总体而言仍存在一定的研究不足。首先，已有研究更多地认为企业面对危机时通过灵活的资源配置来快速响应就能形成组织韧性（彭新敏等，2022；Duchek，2020），但是资源的快速响应行为在组织韧性形成过程中扮演何种角色，为什么能够产生影响仍然是尚待研究的课题。

其次，组织韧性的形成离不开危机发生过程中的主动学习（李平、竺家哲，2021），企业在应对危机时，需要发现新的应对思路和知识组合，抓住危机情境中的机遇进行创造性学习，将应对经验固化为组织应对危机的机制，才有可能形成长期的组织韧性，实现反超改进（路江涌和相佩蓉，2021）。但相关研究仍将学习视为一个整体，对危机过程中影响组织韧性形成的学习及其内在机理还未展开具体分析（李平、竺家哲，2021；Hoegl and Hartmann，2021）。

最后，虽然资源与学习行为会对组织韧性产生影响，但单一考虑其中一个因素对组织韧性形成影响的解释力显然有限，关于资源的快速响应效应在组织韧性形成过程中如何传导，特别是学习机制如何发挥作用仍然缺乏深入的探讨。

2.4.2 资源拼凑在危机情境下的应用亟须探讨

现有研究对资源拼凑的内涵、类型、发生的情境及其对企业的影响做出了有益探讨，主要从拼凑对象、拼凑动机、拼凑频率和范围、行为本质、资源属性、资源来源等几个方面对资源拼凑的类型进行了划分，明确了资源拼凑作为企业主观重建手头资源的独特行为过程，是企业配置资源的有效手段，具有拼凑能力的企业能够创造性地重组手头资源（Duymedjian and Rüling，2010；Baker and Nelson，2005；Senyard et al.，2014；Santos et al.，2020）。

现有研究主要基于常规情境对企业的资源拼凑进行了探讨。一方面，现有研究认为资源拼凑能够解决资源匮乏问题或发掘冗余资源价值，企业通过资源拼凑可重组手边资源应对挑战或识别机会，以提高企业竞争优势或企业绩效（Baker and Nelson，2005；Senyard et al.，2014；冯文娜等，2020；于晓宇、陈颖颖，2020；Sun et al.，2020），从而促进企业成长；另一方面，部分研究者也指出，资源拼凑所形成的创造性的资源解决方案通常被视为一种暂时过渡的方法，随着时间的推移，多领域资源拼凑会导致群体内认知模式相同、修补陷阱、挤占标准化资源、缺少学习能力等，会降低企业绩效，会负向影响企业成长（Baker and Nelson，2005；Sonenshein，2014；Steffens et al.，2023）。

虽然有少部分学者开始关注资源拼凑在危机情境下的应用，但总体来看，其对资源拼凑在危机情境下应用的探讨仍然十分有限，且相关研究仍遵循常规情境中的资源匮乏假设，认为资源匮乏的企业通过资源拼凑能够应对外部危机事件，识别机会并提高企业能力（苏芳等，2016；Santos et al.，2020）。事实上，关于资源拼凑较早的研究就是探讨如何通过拼凑应对危机（Weick，1993），但在之后的研究中，资源拼凑在危机情境中的应用并没有得到深入的探讨。新冠肺炎疫情暴发、全球供应链中断、技术脱钩等危机情境逐渐成为企业生存和发展的新常态，现有建构于常规情境下的资源拼凑理论在危机情境中的适用性有待进一步检验，企业资源拼凑在危机情境中的应用亟待得到更多的关注和研究。

2.4.3 危机发生时企业危机学习的内在机理有待进一步挖掘

关于危机学习的理论研究，源起于组织危机管理中的认知主义学习观点（Antonacopoulou and Sheaffer，2014），该观点认为应更好地评估危机，通过对危机进行学习并采取补救行动可以有效预防组织将来遭受相同或类似的危机，并尽量降低上述负面影响（Deverell，

2009；Kovoor-Misra et al.，2000；Boin et al.，2016）。自危机学习理论提出以后，现有研究主要从两个方面对危机学习进行探讨：一方面侧重于广义视角，危机学习发生在危机管理的各个阶段（Wang，2008），被视为一个发生在危机前、中、后的组织实施的非间断学习过程（Antonacopoulou and Sheaffer，2014），忽视了不同阶段发生的危机学习的差异性。

另一方面侧重于狭义视角，根据学习发生的时间，将危机学习划分为危机结束后或危机发生时的学习行为（Moynihan，2009；Deverell，2009）。危机结束之后，从之前的某个危机中学习并做出改善，是为了预防或应对未来的危机（Eismann et al.，2021）；危机发生时，由当前危机压力、不确定性和时间压力驱动的学习过程聚焦于更好地解决和应对当前的问题（Steen and Rønningsbakk，2021）。

近年来，伴随着全球经济和政治格局的深刻变化，以及新冠肺炎疫情的暴发，市场环境的易变性、不确定性、复杂性和模糊性（VCUA）特征成为新常态（李平，2020），危机情境或将长期伴随企业的生存和发展（Kalina，2020），能否在危机情境下，及时和全面启动危机学习成为企业能否塑造组织韧性（路江涌和相佩蓉，2021），存活并撬动未来持续发展的关键。虽然学习行为在组织管理危机中的重要性已经得到了理论界的关注，多数关于危机学习的文献假设组织受益于危机学习，认为通过危机学习获得教训、积累经验，能够促进组织变革，降低负面影响或提高能力，但是大多数经验研究更为关注在危机结束之后，向之前某个危机学习并做出改善的过程，鲜有文献基于组织的实践活动对危机发生时危机学习的内在机制做出有益的解释，特别是基于战略管理的研究，很少探讨企业实践过程中的危机学习。因此，有必要在现有研究的基础上，挖掘危机发生时，企业推动的危机学习的表现，并揭示其内在机理。

3

探索性案例研究

本章的研究将采用案例研究方法分析资源拼凑、危机学习与组织韧性间的内在关系，并归纳理论分析框架。通过探索性案例研究，提炼危机学习的理论维度，揭示危机学习的内在机理，识别在危机情境下形成组织韧性的关键机制。在探索性案例研究的基础上，本章的研究采用多案例分析的设计，基于复制逻辑选取多个案例进行探讨，以提高本章的研究所提炼的理论模型的可推广性。

3.1 研究方法

本节主要对研究方法的选择、案例企业的选择以及数据收集与分析等方面的内容进行系统介绍。

3.1.1 研究方法选择

案例研究是指针对在现实生活环境中正在发生的现象（“案例”），从多种渠道收集资料，对所收集的资料进行混合与交叉分析，最终深入描述并报告这一现象，并且这种研究与影响这个案例的一些重要情境条件相关（Yin and Davis，2007；Yin，2009），要求研究者能够深刻理解现象所处的情境和所发生的过程。案例研究方法能够帮助学者探索以往理论难以解释，但重要且有趣的现象和问题，故受到国内外管理学界的普遍关注（Gioia et al.，2013；Eisenhardt，1989a）。作为质性研究方法重要的分支之一，案例研究重点用于描述现实情境、解释因果关系或展示过程（黄江明等，2011），注重回答“如何”（how）和“为什么”（why）的问题，通过对现象的深度描写（thick description），识别复杂、特殊现象背后的诱因，解构问题与结论之间的逻辑关系（Yin，2009）。因此，案例研究能够忠实地展现管理实践中一个或一系列决策的过程，从而推动理论生成（theory generation）、理论拓展（theory elaboration）或理论检验（theory testing）（Fisher and Aguinis，2017）。

单案例的研究对象为单个案例，通常会选择批判性的（critical）、不寻常的（unusual）、典型的（common）、启示性的（revelatory）或者纵向性的（longitudinal）的案例进行研究（Yin，2009）。单案例研究对过程的展示突出了历史因素和时间因素的重要性，遵循时间顺序对案例对象的发展过程进行深入的描写，分析案例是如何随着时间的变化而变化的，通过描述与分析之间的多次迭代，报告一个“引人入胜”的故事，并揭示故事背后的理论规律（王凤彬、张雪，2022；Gioia and Chittipeddi，1991）。

多案例的研究对象则是两个及两个以上的案例，需要遵循“复制逻辑”选择案例（Eisenhardt，1989b），选取的案例要能产生相同的结果（逐项复制，literal replication）或由可预知的原因产生与前一种案例不同的结果（差别复制，theoretical replication）（Yin，2009；Eisenhardt，1989a）。多案例研究是在理论框架的指导下，通过案例内与跨案例分析探索关键变量之间的因果关系。虽然单案例研究能充分地描述一种现象的存在（Siggelkow，2007），但从多个案例中推导出的结论往往被认为更具有说服力，且更能经得起推敲，多案例研究往往能为理论构建提供更坚实的基础（Yin，2009）。

本章节的研究采用探索性案例研究方法，并运用多案例的设计进行分析，主要原因在于：第一，危机情境下组织韧性的塑造过程极具复杂性，本章节的研究对于企业如何通过资源拼凑与危机学习塑造组织韧性的探讨在本质上属于“如何”（how）和“为什么”（why）型范畴的研究，因此，通过探索性案例研究能够分析资源拼凑、危机学习与组织韧性之间的因果关系，洞察组织韧性塑造背后的理论规律。

第二，危机学习作为本章研究的核心构念之一，现有研究尚未对其内在机理做出有益解释，特别是对危机发生过程中的组织危机学习的表现，更是鲜有探讨，因此需要通过探索性案例研究的方式，深度沉浸于多个案例的实践之中来解构危机学习的内在机理。

第三，多案例设计遵循复制逻辑，与单案例研究注重从单个案例中的深入剖析不同，多案例研究更注重从多个案例中探讨相同的现象来排除其他解释的干扰（Eisenhardt，1991；毛基业、陈诚，2017），从而可更为精确地提炼资源拼凑、危机学习与组织韧性间的因果关系，使得构建出来的理论更具稳健性和普适性（Eisenhardt and Craehner，2007）。

3.1.2 案例企业选择

基于多案例研究的理论抽样原则，本章节的研究在案例选择上遵循适配性、启发性、可重复性与数据可获得性原则（Eisenhardt，1989a；Eisenhardt and Craehner，2007）。首先，本章节的研究是为了探索危机发生时企业组织韧性形成的过程，以及该过程中资源拼凑、危机学习的独特行为，因此，本章节的研究所选择的案例企业应该在发展过程中面临危机情境，能够完整地体现企业在危机发生过程中实现转危为机的行动细节；其次，所选取的案例企业应该在行业内具有较强的代表性和启发性；再次，所选取的案例企业应该具有相似的现象，能够为多案例研究案例间的复制逻辑提供支撑，以便提炼稳定、可靠的理论框架；最后，所选取的案例企业数据可得性较高，在企业实现转危为机的发展过程中有丰富完善的回溯性证据和关键节点证据链，以保障案例研究所得结论的信度和效度。

基于以上原则，本章节的研究选取上海清轩生物科技有限公司

（以下简称“林清轩”）、良品铺子股份有限公司（以下简称“良品铺子”）、盒马（中国）有限公司（以下简称“盒马”）、眉州东坡集团（以下简称“眉州东坡”）4家企业作为案例分析对象。所选取的案例企业来自不同的行业，包括化妆品制造、休闲零食、新零售、餐饮行业（见表3-1），每一个案例分析单元相当于一组独立的试验，通过跨案例对比与分析，能够更容易地发现共存于多个案例之中的模式。针对选取的4家案例企业，下面将就案例企业基本情况做简要概述。

表3-1　　　　**案例企业基本情况**

企业名称	林清轩	良品铺子	盒马	眉州东坡
企业属性	民营	民营	民营	民营
业务领域	化妆品零售业	休闲零食零售业	生鲜零售业	餐饮业
成立时间	2003年	2006年	2015年	1996年
经营范围	化妆品的研发、生产和销售	休闲食品的研发、加工、零售服务	以数据和技术驱动的生鲜配送	正餐、火锅、小吃、食品加工等
原有资源布局焦点	线下门店	线上电商+线下门店，侧重线下	线上电商+线下门店，侧重线上	线下门店
面临危机	面对新冠肺炎疫情的冲击，企业绩效下滑近90%，处于崩盘边缘，林清轩濒临破产	面对新冠肺炎疫情的冲击，企业陷入电商有订单无法发货、门店可发货无订单的困境，销量和利润双双骤降	面对新冠肺炎疫情的冲击，消费需求大量向生鲜领域转移，盒马常规运营体系遭受冲击	面对新冠肺炎疫情的冲击，企业遭遇大量食客退单，收入下降八至九成，企业面临倒闭

续表

企业名称	林清轩	良品铺子	盒马	眉州东坡
危机情境下企业的表现	林清轩通过推动企业数字化转型，从濒临破产的“至暗时刻”快速恢复，并抓住危机中的机遇逆势反弹，完成向高端智慧品牌的跃迁	良品铺子通过推动线上线下的进一步融合，启动了门店的数字化升级，提升了数字化全渠道优势，从经营渠道和经营商品向经营用户转型	盒马完善和拓宽了线下接触消费者的场景，以现有数字化优势和供应链优势为基础，启动线上线下的双轮驱动，大有加速扩张之势，完成从一线和新一线城市向下沉市场的进军	眉州东坡通过向“餐饮+零售”跨界，打通了全产业链，真正实现了从田间地头到百姓餐桌的全产业链布局，两个月内从面临生死困境实现逆势反弹

资料来源 作者根据相关资料整理。

（1）林清轩

林清轩成立于2003年，始终致力于以中国传统植物为原材料，制作并销售天然、安全有效的护肤品，目的是致力于做一个跨越百年的品牌，代表中国打造世界第五大化妆品集团。在成立之初，林清轩就以山茶花润肤油为拳头产品打开市场，率先探索出“以油养肤”化妆品专利、销路及价格体系，成为欧美主流高端品牌借鉴的典型案例。2008年，林清轩以品牌直营专卖店的模式进军商场，逐渐在上海、北京、广州、武汉、南京、合肥、重庆、沈阳等地的时尚购物中心和高端百货开拓销售网络。

林清轩扎根于民族文化，凭借自己种植原料、自主研发、坚持直营以及定位高端产品等特征，打造了一个高势能的国产化妆品品牌，树立了强大的品牌形象，并在国际大牌主导的护肤品领域占据一席之地。2020年年初，面对新冠肺炎疫情的冲击，林清轩从濒临破产的"至暗时刻"快速恢复，并抓住危机中的机遇实现逆势反弹，完成数字化转型并向高端智慧品牌跃迁，10个月市价估值涨超3倍。

（2）良品铺子

良品铺子成立于2006年，是一个集休闲食品研发、加工分装、零售服务为一体的专业品牌，主要产品为肉类零食、坚果炒货、糖果糕点、果干果脯、素食山珍等。自成立以来，良品铺子深耕华中，辐射全国，迄今已有3 000多家门店遍布华中、华东、华南、西北、西南等地区的13个省份。

2012年借助互联网的东风，良品铺子的线上销售体系亦蓬勃发展，目前在门店"互联网+"上的布局已形成三大网络交互体系，是全渠道均衡发力的高端休闲零食龙头企业，拥有猪肉脯、黑麦吐司、大波浪面包等销售额超5亿元的大单品。2020年，在新冠肺炎疫情的巨大冲击下，休闲零食市场受挫，各大企业从销量到利润纷纷骤降，而地处新冠肺炎疫情暴发区武汉的良品铺子顶住压力，在经历半年的业绩动荡后，交出一份令人惊叹的成绩，营收与利润持续增长，更是成功于深交所挂牌上市，完成A股首秀，市值达260亿元。

（3）盒马

盒马创立于2015年，是国内首家新零售商超，是阿里巴巴集团旗下以数据和技术驱动的生鲜配送新零售平台，其开发出超市配送体系，打出"生鲜食品超市+餐饮+APP电商+物流"的组合牌，首店于2016年开设，成为业内公认的"新零售标杆"。盒马以鲜活水产和新鲜蔬果为主打，开创了"不卖隔夜菜"的"盒马日日鲜"等系列商品，提供最快30分钟极速送达的智能购物体验。

自成立以来，盒马已经在全国28个城市开设超300家门店，初步完成规模化布局；自建一个覆盖全国的低成本生鲜冷链物流配送体系，涵盖33个多温层仓库、11个加工中心、4个海鲜水产培养中心；建立武汉、成都两座供应链运营中心，占地面积均在10万平方米，产能可辐射中、西部9个城市的近100家门店，致力于打造社区化的一站式新零售体验中心。2020年，在新冠肺炎疫情的巨大冲击下，在运力不足、各地封路的情况下，盒马全国228家门店顶住压力，在新冠肺炎疫情期间坚持全天营业，通过基地直采模式加强产销衔接，全力保障货架，也保证了市场价格的稳定。

（4）眉州东坡

眉州东坡创立于1996年，秉承“地道川菜，健康好味道”的理念，建立了集正餐、火锅、小吃、中央厨房、物流配送、出口食品加工等多业态、多场景，以川菜为主体的国际化、全产业链、专业性大型餐饮平台，形成了一套以东坡文化为底蕴的四川眉州东坡川菜，是国内川菜三大龙头品牌之一，曾承接北京奥运会、北京冬奥会等大型赛事为其提供餐饮服务，曾受泰国王室之邀为诗琳通公主承办六十寿宴，让中国川菜首次登上外国国宴。目前，眉州东坡已在全球范围内开设150多家线下门店，旗下有眉州东坡酒楼、眉州小吃、王家渡火锅等品牌。

2020年新冠肺炎疫情使餐饮业全产业链受到剧烈冲击，身处在这样一个受疫情影响最大的行业里，眉州东坡表现得十分硬核，不仅在疫情期间选择继续开门营业，而且在困难中走出了一条新路，打通了全产业链，真正实现了从田间地头到百姓餐桌的全产业链布局，两个月内从面临生死困境实现逆势反弹。眉州东坡转危为机的自救之路甚至登上央视《新闻联播》，让眉州东坡这家20多年的老公司重新焕发出活力。

3.1.3 数据收集

本章的研究选取半结构化访谈与二手资料作为分析数据（见表3-2）。林清轩与良品铺子以半结构化访谈数据为主，其主要来源于项目团队在2020—2021年对两家企业展开实地调研所积累的研究数据库，在该数据库的建设过程中，调研团队组织3次实地访谈和观察，共计27场深度访谈和6次补充访谈，每次访谈持续1~2小时。访谈结束后，调研团队对访谈录音进行文字转录，核对不同受访者对问题回答的一致性程度，对存在分歧和不足的访谈数据通过补充访谈进行验证和补充。

表3-2　**案例数据来源**

企业	数据来源	数据信息			数据描述
		对象/名称	类型	统计	
林清轩	半结构化访谈	企业总部经理/主管 直营店导购/店长/主播	访谈录音/文档	12	访谈主要涉及：组织危机应对、数字化转型、组织管理变革和创新、资源储备、对外合作、市场开发与维护、渠道管理、组织架构调整、流程变更、知识转移、新媒体平台运用、门店运营、经营场景变化、线上客户互动、内容传递、MCN机制等

续表

企业	数据来源	数据信息			数据描述
		对象/名称	类型	统计	
林清轩	二手资料	新闻报道	文档	256	央广网、网易新闻、经济日报、新浪财经、中国日报网、ZAKER资讯、腾讯新闻等
		高管采访/演讲	文档/视频	5	中外管理杂志、今日头条、正和岛等机构对林清轩董事长的线上访谈
		企业官方资料	文档/视频	41	林清轩档案资料、官方网站、企业年度总结、会议报告、内部讲话记录、至暗时刻公开信等
		案例期刊数据库	文章	7	中国知网公开发表的文献、全国百篇优秀案例等
		行业研究报告	文档	3	《2021化妆品行业报告》《2021小红书年中美妆洞察报告》
	参与式观察	现场观察	视频	3	林清轩抖音直播大赛等
良品铺子	半结构化访谈	企业总部主管门店店长/导购天猫店长	访谈录音/文档	10	访谈主要涉及：组织危机应对、线上模式创新、资源储备、资源调整、管理创新、线上与线下渠道管理和融合、知识创新、学习氛围、对外合作、客户关系维护、市场拓展等

续表

企业	数据来源	数据信息			数据描述
		对象/名称	类型	统计	
良品铺子	二手资料	新闻报道	文档	212	新浪财经、澎湃新闻、财联社、搜狐网、新浪新闻、雪球、虎嗅网、腾讯网、界面新闻等
		高管采访	文档/视频	3	经济观察报、新华社、长江日报等对良品铺子董事长、CEO的访谈
		企业官方资料	文档/视频	45	良品铺子档案资料、官网、微信公众号、年度业绩报告、内部信息等
		案例期刊数据库	文章	5	中国知网公开发表的文献、全国百篇优秀案例等
		行业研究报告	文档	2	《休闲零食行业洞察报告（2022）》《中国休闲零食行业研究报告（2022）》等
盒马	二手资料	新闻报道	文档	194	搜狐网、新浪财经、澎湃新闻、腾讯网、雪球、新浪科技、网易新闻、观察者网、重庆日报网、正观新闻、同花顺财经等
		高管采访	文档/视频	15	今日头条财经频道、中新经纬、环球网、新浪新闻、数字营销微刊、对盒马事业群总裁等的采访

续表

企业	数据来源	数据信息			数据描述
		对象/名称	类型	统计	
盒马	二手资料	企业官方资料	文档/视频	17	盒马官方网站、微信公众号、阿里巴巴财报披露的盒马运营数据、盒马内部信息等
		案例期刊数据库	文章	8	中国知网公开发表的文献、全国百篇优秀案例等
		行业研究报告	文档	3	《盒区房消费洞察报告》《新零售行业分析报告（2022）》等
眉州东坡	二手资料	新闻报道	文档	212	人民网、澎湃新闻、环球网、新浪新闻、网易、雪球、搜狐网、腾讯网、中国国家品牌网等
		高管采访	文档/视频	17	《中国餐饮产业品牌大会》、封面新闻、《零售老板内参》、北京商报、猎云网等对眉州东坡集团创始人、总裁的采访
		企业官方资料	文档/视频	11	眉州东坡官方网站、微信公众号、年会讲话、《跟眉州东坡学危机管理》、新闻联播《一家餐饮企业的“疫中新生”》等

续表

企业	数据来源	数据信息			数据描述
		对象/名称	类型	统计	
眉州东坡	二手资料	行业研究报告	文档	5	《川菜行业深度研究及发展趋势分析报告(2022)》《预制菜行业研究报告(2022)》《中国深加工食品行业分析报告(2021)》等

资料来源 作者根据相关资料整理。

除此之外，项目团队还通过对二手资料的收集来补充访谈数据，包括：①案例企业的内部资料，例如历史档案、领导讲话记录、年终总结等；②企业公开的外部资料，例如新闻报道、媒体采访、企业官网新闻、学术论文等；③参与式观察，例如相关活动或会议等。利用这些数据建立起连贯的、复合逻辑的证据链，通过多种来源的数据进行三角验证（triangulation），以提升案例数据分析质量、提升案例研究结果的信度与效度（Yin，2009）。盒马与眉州东坡的数据以二手资料为主，在二手资料的选取上，本章节的研究首先选择相关领导的公开讲话、媒体采访等类一手数据，同时也广泛筛选新闻媒体报道、官网新闻、学术论文等其他数据。

3.1.4 数据分析

数据分析是案例研究构建理论的核心，构建的理论需要通过案例数据、形成的理论以及现有研究之间的反复比对而不断完善，因此数据分析不是一个线性的过程，具有高度的迭代性。多案例研究的数据分析过程不仅需要在单个案例内进行案例数据与文献的重复比对，还需要在多个案例之间进行跨案例的重复比较（如图3-1所示）。其中，单个案例的迭代分析可以用来对具体命题进行独立的印证，进一步，通过跨案例分析的相互印证，研究者可以更容易地发现共存于多个案例之中的模式（patterns）（Eisenhardt，1991）。

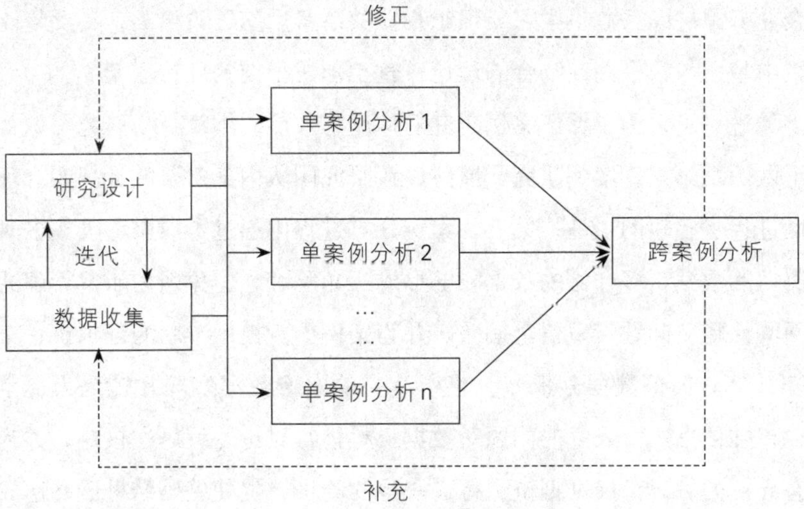

图3-1　多案例分析的迭代过程

资料来源　李亮，刘洋，冯永春.管理案例研究：方法与应用［M］.北京：北京大学出版社，2020.

遵循上述过程，本章节的研究主要通过以下三个步骤对所收集的案例企业数据进行分析：第一步，单个案例的案例内分析。其主要对4家案例企业转危为机过程中资源拼凑、危机学习与组织韧性进行详细的描述。案例内分析能够有效地在数据分析阶段及早处理海量的数据，虽然只是简单的描述，但是对产生新的见解非常关键（Eisenhardt，1989a）。第二步，跨案例分析。遵循复制逻辑比较4家案例企业转危为机过程中资源拼凑、危机学习与组织韧性的异同，在案例分析过程中涌现的构念与现有理论之间进行反复迭代，并按照“情境—行为—结果”的逻辑，挖掘不同构念之间潜在的因果关系。

跨案例分析的目的是使研究者突破最初的印象，在不断重复比较和验证的过程中推动案例数据与理论的匹配，并建立清晰的因果关系证据链（Eisenhardt and Graebner，2007）。第三步，理论框架的提炼。对构念间因果关系与各案例中的数据进行系统的比较，分析危机情境下企业资源拼凑、危机学习与组织韧性关系背后的理论机制，在反复比较中趋近与数据高度吻合的理论，直至形成稳健的理论框架。

进一步，为了保证案例研究的信度与效度，本章节的研究采取如下做法：第一，案例研究开展前，在研究团队内部对研究计划的合理性进行了多轮的论证；第二，案例分析过程中通过不同渠道收集多种类型的数据，多样化的数据能够形成三角验证，避免因为印象管理或回溯性释义问题带来信息偏差，并为案例分析提供丰厚的证据链；第三，建立案例数据分析库，将所获得的案例数据整理并转化为逐字稿，并依据本章研究的问题对数据资料进行讨论、编码、核对，并为有异议的编码扩展证据链进行进一步的验证，促使编码结果最终达成一致；第四，数据分析过程严格遵循上述多案例分析的迭代过程，通过在数据资料与理论间进行不断地比较，提高研究结论的准确性和可靠性。

3.2 案例分析与发现

本节主要对4家案例企业资源拼凑通过危机学习影响组织韧性间的内在机理与潜在逻辑进行具体分析。

3.2.1 危机发生时企业的资源拼凑

危机发生时，企业表现出接受危机现实，并迅速做出反应，在这个过程中将危机计划付诸行动，并制订临时解决方案。面对危机时，制订解决方案离不开意义创造与行动的结合，此时，最重要的原则之一就是“拼凑”：即兴创作和创造性解决问题的能力（Weick，1993），企业拥有的资源是支持上述行动的关键（Ducher，2020）。通过对4家案例企业的分析可以发现，在危机情境下，企业在危机发生时同步推动以解决问题的关键行为表现为资源拼凑。面对危机事件带来的时间约束，有什么比需要什么更重要，与其等待正确资源，拼凑能够引导企业以低成本的方式及时并灵活运用手头资源，创造性地生成解决危机问题的方案。

（1）企业面临的危机

组织危机描述了一种扰乱和挑战组织运行的情境，是指造成高度不确定性并威胁或被认为威胁组织生存能力的一系列低概率、高影响力事件，包括自然灾害、流行病、生态危机、商业或经济失败等（Richardson，1994；Seeger et al.，1998），其特点是因果关系和解决手段模糊不清，并且组织需要在强大的内部和外部压力下迅速做出决定（Pearson and Clair，1998；Rosenthal et al.，2002）。受此类事件影响的组织需要重新分配资源以继续或重新启动业务，利用业务能力和资源适应来应对紧张的局势（Eismann et al.，2021）。通过对林清轩、良品铺子、盒马、眉州东坡4家案例企业进行分析，本章节的研究发现企业面临的危机主要是由重大公共灾害造成企业在业绩、运营、品牌等方面出现影响企业生存的危机（典型例证见表3-3）。

具体而言，第一，林清轩面临的危机。林清轩面临的危机主要是因新冠肺炎疫情暴发导致企业销售受阻，面临破产，主要表现在以下几个方面：①销售危机：直营模式瘫痪。新冠肺炎疫情发生前，林清轩主要采取“前店后厂”的直营模式，全国共计337家线下门店，线下销售占比超75%。新冠肺炎疫情发生后，为了防止疫情扩散，全国

表3-3 **企业面临危机的典型证据援引**

危机	典型证据援引			
	林清轩	良品铺子	盒马	眉州东坡
重大公共灾害引发的危机	·我们就是直营模式，大部分业务都是通过线下门店展开，这一部分都要超过3/4了，新冠肺炎疫情暴发的时候，运转很明显就受到冲击了，根本开不了店 ·因为新冠肺炎疫情我们一大半的店铺都关了，剩下一半也没有消费者来逛，基本就接触不到客户。另外，大部分导购因为闭店或者隔离，基本在家里，也没办法与顾客保持紧密的沟通 ·每天打开大门就是通风，其他的营业活动都进行不了，业绩就一直跌，就像血管被割开了，就看着血一直流，但也没办法，不知道怎么把他堵上 ·不但没收入，我们还要负担人员、店铺的成本，一个月就要3 000万元，现金很难支持很久	·疫情对人流量的影响很大，特别是在订年货期间，线下店铺能够触达消费者的频次比以往降低很多，现在即便所有门店开门营业，其实也很难恢复原有的客流量水平 ·因为1号总仓在湖北武汉，正值春节本来物流就有些滞后，现在疫情防控导致武汉总仓难以周转。再有，全国其他城市的工厂会先把货物发到总仓，再转移到各个城市，现在疫情防控就受阻了 ·良品铺子因为本身是食品，另外还开在武汉，消费者也担心我们的食品会不会有问题，因为那会大家都还不知道是怎么回事 ·因为物流的问题，订年货期间这个线上的订单想发货也发不走，线下门店本来为春节备的货，也卖不掉	·疫情期间，家庭配送的需求猛增，一家盒马鲜生门店的订单量能够达到10 000单的峰值。网上订单的总量暴涨，盒马的网络订单量同比增长220% ·在此期间用户需求基本转移到互联网，个人订单量很大，不论是在备货、拣货、补货还是货物配送上，已经大大超出了盒马原本能够承受的范围 ·在新冠肺炎疫情期间，盒马每天的供应量达到了平时的6倍，但仍然是生鲜刚上线就在几秒钟内被抢购一空，但这并不是因为缺少商品，而是缺少配送人员 ·目前，疫情仍在持续，虽然提出“不关店、不涨价”的服务宗旨，但网购生鲜的需求量太大，运力不足也是一个需要解决的“大问题”	·由于疫情袭来，大量客人取消了预订，年夜饭的收入几乎被削减，只有900万元人民币。大年初一的情况更糟糕。堂食和配送基本为零，价值数千万元的食材无法处理，财务负责人回忆起来，仍心有余悸 ·由于收入几乎为零，正常工资要到5 000万元左右，门店房租大概在1 116万元，员工宿舍还有295万的租金，加上防疫用品的成本110万元，这么算下来，每个月的成本将近1亿元，但是收入基本没有 ·眉州东坡有自己的一整条供应链，从蔬菜源头到门店餐厅，但是疫情这中间的产能都闲置了，比如中央厨房，门店的服务能力，都没办法起作用了，没人来吃饭

资料来源 作者根据相关资料整理。

采取隔离措施，导致林清轩的线下直营店瘫痪，157家线下门店闭店，企业的销售活动因为线下门店无法正常经营而中断。②客户危机：客户触达受阻。林清轩线下直营门店主要通过导购人员引导线下体验活动、服务互动等来维护与客户之间的联系，线下门店闭店造成超2 000多名员工被隔离在家，大量导购人员与客户断联，难以继续利用先前的模式保持客户黏性。③业绩危机：业绩大幅下滑。由于疫情造成林清轩闭店歇业的门店全部停止销售活动，在开的门店基本上空无一人，价值2亿多元的商品库存无法出售，仅一个星期林清轩整体业绩就下滑了近90%。④资金危机：现金流压力。除了收入大幅缩水，仅林清轩线下门店的店铺租金以及员工工资这两项成本每个月就需要支付3 000万元，每天固定亏损超100万元，银行贷款无门，向投资机构的求救也没有获得回应，此时账上现金流仅够林清轩存活2个月。新冠肺炎疫情带来的冲击导致林清轩一度被置于死地，濒临破产。

第二，良品铺子面临的危机。良品铺子面临的危机主要是新冠肺炎疫情暴发严重影响企业的正常销售、品牌信誉等，给良品铺子维持正常的运转带来冲击，主要表现在以下几个方面：①客户危机：客户触达受阻。2020年伊始正是春节前夕打年货的日子，原本应该是良品铺子销售额贡献最大的旺季，新冠肺炎疫情的突然袭击，导致占良品铺子总门店数近40%的湖北省门店全部停止营业，大幅减少了良品铺子触达消费者的频次，其他各省正常开门的1 400多家门店，也都面临着客流大幅下降的挑战。②物流危机：物流配货暂时中断。本来电商业务在春节前后近半个月内无法发货，且由于良品铺子的1号总仓在武汉，各地生产商品都会先发往武汉，再从武汉调配至全国，受疫情影响全国其他门店与1号仓断联，企业原有的物流配货体系受到冲击。③品牌危机：品牌质量遭受质疑。由于良品铺子扎根于武汉，消费者甚至开始关注良品铺子的食品质量是否会受疫情影响，网络实时热门搜索关注的是“良品铺子还能吃吗”。④销售危机：线上线下双体系销售停滞。由于门店销售与物流体系受到冲击，良品铺子的电商店铺有订单但无法发货，线下门店有货但没有订单（顾客），陷入备货不足流失市场份额或部分产品过剩造成产品积压的矛盾和风险。新冠肺炎疫情给良品铺子维持正常的运转带来多方面的冲击。

第三，盒马面临的危机。盒马面临的危机主要是新冠肺炎疫情暴发造成需求短期内暴涨，远超企业实际承受范围，影响企业运营，主要表现在以下几个方面：①运营危机：订单暴涨。突如其来的新冠肺炎疫情给绝大多数行业按下暂停键，人人居家隔离，以往依靠外卖或外出就餐的大量人群被迫回归厨房，人们的生活习惯和行为习惯发生显著变化，催生消费需求大量向生鲜领域转移，消费者采购民生商品的需求激增，线上订单较以往呈现爆发式增长。②资源危机：资源短缺。订单需求激增，导致盒马一时之间出现严重的员工短缺。由于正值春节期间，盒马仅有70%的员工在岗留守，因为疫情的交通管制、隔离封城等措施，返乡过节的员工很难及时到岗。但盒马每天要补货7~8次，在抢购高峰期甚至半小时就要补一次货，单个订单的购买量都非常大，把线上的订单挑选出来打包也需要耗费大量人力，且数量如此庞大的订单在一两个小时就把全天的配送能力占满了，无法满足其他时间消费者的需求。尽管不少一线员工牺牲掉了原本正常的排班和休息，但是需求已经超出盒马实际承受能力，员工缺口仍有6 000人左右。

第四，眉州东坡面临的危机。在外部危机方面，眉州东坡面临的外部危机事件表现为2020年突然暴发的新冠肺炎疫情。在内部危机方面，主要表现在以下几个方面：①运营危机：顾客大量退单。受新冠肺炎疫情的影响，各行各业遭受着不同的困难和挑战，餐饮首当其冲。眉州东坡作为老牌餐饮企业，一贯以百姓消费、家宴为主，春节期间是其一年中客流最大的时间，2020年初以大量的备货迎战春节。但是突如其来的新冠肺炎疫情使眉州东坡遭遇大量退单，短短10天就退餐11 144桌。②资源危机：储备材料失去价值，同时大量产能闲置。新冠肺炎疫情造成眉州东坡门店几乎没有顾客就餐，先前为了满足春节档需求储备的大量蔬菜、肉类等食品原材料失去价值，成为企业负担，几千万元的花销即将打水漂。而且，由于终端餐饮门店无法进行销售，造成眉州东坡自身供应链上游的中央厨房等大量产能被迫闲置。③业绩危机：收入下跌。原本为2020年新年档订餐做好充足准备的眉州东坡因新冠肺炎疫情造成近2 000万元的退单损失，能够开放的门店也仅仅在除夕创造微薄的收入，初一之后眉州东坡门店堂食收入几乎为零，经营收入出现断崖式下跌。④资金危机：负担上亿元资金成本。虽然新冠肺炎疫情给眉州东坡的生存带来了巨大冲击，但创始人王刚并没有因生存压力而选择大量裁员，甚至为值班员工提供3倍薪水。巨大的人力成本、房租成本、食材成本，使眉州东坡累计损失上亿元。如果情况没有好转，眉州东坡最多能撑3到6个月。新冠肺炎疫情的突然暴发，给了眉州东坡一记重拳，使企业面临生死大考。

（2）应对危机的资源拼凑行为

重大公共灾害的不可预测性和突发性会给企业解决问题带来较大的时间压力和资源压力（Tognazzo et al.，2016）。通过对林清轩、良品铺子、盒马、眉州东坡4家案例企业实践活动进行分析，本书发现为了及时并以低成本的方式快速应对危机，4家企业积极通过拼凑手头现有资源推动资源重组，寻求危机的解决方案。资源拼凑具备及时性和低成本的双重经济属性（冯文娜等，2020），林清轩、良品铺子、盒马、眉州东坡4家案例企业通过资源拼凑快速连接企业内外部可以触达的物质、人力、技能等有形和无形资源，并对上述资源进行创造性重组，构建替代性资源方案来解决危机问题（典型例证见表3-4）。

表 3-4 **危机发生时企业资源拼凑典型证据援引**

资源拼凑	典型证据援引			
	林清轩	良品铺子	盒马	眉州东坡
危机发生时企业进行资源拼凑	·为了自救，我们迅速启动全员营销：在微信小程序商城里，除了导购，其他后勤、管理干部，甚至是做研发、皮肤测试、软件开发的人都被我们调用了，每个人领一个店，全部做销售 ·林清轩早就启动了数字化的方案，但是之前由于客单价等一些现实问题，店员没有更多地关注数字化的手段，这个资源一直就没有用起来。直到疫情把老路堵死，我们才真正利用起数字化资源，发掘了新路 ·我们发现有些员工的家属特别会写文案，疫情期间在家带孩子也没什么事，马上征用，进入我们内容工厂 ·我们通过与阿里巴巴对接，帮助我们培训原来线下的这些导购，手把手地教，怎么申请达人号，有哪些注意事项等，事无巨细地传授一些经验，因为本身我们都没有这些储备	·良品铺子在门店“互联网+”业务方面运行超过两年，本身就具备三大交互网络的运作体系，有坚实的资源基础。因为要应对疫情，我们对这些资源进行重新调配，你会发现这个帮助我们挖掘了新的方式 ·现在除湖北省外的良品铺子门店基本上已经恢复营业。但是武汉仓还有订单积压较为严重，因为武汉是总仓，良品铺子员工自发成为志愿者，去物流支援 ·武汉市第一医院收到了来自良品铺子的300箱芒果干、小米锅巴和其他零食。同时，武汉市防疫指挥部已在联系捐赠处理事宜，良品铺子承诺再捐赠价值500万元的食品	·继盒马鲜生联合餐饮品牌开展共享员工合作后，已有32家企业相继加入，包括餐饮、酒店、影院、百货、商场、租赁公司。截至2月13日，已有2 500名共享员工加入 ·大众汽车已经在上海的一些门店进行了汽车配送测试。第一批大众汽车的配送交付团队已经组建完毕，由具有多年驾驶经验和对上海道路了解的“金牌司机”组成。这些汽车的一次配送量可以达到电动汽车的两到三倍 ·财新联合汽车租赁（北京）有限公司调度旗下优质、资历较深的网约车司机加入盒马	·“突然没有生意我们很心痛，担心蔬菜会烂掉”。谌爱红搓了搓手，解释说，老顾客抱怨买不到蔬菜，所以干脆把存货的蔬菜全拿出来卖掉，可以赚点钱回来。在当天晚上的视频会议上，王刚向所有地区推荐了这种做法，一百多家餐厅改成了蔬菜站，清理库存 ·本身我们有自己的蔬菜供应体系，原来这些蔬菜经过我们中央厨房处理后，直接进入各区域门店，不会对外销售。但是现在我们就利用这个优势，全城配送蔬菜 ·我们有全套的供应链资源，有自己的中央厨房，以前只供应自己线下门店的需求，疫情期间没办法营业，所以也跟其他的商超等对接一些合作，帮助他们处理需要零售的蔬菜等生鲜食材

资料来源 作者根据相关资料整理。

具体而言，第一，林清轩的资源拼凑。首先，林清轩对手边的资源进行了评估。面对新冠肺炎疫情给企业生存带来的严重影响，创始人孙来春反复思考一个问题："林清轩有什么，还能干什么?"此时，孙春来一改往日自己硬扛困难的惯例，选择和所有员工开诚布公，大家一起讨论企业拥有的资源。林清轩还具有品牌力，有人有货，只是缺少与顾客交流的"场"。更重要的是，虽然林清轩此前主要依赖线下门店，但早在2016年，林清轩就与百胜和阿里合作建立了数字零售渠道，与钉钉合作推出智能导购系统。由于线下的客单价远高于线上，数字化手段支撑的线上模式此前在林清轩内部一直处于"备胎"状态，被企业搁置。

其次，确定手头现有资源后，孙春来向全部员工公开发表了《至暗时刻的一封信——孙来春致清轩战友书》，动员全体员工积极行动，激活后备资源，将数字化手段扶正，确认了直播带货这一解决方案，建立新的顾客触达渠道；同时，林清轩还积极调整原有员工的工作属性，将大量待业在家的线下导购转为抖音、天猫、微信等多家线上平台的主播，积极调动组织中具备优秀文字功底、爱好视频剪辑和加工的非市场部员工制作网上推广素材，促使现有员工创造新的工作价值，以创建危机解决方案。在此基础上，林清轩利用网络关系连接新的资源，例如，林清轩借助与阿里先前的链接关系，引入直播培训课程，赋能线下导购向线上主播的转换，调动具备优秀文字功底、爱好视频剪辑和加工的员工家属共同创造"内容工厂"，协助市场部制作更多的线上推广素材，用来辅助林清轩度过危机。

第二，良品铺子的资源拼凑。首先，良品铺子对手边的资源进行了评估。疫情发生前，良品铺子一直坚持全渠道发展，围绕线上电商和线下门店拥有良好的资源体系和完善的资源储备，而且线上电商与线下门店共享能够连通的订单系统。但是受新冠肺炎疫情迅速暴发的冲击，原有线上和线下的资源分别受到了不同程度的限制，仅有部分资源可供使用。线上电商店铺能够接触消费者，获取订单，但是能够支持发货的物流资源暂时失效，而线下门店还有丰富的储备商品资源，但是无法接触消费者。

其次，在明确了手头现有可用的资源后，良品铺子对原本分别属于线上和线下的资源进行了创造性重组。良品铺子将线上电商的订单与线下门店的产品相匹配，创造了一种有别于常规电商的新运营模式——轻店。轻店模式可将线上门店的订单匹配至订单收货地附近的线下门店，或者客户可由线上旗舰店内部的小程序进入轻店模式，自助选择由近及远的各个线下门店下单，再由门店以外送的形式配送至客户手中。这种模式能够有效缓解新冠肺炎疫情给企业带来的冲击，而且相较于一般的外卖配送辐射范围更广，在危机带来的时间约束下，能够以更快的速度响应顾客的需求。另外，受疫情影响武汉封城，各种连锁反应叠加，医院等社会保障机构出现严重的食品短缺。良品铺子当即决定从武汉总仓调集应急的食物向武汉多个医院捐赠，以用于防疫工作，不但承担了社会责任，而且通过连接外部关系资源为特殊情境下食品质量安全作背书，打消顾客消费的顾虑，减弱了品牌危机。

第三，盒马的资源拼凑。疫情催生生鲜需求激增，给盒马的商品供应和配送造成压力，导致员工缺口巨大。虽然配送延期属于疫情期间的特殊问题，但仍需解决。因此，盒马搜集外部环境中可以调用的人力，拼凑其他企业的待业员工，开拓共享员工模式解决危机情境下盒马的员工短缺问题。首先，盒马搜索手边能够快速接触的资源。通过搜索发现餐饮业是受疫情影响最大的行业之一，餐饮企业的大量线下门店不得不暂时闭店歇业，导致大量人员待业在家。这些待业在家的餐饮工作者成为盒马拼凑的重要对象。

其次，盒马提出“联合餐饮同仁共抗疫情”的设想，广泛连接暂时歇业的餐饮企业中目前待业的员工，由盒马支付劳务报酬，缓解自身用工压力的同时，也能缓解餐饮同仁的压力。比如，盒马通过北京商委和烹饪协会首先联系到云海肴，双方很快达成一致，次日云海肴的员工便陆续到盒马上班。之后，盒马发布“招工令”，宣布接纳云海肴、青年餐厅（北京）的员工到盒马各地门店参与打包、分拣、上架、餐饮等工作，相关合作涉及上海、北京、南京等多地。一个星期后，共有57度湘、茶颜悦色、蜀大侠、望湘园等37家企业超1 800名员工加入盒马。除此之外，盒马也尝试将中石化的加油站变成盒马的分店，利用中石化的流量优势构建新的消费场景和消费渠道，从而努力将盒马开到市民家门口。

第四，眉州东坡的资源拼凑。面对疫情，眉州东坡的创始人王刚意识到有什么比需要什么更重要，响亮地喊出了“宁愿战死商场，不愿坐等结果”的口号。首先，眉州东坡对疫情后成为闲置的资源进行了评估，眉州东坡除了因不可抗力因素被迫关闭的店铺以外，仍然有大量店铺能够开门，提供实体场域；各个门店还备有因为疫情退餐而积压成为企业负担的大量新鲜食材；而且在线下餐厅的上游，眉州东坡还具备完善的蔬菜等食材的筛选、配送、处理等全套供应链资源，大量产能闲置。

其次，在确定已有资源后，眉州东坡为这些成为企业负担的资源开发创造价值的途径。比如，所有能够开门营业的店铺全部转变为实体菜站，将企业本身的食材储备瓜果、蔬菜、鸡蛋、调味料等摆在店内进行平价销售，保供周边百姓日常生活需要。

最后，眉州东坡为闲置产能创造新的价值途径，比如，在发现平价菜站的作用后，眉州东坡十几天后就紧急上线了卖生鲜蔬菜的菜篮子小程序，利用企业总部原有的蔬菜配送供应链资源，将原有门店员工转换为“外卖员”服务全北京的消费者，将便民服务落到实处，为消费者送菜到家。此举，不但快速甩掉了眉州东坡积压的库存，而且在眉州东坡应对疫情的早期创造了80%的收入。另外，与外部十几家商超对接，利用自有的中央厨房进行来料加工，帮物美、每日优鲜等线上线下企业加工净菜，提供生鲜产品的分拣、打包服务，从而让员工在营业停滞时保持在岗状态，激活了企业闲置的产能。

3.2.2 危机发生时企业的危机学习

危机中既包含威胁又包含机遇，企业通过资源拼凑获得响应威胁与机遇的经验，但企业为应对危机所采取的资源拼凑行动通常被视为一种临时性的资源解决方案（Duchek，2020），这种危机响应经验会随着时间的推移而减弱，企业应通过危机学习及时将上述经验内化到原有知识体系中，推动组织的优化和变革，进而在危机情境中抓住机会并保持长期竞争优势。通过案例分析，基于过程视角，本书发现危机发生时企业的危机学习主要表现在以下三个方面（如图3-2所示）：

第一，危机反思。企业通过危机反思的方式对企业应对危机的经验进行系统分析和思考，归纳总结有利于指导企业未来行动的知识。第二，快速修正。危机学习过程中，时间因素对于企业应对外部危机至关重要，企业需要在有限的时间区间内快速将获得的新知识纳入现有知识库，并根据这些知识采取行动。第三，重复实践。企业利用重复实践的手段在更多的场景中采取行动，帮助企业更充分地理解新知识，并最大程度地扩大新知识在组织内部的覆盖面。典型例证见表3-5。

（1）危机学习过程中的危机反思

在危机学习的过程中，危机反思是指对企业应对危机的经验进行系统分析和思考，归纳总结有利于指导企业未来行动的知识（Lee et al.，2020；Duchek，2020）。通过危机反思能够识别危机解决过程中触碰到的机遇，获取与之相关的经验或知识，这种知识能够在未来指

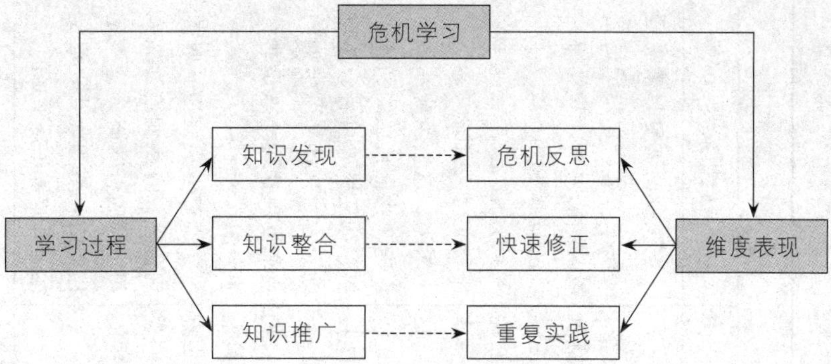

图3-2 危机学习的过程及维度表现

导企业应对危机或回应机会的行为。具体而言，第一，林清轩危机学习过程中的危机反思。利用数字化手段快速应对危机后，林清轩识别到数字化转型是企业未来发展的重要目标，通过反思企业利用直播带货这一方式来应对新冠肺炎疫情时的经验，总结能够指导企业推动数字化转型的知识。

一方面，林清轩通过正式或非正式的交流，寻求数字化经验的反馈，例如，林清轩在项目组内制定了一个"一天见三面"的开会时间表，每天早晨9点钟、中午1点30分以及晚上9点钟准时召开项目会议，会议时间很短，主要目的就是进行阶段性的问题复盘和总结，分析线上推销过程中有用的经验，分享成功的订单案例。另一方面，林清轩也会组织大家共同讨论转型过程解决问题的行动，例如，总部高层要求一周两次全员会议，迅速地交流目前项目的进度，包括疫情期间的日常管理、产品线上促销活动的开展、疫情期间的物流运输等方面，探讨遇到了哪些问题，交流可能的应对行动，特别是鼓励所有管理层干部转移到一线，以近距离地掌握促进企业在线上销售的举措。通过危机反思，林清轩确认了数字化转型应该是指导企业在危机中发展的"第二只手"，获取了大量关于新媒体平台使用、数字工具使用、大数据分析、线上流量捕获的知识。

表 3-5 **企业危机学习典型证据援引表**

危机学习	典型证据援引			
	林清轩	良品铺子	盒马	眉州东坡
危机反思	·因为本身我们数字化手段的利用经验太少，当时又上得很快、很仓促，所以，我们一直就是说多分享，比如各个主播，不同部门之间，要去做这个复盘和反馈，找到有效的、高效的经验。目前来看，数字化转型是一个发展机会 ·封控期间，员工每天线上例会，都在致力于攻克难题。有人反映发票难寄出，各部门便纷纷支招曲线解决方案	·良品铺子在疫情期间建立高密度和高频次的信息交流，成立“1+3”模式的管理体系。在疫情暴发期间，每天召开晨会、晚会，每天调度，每天通报，随时交流有效的信息、有效的行动 ·我们在疫情之后对高端战略进行了更细致的思考，疫情重新塑造了整个行业的发展和走向，使我们从过去的要素驱动经营向品牌驱动经营转型，消费者对形象和风格的要求更明显	·新零售本身是一个全新的物种，它的模式本身就有待探讨，目前在供应链支持能力、客户的触达上、怎么更好地嫁接一些传统商超的优势能力，这些都需要复盘。比如，原来的前置仓怎么更好地接触消费者 ·在疫情的冲击下，我们能看见传统商超因为线上和数字化能力不足而生意惨淡，以盒马为代表的生鲜新零售企业在疫情中的优势反而凸显	·这次疫情恢复起来需要一定的时间，但是通过这段时间的摸索，我觉得这可能是我们的一个方向，可彻底打通“餐饮+零售”，线上线下全覆盖 ·未来，这些半成品可能首先在我们自己的门店销售，如果模式可行，还可以向商超延伸，疫情期间我们发现这块需求是非常明显的 ·我们有中央厨房，有源头食材，有我们的食品公司出厂的调味料，这些是我们的转型的优势，但是线上的储备还是不足的

续表

危机学习	典型证据援引			
	林清轩	良品铺子	盒马	眉州东坡
快速修正	·实际上，我觉得我们到了该对组织制度进行变革的时候，通过激励制度改革，顾客如果在线上购买了产品，与其绑定关系的导购和电商客服一样，均可拿到100%的提成，这样就重构了品牌、导购、平台之间的关系，化解了线上线下的矛盾 ·虽然之前有两只手，但习惯了用线下这只右手，而且用得很好，疫情来临之后，右手突然被绑住了，就是只能转变思路，用数字化这只左手	·受疫情影响，直播电商成为线上渠道的新风口。良品铺子反应迅速，2020年4月，正式成立社交电商事业部，加速布局抖音、快手等渠道，抓住这一风口带来的流量红利 ·“进一步增加了传统平台电商的市场份额，并加大布局社交（直播）电商、社区电商等新兴流量渠道”，反映出对渠道趋势的洞察，以及公司快速主动调整的魄力 ·针对疫情下消费的变化，关于品牌矩阵我们进行了非常精细化的重新布局	·但一两天以后，我们发现应对疫情是一个中长期的事情，快速调整策略，到店和到家都不太行得通了，那必须进行变革，找到新的模式，于是我们开发了流动超市 ·武汉从封城到封小区，这种情况下实体门店已经没有人来了，我们用了一个通宵的时间，组织了几十个研发人员开发社区团购业务。消费者在线上下单以后，我们成批次地用公交车送到小区去。这样既能满足消费者需求，又弥补了没有顾客到店带来的损失	·我宁愿战死商场，也不愿坐等结果。说干就干，边干边想，不断调整 ·因为疫情已经拿走了几乎接近百分之百的营业额，他如果不去做这种调整和变革，疫情影响迟迟难以恢复，那就是死路一条，哪怕营业额低一点，哪怕毛利低，我也愿意去变动了，总比没有好 ·在非常时期，整个团队反而有足够的时间和精力去做新的业务，而且速度非常之快。眉州东坡在疫情期间做了不少平时要推动起来很难的创新举动

续表

危机学习	典型证据援引			
	林清轩	良品铺子	盒马	眉州东坡
重复实践	·其实，虽然企业很快地推行了直播带货，但是我们的员工还是没有那么熟悉，毕竟之前确实没做过，这个时候就是反复训练，他们直播的时间都很长，24时轮换，不间断，就这样持续地实践优化直播的效果，也是一个摸索的过程 ·因为武汉很快做起来了，全国其他城市，可能线下门店还能开，也做起来了，而且还利用了一些微信、微博的其他途径 ·今年，我们仍要按照原来定下的计划增加线下门店，但这些门店会直接完全转型成数字化直播门店，必须这样干	·轻店模式在疫情发生的早期起到了很大作用，它触达消费者的方式更加灵活，所以，当时我们想到疫情可能会是一个长期伴随的事件后，这个模式我们直接保留了下来，而且推广到了1 300多家店，让更多地区的消费者能够选择更多样化的途径 ·这次让我们看到了线上和线下融合的趋势，是一个新的机会，在轻店模式之外，是不是有其他可能，有其他模式，我们可以去不断实践这个线上线下的融合 ·公司还通过美团优选、兴盛优选等社区快速布局了团购平台，实现对社区用户的渗透覆盖	·侯毅总结，这两个多月来，抗疫保供有了很多新举措，有的是应急之举，有的则要保留下来，比如“流动超市”。但在重复这一模式的时候，其实也有新的发现，依据先前“盒区”的划分，这一模式是不是还有优化的可能，比如，在这个模式中，把原本“盒社群”的订单都整合进去，一起配送，能够进一步节省运力 ·盒马在不断地进行实践，尝试不同的模式发展社区服务，尽量缩短消费者的触达距离，去发展更加精细化的社区服务，我们也受到一些启发，去做社区储货和社区奥莱店，都是尝试的过程	·接下来，就是怎么把零售做强。之前我们这一块不行，本身餐饮和零售有一定的壁垒，这次我们给打通了，但是还要继续加强，去实践更多的路，去寻找更多的支持餐饮零售化的模式，因为我们的供应链支撑这个其实是有非常大优势的 ·mini店当时我们只在超市开了4家，反馈非常好，现在我们想做餐饮零售化，这就是一个非常好的渠道，后来我们大范围地布局了500多家 ·做外卖后发现，我们也可以做电商渠道，开拓一些淘宝直播的方式来销售，也是“餐饮+销售”的一种新尝试

资料来源 作者根据相关资料整理。

第二，良品铺子危机学习过程中的危机反思。良品铺子通过重组线上和线下渠道资源来应对新冠肺炎疫情，总结能够指导企业在危机造成消费结构转变后，企业调整方向的知识。一方面，良品铺子通过深度思考应对危机的行动，发现关键问题。新冠肺炎疫情给良品铺子线下渠道的客流量带来冲击后，虽然利用数字化手段保障了企业在疫情之初的稳定过渡，但是零食行业线上渠道流量见顶后的内卷化也使得通过数字化手段的获客成本大幅增加。而且，相对于生鲜等民生消费，本质上零食消费属于可选消费，线下门店消费者能否迅速完成交易闭环。这些都是企业面临的问题。

另一方面，良品铺子积极探讨可能解决问题的行动。低成本或高数量的获客本质上就是如何更有效地满足顾客的消费需求，良品铺子敏锐地发现，疫情的突然暴发加速了零食行业消费特征的变化，消费特征呈现品质化、感官化、情感化、符号化等新特点。因此，良品铺子意识到未来产品矩阵需要基于消费特征的变化进行重塑。通过危机反思，良品铺子获得了零食行业消费特征变化以及企业需要调整品牌矩阵的知识。

第三，盒马危机学习过程中的危机反思。盒马通过反思企业拼凑外部资源开发共享员工来应对疫情的经验，总结能够指导企业作为新零售这一新兴物种改进方向的知识。首先，盒马通过深度思考应对危机，发现关键问题。新冠肺炎疫情给企业运力造成猛烈冲击后，虽然盒马通过共享员工从线上线下两端发力维持运力，保障企业正常运转，但本质上还是因为盒马线下触达用户距离较远，导致对运力的需求大幅提高。

其次，盒马通过深度思考应对危机的行动，识别新零售的优劣势。传统商超主流渠道在线下，疫情冲击下需要借助第三方线上平台积极拓展业务，导致触达效果和效率略差，但是传统商超网络密集，与用户距离更近；以盒马为代表的新零售渠道虽然同时具备线上线下的渠道，但是本质上仍属于前置仓类的生鲜电商，线下场景的分流仍然较为被动。

最后，基于反思发现的问题与优劣势，盒马意识到在已有数字化优势的基础上，嫁接传统渠道的线下触达网络，创新接触场景，通过多场景、全场景搜寻更加简约、高效的客户触达方式，缩短用户触达距离是盒马在此次应对新冠肺炎疫情中应该重点改进的方向。

第四，眉州东坡危机学习过程中的危机反思。眉州东坡通过反思企业设立菜站销售蔬菜等临时应对危机的行为，总结能够指导传统餐饮企业跨界转型方向的知识。首先，眉州东坡通过深度思考应对危机的行动，发现可能的方向。新冠肺炎疫情给传统线下餐饮的运营模式和生存带来挑战，疫情期间95%的餐饮企业首选外卖的方式进行自救，眉州东坡也不例外。但眉州东坡意识到简单地依赖外卖只能在短期内应对疫情，从长期发展来看，从外卖业务入手将零售业务发展起来，将零售与餐饮进行跨界融合，能够进一步促进整个餐饮行业抓住危机中的契机，实现转型升级。

其次，眉州东坡通过深度思考应对危机的行动，确认市场的现实需求。帮助物美等商超加工生鲜原料的过程中，眉州东坡也发现消费者对半成品食品的需求很大，这进一步验证了眉州东坡餐饮零售化的预想。

最后，眉州东坡意识到自身在发展零售业务上具备相当的基础优势。例如，在供应链方面，眉州东坡是北京中餐中最早建立物流配送中心和中央厨房的企业，从农业到食品加工再到供应链，眉州东坡早已建成一整条产业链。通过危机反思，眉州东坡获取了从传统餐饮向“餐饮+零售”转型的方向性知识。

（2）危机学习过程中的快速修正

在危机学习过程中，快速修正是指企业应对危机时，在最短的时间内改进企业经营流程、规范，甚至调整发展战略的行为（Meisiek and Stanway，2022；Chekkar-Mansouri and Onnee，2013）。通过快速修正能够在有限的时间内利用有效应对危机的经验更新企业原有知识体系，有目的和方向性地推动企业内部的改进。具体而言，第一，林清轩危机学习过程中的快速修正。林清轩的快速修正体现在基于数字化手段调整企业的运营管理与产品服务。一方面，在运营管理上，林清轩通过快速修正的方式在第一时间建立起新模式下的组织运营规范和流程。面对新冠肺炎疫情的迅速发展，林清轩的运营管理由实体场域转移到虚拟场域，将企业的活动全面转移到线上，原有体系受到干扰后出现大量无效的冗余环节，先前的流程和规范与目前的运营出现脱节。例如，先前以销售数量为唯一指标的考核规范无法有效、全面地衡量线上模式下员工的工作绩效，不具备更好的约束与激励作用，林清轩快速对其进行了调整，更注重线上的互动表现，引入直播间围观人数、加购人数、互动人数等直播效果来修复KPI考核规范；迅速成立内部的MCN机构，建立线上的运营、直播以及直播售后的规范化运作体系和流程；快速将管理层和员工之间原有的层层递进的直线型连接方式改变为网状连接，剔除冗余环节，缩短决策流程，使其更好地适应线上运营模式。

另一方面，在产品服务上，林清轩根据先前利用数字化手段应对疫情的经验，通过快速修正的方式，在短短的7天里不断细化升级基于数字化手段的产品销售服务，致力于在最短的时间内完善向顾客传递产品和服务价值的方式和体系。在“钉钉+手淘”智能导购、微信+小程序商城、直播和短视频等原来的动作上，林清轩全面“all in”线上，实现全员天猫直播、云集上线、蘑菇街直播、B站带货、总部小程序分销。

第二，良品铺子危机学习过程中的快速修正。良品铺子的快速修正体现在品牌矩阵的调整以及渠道的完善。一方面，在品牌矩阵的快速修正上，为了更有针对性地触达消费者，满足消费者的细分需求，良品铺子聚焦于高端零食围绕孕妇、产妇、儿童、银发族、健身族等细分人群的不同需求快速调整品牌矩阵布局。例如，良品铺子为儿童群体创立了“良品小食仙”子品牌，并且以此推动了国内儿童零食团体标准《儿童零食通用要求》，为健身族群体创立了轻零食品牌“良品飞扬”，针对下午茶场景推出“良品茶歇”子品牌，相关新品自推出以来就快速成为市场新星，增速领先于其他品类。

另一方面，在渠道的完善上，良品铺子在武汉仍处于封城状态时便第一时间新增设立社交电商事业部，与超150名头部达人或明星主播深度合作，针对细分人群受众及消费场景，新建了直播脚本企划范式、自播检核机制、S级达人评估标准等作业规范，打造属于良品铺子独有的吃货少女嘤、呼叫营养师、良三口、少掌柜良妹等短视频IP矩阵，创造差异化的线上获客方式。同时，针对原有线下门店积累的顾客流量，良品铺子仅花两周时间就新建了支撑社区团购业务的社群运营系统“良品优选”，上线十天就发展了3万多团长，以激活私域流量。

第三，盒马危机学习过程中的快速修正。盒马的快速修正体现在探索新的顾客触达渠道。盒马改进了既有的配送模式与配送流程，在坚持线上线下同时营业的基础上，利用其供应链基础和创新基因，积极拓展新的社区消费场景，以实现各个场景之间的相互扩展，更多、更快触达消费者。

例如，疫情冲击下盒马原有的到家/到店两种模式，难以满足业务需要，盒马建立“流动超市”这一新型配送模式，针对运力限制创建灵活的消费者触达场域。以盒马会员店为中心，周边10千米范围内的小区为目标，通过以社区为单位的集体采购，把社区所有订单合并成一个大订单，由小区团长在盒马App内报名，提交商品并确认配送时间，每周两次由盒马配送至目标小区，由团长进一步分发，一次性满足整个小区的日常生活需求。这一新的配送模式不但能够提升配送效率，还能够降低对运力的需求，使现有运力高效运转，从而打破传统商超固定的空间限制。

第四，眉州东坡危机学习过程中快速修正。眉州东坡的快速修正体现在新业务的探索以及新制度的建立。一方面，新冠肺炎疫情导致市场环境和人们的消费习惯快速改变，这就倒逼眉州东坡在非常时期进行快速转型，企业成功推动了不少平时难以实施的创新业务。例如，眉州东坡紧急向北京市商务局申请办理零售业务的执照，之后在商超和社区创建“Mini店”，直接向顾客销售中央厨房的成品、半成品和食材，利用内部供应链的转型，原本只供应自家线下门店的食品拥有了独立的商标，从门店后厨拓展至家庭厨房，价格比堂食或外卖下降了30%。

另一方面，眉州东坡原有的线下门店也在同步进行制度性改革。比如，眉州东坡建立社区居民群，实施社区运营，推行团购、预订接龙等外卖活动，线下门店也因地制宜地重新设置制度，安排线上线下“双店长”，线上店长主要负责外卖的业务。线上线下双店长有各自独立的责任范围和经营法则，但又相互支持，共同完成菜品创新、服务创新等，从而实现了门店营业额的双增长。

（3）危机学习过程中的重复实践

在危机学习的过程中，重复实践是指企业在多个场景中应用能够有效应对危机的行动并对其进行持续优化的过程（Antonacopoulou and Sheaffe，2014；Antonacopoulou，2008a）。重复实践类似企业追求高效响应的一种训练制度，但不是简单地将新知识或新经验沉淀到多个场景（Antonacopoulou，2007；Geiger and Antonacopoulou，2009），在重复练习的模式下整合多个应用场景中发现的新知识（Ng et al.，2022），持续改进企业行为，从而提高组织应对威胁与回应机会的能力。

具体而言，第一，林清轩危机学习过程中的重复实践。林清轩的重复实践一方面表现在利用数智工具进行产品销售上。例如，很多线下导购员转为线上主播时不会掌握聊天节奏，没有自信，缺少有效的内容输入，开始直播的时候仅有几个人观看。孙来春透露他曾偷偷进入自家线下导购的直播间，发现主播经验不足，妆容简陋，但是仍然坚持拼命地在讲。在这种坚定信念的支撑下重复练习，林清轩利用24小时轮换主播组合、不间断直播的重复方式显著提高了直播团队的能力，实现5~6个主播就能撑起一个直播间的工作。

另一方面，表现在数智工具在全国各省的推广上。在武汉100余名导购成功转为线上主播并大幅提高了武汉市场业绩的激励下，全国各地待业的导购主动复制他们成功的经验，纷纷运用数字化的工具，通过传递如何修复“口罩脸”等理念与顾客建立连接，寻找顾客的护肤需求与销售机会，并快速在全国337家门店组建了470个人的直播团队，更是在重复直播推广的基础上因地制宜地创造新的推广路径，通过开通公众号吸引粉丝，利用微博引流，通过种草短视频吸客等。

第二，良品铺子危机学习过程中的重复实践。线上和线下渠道资源交叉重组帮助企业在新冠肺炎疫情出现后构建与用户交互的全方位触点，做到及时、准确地响应用户需求。在企业度过疫情早期“电商有订单无法发货、门店可发货无订单”的危机后，良品铺子一直在不同模式下重复练习线上和线下资源的融合，进一步探索更多的传统电商与传统门店相结合的运营模式。例如，良品铺子全国已有超过1 300家线下门店接入“轻店”模式。在此基础上，良品铺子衍生出多种模式重组线上和线下的资源，例如，围绕线下门店，良品铺子重点发力“门店+数字化”，在线下门店进行数字化升级后，围绕门店开展外卖运营、店圈社区团购、在线直播、会员在线服务等有别于传统电商平台的新模式。在线直播模式巧妙地将线下门店的场景与淘宝直播进行重组，与传统直播模式形成了鲜明的差异，也进一步传递了品牌形象。店圈社区团购将数智工具与线下门店积累的社群资源进行重组，主要释放门店社群的微信资源，以拼团的形式实现社群客户裂变，从而积累大批忠实顾客，保持用户黏性，而这些顾客会多次复购，关键时刻给店铺带来不错的销量。

第三，盒马危机学习过程中的重复实践。重复实践是盒马在新冠肺炎疫情期间寻求快速扩张的关键，在初步缩短线下触达消费者的距离后，盒马一直在不同模式下重复练习线下业务分流。流动超市模式帮助盒马在疫情期间为消费者提供了高效的生鲜商品的保供，同时也降低了盒马自身的运力压力，因此这一模式被盒马保留下来助力盒马搭建社区团购赛道，并持续在多个社区场景中对社区团购进行微改良，利用自身App里的盒社群，将附近零散配送订单整合送至小区自提，形成规模化配送模式，节省运力。

在此基础上，盒马发展出更加精细化的社区服务，开发社区储货和社区奥莱店。疫情显著改变了消费者原有的消费习惯，其更注重食品安全性，希望囤购大包装商品以备应急，而且对商品的价格敏感性越来越强。因此，社区团购储货以盒马会员店为先导，每周向小区开放一次大包装商品的团购，主打性价比，而社区奥莱店则是在保证商品保质期、品质的前提下，大幅下调商品价格，多款商品价格甚至可以达到盒马门店的一半，甚至1/3。通过重复实践，盒马大幅缩短了与消费者的触达距离，创建新的线下场景，提高线下分流能力以更快速地接触并响应消费者的需求。

第四，眉州东坡危机学习过程中的重复实践。眉州东坡的重复实践表现在企业尝试重复练习多种餐饮零售业务的模式。例如，Mini

店、外卖等形式以高利用效率、高流动性、低成本等优势推动眉州东坡的零售业务逐步成型，短短一年，眉州东坡已经开设近500家Mini店铺，在门店外卖渠道的基础上，新增了直播、电商等新的零售渠道，通过在淘宝等直播平台教粉丝做东坡肉等眉州小吃与特色菜品，挖掘公共平台和私域流量资源，不但扩大了知名度，还提高了销量。

同时，持续创新各种类型的销售单品，在疫情期间，眉州东坡开发了23款新品，例如自热火锅、方便担担面等，通过电商、直播、菜站App、菜篮子小程序、迷你店等建立起完善的线上与线下交互的餐饮食品化、餐饮零售化、餐饮电商化的体系，沉淀出多场景、多时段、多渠道的业务模式。眉州东坡通过重复实践正在逐渐打破餐饮、食品、零售、电商的边界，加速传统餐饮向“餐饮+零售”模式的转型。

3.2.3 危机情境下的组织韧性

组织韧性是应对危机情境的一种核心能力（Alexander，2013），是指组织能够有效地预测、处理意外事件，从可能威胁其生存的危机中恢复过来，甚至促进未来成功的能力（Hillmann and Guenther，2021；Xie et al.，2022），是企业应对外部危机事件及其给企业带来的冲击，构建生存能力和竞争优势的关键。通过对现有文献与案例企业素材的迭代分析，本书发现组织韧性主要包括适应能力和预警能力两个方面：适应能力是指组织能够有效地吸收外部危机事件造成的冲击，从危机情境中快速恢复，并利用困境所带来的机遇实现组织转型和成长（McManus，2008；Lengnick-Hall et al.，2011）；预警能力是指组织能够关注内外部环境变化，识别发展趋势并理解这些信息如何影响组织（McManus，2008；Lee et al.，2013；Kantur and Iseri-say，2015）。具体来说，案例企业的组织韧性表现如下（典型例证见表3-6）。

表3-6　**危机情境下组织韧性典型证据援引表**

组织韧性	典型证据援引			
	林清轩	良品铺子	盒马	眉州东坡
适应能力	·如果把危机一词拆开，那就是危与机，危机并存、危中有机，林清轩正是抓住了这一点，不浪费任何一次危机，才能够在疫情期间实现业绩的逆势增长 ·2月3日一天钉钉上就新增了3 000多个会员粉丝，平时一天也就700~1 000人的规模，疫情期间反而增长迅速	·疫情对总部位于武汉的良品铺子影响是比较大的，但良品铺子线下门店开展门店社群业务，线上渠道通过抖音快手平台快速布局社交电商渠道，当时全年业绩保持平稳增长 ·2022年第二季度实现营收19.53亿元，同比增长5.73%，净利润1亿元，同比增长11.50%，良品铺子全渠道战略显现了市场控盘的稳定性	·这次疫情对实体零售业的冲击很大，尤其是餐饮业、购物中心，所以大量的企业会退出这个市场，对我们而言是个发展的机会 ·疫情导致大量沿街饭店倒闭，市场空出的门店对盒马是难得的机会，因此今年盒马开店速度会加快，而不是减缓	·身处在这样一个受疫情影响最大的行业里，这次的危机却创造了一个契机，让一家20多年的老公司重新焕发了活力。可能对眉州东坡而言，真的就是不破不立、破而后立 ·疫情本来是黑天鹅，但是眉州东坡这样以线下门店业务为主的公司，说被迫，也是主动把握机会，换到了新的业务场景
预警能力	·还有，当3月初预判疫情将趋于复杂时，孙来春早有预案，一周内将上海大仓货物分散至义乌、武汉、无锡三个仓，此举极大地解决了“发全国”问题 ·一定要把困难预计得更充分一点，把准备工作做得更足一点	·良品铺子此次成功的应对不但源于其表现在外的渠道优势，同样在于良品铺子对零食市场的理解、坚持以及对趋势的预判 ·有数据支撑后，这个情况（疫情）刚刚有点苗头的时候，我们就能预判到	·盒马有关负责人表示，5月28日盒马广州公司已做出预判，紧急进入保供一级状态，应急小组依据经验迅速落实各项工作 ·侯毅表示，盒马的应对是建立在对行业对环境的超前预判，未来的盒马应该是包罗万象的	·疫情给整个餐饮业带来了巨大的冲击，我们公司的店又有大部分都在北京，所以还受到了疫情的二次冲击，但这一次，我们的准备已经比两年前好多了。此次疫情应对的有效举措源于企业长期探索的自救之路，准备工作做到位，做充足

资料来源　作者根据相关资料整理。

第一，林清轩的组织韧性。在适应能力方面，林清轩在2020年面对新冠肺炎疫情黑天鹅带来的“至暗时刻”时，通过快速进行资源拼凑，并及时推进危机学习，基本快阵亡了的线下店铺在业绩上出现大逆转，疫情最严重的武汉，即使30多家门店全都闭店，依然取得了全国业绩第二的成绩。历经半年的“自救”，林清轩线下整体销售同比增长54%，“618”期间线上增长同比增长300%，不仅业绩大涨，知名度也大幅提升，获得未来资产、海纳亚洲创投基金SIG等风投的青睐，完成数亿元融资。当别人畏首畏尾选择收缩业务时，林清轩抓住疫情后批量出现的C位店铺，加速开拓新店，布局高端智慧门店，开疆拓土。如今的林清轩除了线下的模式，生成了庞大的线上业务，通过打通线上与线下的渠道，将线上作为流量入口，线下以服务和体验承接流量，再通过私域运营、客户管理等激活粉丝，增加客户黏性，提高客户复购率，并实现以老客户带新客户。

在预警能力方面，2022年初国内疫情多点散发，林清轩位于上海的总部也面临着上海封控管理的难题。林清轩的创始人孙来春充分预估到上海门店运营的困难，在疫情伊始便迅速部署工人进入工厂，实施闭环管理，并保留品牌主打产品的生产线，维持产能；快速向武汉、无锡、义乌等地的仓库进行分仓，保障全国的发货，确保物流畅通；同时，孙来春提前安排19名主播入驻办公室，并为他们在封控期间直播带货配置了全套直播设备，保障对消费者的高效触达。在封闭管理期间，林清轩凭借着对风险的充分预估，以及完善的准备工作，19名主播就完成了店铺90%的业绩，整体业绩同比增长14%。

第二，良品铺子的组织韧性。在适应能力方面，良品铺子在经历2020年新冠肺炎疫情对线下门店客流的冲击后，通过快速进行资源拼凑，并及时推进危机学习，顺势推动了线上线下的进一步融合，启动了门店的数字化升级，提升数字化全渠道优势，从经营渠道和经营商品向经营用户转型，使良品铺子的营收和利润在半年后就恢复正增长，线上业务实现营收18.62亿元，同比增长18.79%；在行业竞品纷纷关闭线下门店的时刻，良品铺子市场拓展步伐并未因疫情冲击而减速，在恢复营收的一个季度后新开门店420家，新开拓青岛、济南、贵阳、昆明等城市，覆盖19省、2直辖市162个城市；围绕单客离店经营，多维度拓展和经营店圈流量，沉淀私域用户，1年内使企业公众号净增粉丝269万人，同比增加81.2%，企微私域好友数达到1 606万人，离店业务终端销售额提高32.74%。

虽然新冠肺炎疫情暴发使企业的经营出现了较大的波动，但通过快速进行资源拼凑，并及时推进危机学习，良品铺子快速实现业绩稳中有涨。在预警能力方面，面对2022年国内疫情多点持续暴发、原材料上涨、经济下行等复杂市场背景，良品铺子充分预估了环境的变化趋势，基于其大单品、多品牌、全渠道的布局，保持持续稳健发展态势，营收同比增长10.72%，涨至48.95亿元。即便在消费淡季，良品铺子的业绩也保持了稳定的增长。

第三，盒马的组织韧性。在适应能力方面，盒马在经历2020年新冠肺炎疫情造成的店铺运维压力后，通过快速进行资源拼凑，并及时推进危机学习，进一步完善和拓宽了线下接触消费者的场景，以现有数字化优势和供应链优势为基础，启动线上线下双轮驱动。盒马不但闯过了生鲜行业的生死战，而且大有加速扩张之势，完成从一线和新一线城市向下沉市场进军，在北京、上海、深圳、合肥、济南等28个城市布局超300家门店，初步规模化已经完成；盒马通过危机应对过程中不断完善运营模式，针对目标客户打造差异化的精致消费场景也进一步提高了用户黏性，第十四届全球自有品牌产品亚洲展上发布的一份《2022年中国自有品牌蓝海战略白皮书》，报告显示，盒马以41%的主动提及率和93%的品牌认知度，拿下全渠道第一；阿里最新披露的财报显示，2023财年第一季度，盒马商品交易额逆势增长超30%，说明盒马打磨的商品和运营模式韧性十足。

在预警能力方面，例如，2022年北京虽然再次出现了大量市民囤货，盒马从山东、河北等多个直采基地增调商品到北京，备货量达到平日的4~5倍，实时追加人员全力保供，一线分拣人员增加70%，配送人员增加50%，并增加30%的运力。在国内疫情散点暴发的时候，因盒马及时做好信息预判并提前做好资源储备，盒马此次有条不紊地保障了生活必需品的供应。

第四，眉州东坡的组织韧性。在适应能力方面，眉州东坡在经历2020年新冠肺炎疫情带来的生存困境后，通过快速进行资源拼凑，并及时推进危机学习，实现了餐饮与零售的跨界融合，推动企业从传统餐饮向餐饮食品化、餐饮零售化、餐饮电商化转型。经此一战，眉州东坡不但在疫情初期的两个月内完成了8 000万元的营业收入，保证了现金流的稳定，抵抗住餐饮行业遭遇的重创，帮助企业保持正常、稳定的运营；而且抓住了中餐全产业链发展的机遇，基于“肉菜供应链+中央厨房+超市模式”，打通了全产业链，真正实现了从田间地头到百姓餐桌的全产业链布局。

在预警能力方面，当2022年北京再次遭遇新冠肺炎疫情影响时，眉州东坡早已充分做好了运用餐饮零售应对疫情的准备，在暂停堂食后马上就推出了明星爆款零售单品“乐山甜皮卤鸭”，通过爆款产品带动其他菜品在周边社区的销售，快速带动日客流量的恢复，助力眉州东坡在北京出现疫情时保证稳定的现金流。

3.3 结论与讨论

通过选取林清轩、良品铺子、盒马、眉州东坡4家企业进行探索性多案例分析，本章节的研究揭示了在外部危机事件给企业发展造成冲击的情况下，企业为应对危机而进行的资源拼凑，提炼了企业危机学习的维度，并系统分析了危机发生时，在资源拼凑与危机学习的共同作用下，企业组织韧性的形成机制。

3.3.1 危机发生时的资源拼凑

在面对重大公共灾害等意外式的危机带来的高不确定性和难以预测性时，企业表现出接受危机现实，并迅速做出反应，在这个过程中将危机计划付诸行动，并制订临时解决方案。此时，离不开意义创造与行动的结合，最重要的原则之一就是“拼凑”（Weick，1993；Ducher，2020）。通过对林清轩、良品铺子、盒马、眉州东坡4家案例企业的分析，本章节的研究发现为了快速应对重大公共灾害危机，企业表现出明显的资源拼凑行为。通过资源拼凑能够促进资源的重组和交叉，利用手边资源创造新的资源组合，以低成本的方式快速解决突发问题。与目前仅有的几位学者对危机情境下资源拼凑的探讨一致（苏芳等，2016；Santos et al.，2020），资源拼凑能够帮助企业在危机情境下解决资源短缺的问题并提高企业能力。案例企业盒马在面对重大公共灾害引发资源短缺危机时，通过拼凑外部关系网络中的资源，以低成本的方式整合最优资源的可行替代品，直面它们本来无法应对的新挑战。

然而与现有研究不同，本章节的研究通过案例分析发现，危机情境下资源拼凑能够应对的危机并不局限于资源匮乏（如图3-3所示）。突发性的重大公共灾害造成案例企业先前有效的资源配置在短期内失去作用（比如林清轩、良品铺子、眉州东坡的线下门店均无法开展经营活动以创造营业收入），也就是说企业原本具备完善的资源基础和配置，但是在危机事件的冲击下无法发挥其原有的作用和优势，给企业造成运营危机等一系列影响。

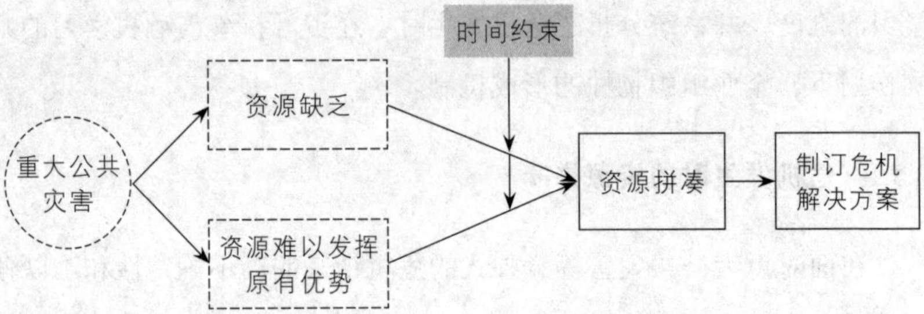

图3-3　危机情境下资源拼凑行为的作用

此时，案例企业没有拖延等找到最优资源才行动，而是基于现有的资源储备，通过资源拼凑灵活地创造新的资源组合，在危机出现后的最短时间内针对具体情况快速制订危机解决方案。林清轩、良品铺子、眉州东坡3家案例企业本身具备成熟的资源基础，能够支撑企业在面对危机时寻求更多的资源拼凑方案迅速调整产品服务，维持组织的稳定，在有限的时间内快速将危机带来的负面影响降至最低；同时，资源拼凑能够激活现有资源的使用价值，打破既往的认知、惯例和流程，帮助企业识别危机中蕴藏的机会，从而更好地解决威胁和抓住机会。

3.3.2　危机发生时企业危机学习的内在机理

危机中既包含威胁，又包含机遇，企业通过资源拼凑获得应对威胁与机遇的经验，但企业为应对危机所采取的资源拼凑行动通常被视为一种临时性的资源解决方案（Duchek，2020），这种危机响应经验会随着时间的推移而减弱，企业应通过危机学习及时将上述经验内化到原有知识体系中，根据这些知识采取行动，推动变化，优化和改进临时的资源行动（Busch and Barkema，2021），创建有利于企业在危机情境下长期应对威胁并抓住机会的正式资源组合，从而服务于企业在危机情境下塑造长期竞争优势。基于过程视角，本章节的研究将危机学习划分为危机反思、快速修正和重复实践3个方面（如图3-4所示）。

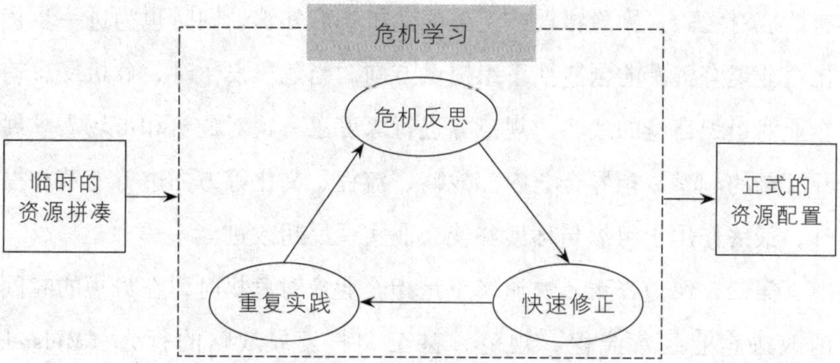

图3-4　危机情境下企业危机学习的内在机制

在危机学习的过程中，危机反思使企业系统分析和思考应对危机的经验，归纳总结有利于指导企业未来行动的知识；快速修正能使企业在最短的时间内改进企业经营流程、规范，甚至调整发展战略的行为，将有效的知识整合进原有知识体系；而重复实践强调以应用为导向的持续学习和持续改进，通过在更多的场景中复制和练习相关技能，能够对快速修正过程中所确定的知识体系、流程和方案予以验证，并回馈于新一轮的危机反思。通过危机反思、快速修正和重复实践的贯序循环，将资源拼凑过程中形成的有效但临时的知识固化并迁移到企业长期的经营活动中。

第一，危机反思。危机反思是对企业应对危机的经验进行系统分析和思考，归纳总结有利于指导企业未来行动的知识（Lee et al.，2020；Duchek，2020）。反思性学习在危机出现后立即触发，更好地评估危机，通过对危机进行学习并根据这种理解采取改进行动可以使企业在危机情境下达到一个新的平衡（Floetgen et al.，2021），有效应对危机带来的负面影响（Deverell，2009；Kovoor-Misra et al.，2000；Boin et al.，2016），并从外部危机事件中恢复，实现持续成长（Williams et al.，2017；Fasey，2021）。通过案例分析可以发现，危机反思使企业对危机情境产生更为清晰的认知，识别资源拼凑产生的有效应对经验，剔除错误或无效的危机响应知识，同时也为进一步优化企业现有资源的创造性重组提供方向。当危机发生时，危机反思使企业对组织自身的战略、规范等进行深度思考，对危机和市场需求展开深刻的洞察，指导企业内部战略、流程、文化等方面进行变革和提升，最终作用于组织与环境并使企业实现反超改进。

第二，快速修正。快速修正是指企业应对危机时，在最短的时间内改进企业经营流程、规范，甚至调整发展战略的行为（Meisiek and Stanway，2022；Chekkar-Mansouri and Onnee，2013）。与常规情境下的组织学习强调长期经验积累不同（Andersson and Evers，2015），危机事件的不可预测性和突发性会给企业的危机学习带来较大的时间压力，企业需要在有限的时间内从战略层面向业务层面推动组织变革（单宇等，2021），快速对原有知识体系进行迭代和更新。通过案例分析可以发现，快速修正更具主动性和探索性，通过快速修正能够使面临危机冲击的企业在强大的内部和外部压力下提升对危机事件和市场环境变化的反应力，引导企业把握机会、规避风险，有助于推动企业的运营活动在受到干扰后快速恢复至原有状态，并实现进一步改进，从而更好地适应外部环境的变化（Lee and Huang，2012）。

第三，重复实践。重复实践是指企业在多个场景中采取能够有效应对危机的行动并对其进行持续优化的过程（Antonacopoulou and Sheaffe，2014；Antonacopoulou，2008a）。通过重复实践，企业能够在有限的时间内，最大程度地扩大新知识在组织内部的嵌入规模，在内部持续快速“扩散”的过程中夯实企业应对威胁和回应机会的知识基础。通过案例分析可以发现，重复实践强调应用导向，能够推动有效的危机应对知识和经验在组织内部快速“扩散”，从空间维度出发，最大规模地实现危机应对的效果。值得注意的是，重复实践不是简单地将新知识或新流程传播到各个场景或部门，更为重要的是其是一个典型的学习过程（Eisenhardt and Martin，2000），类似企业追求高效响应的一种训练制度（Antonacopoulou and Sheaffer，2014），在重复练习的模式下整合多个应用场景中发现的新知识，持续改进和优化企业的行为模式，从而提高组织应对危机的能力。

3.3.3 危机情境下组织韧性的实现机制

危机事件的不可预测性和突发性会给企业带来较大的时间压力和资源压力（Tognazzo et al.，2016），扰乱和挑战组织运行秩序，使企业现有资源行动和组合无法发挥其原有的作用和优势，从而导致企业在危机情境中的生存能力降低，甚至难以维系企业的生存（Do et al.，2022）。对于遭遇危机事件冲击的企业而言，拥有较高组织韧性的企业更有可能从威胁其生存的危机中恢复过来，甚至实现未来成功（Hillmann and Guenther，2021；Xie et al.，2022）。

通过对4家案例企业进行分析，本章节的研究发现，重大公共灾害暴发给企业品牌、销售、业绩等方面造成危机时，企业通过资源拼凑及时应对危机，并通过危机学习的方式汲取资源拼凑过程中生成的危机应对经验，不断改进企业行为，从而构建组织韧性以应对威胁和抓住机会，促使企业更好地生存和发展。基于此，本书整合资源拼凑与危机学习理论探索组织韧性的实现机制，尝试构建“资源拼凑—危机学习—组织韧性”的理论框架，揭示企业在危机情境下实现转危为机的内在逻辑与微观机制（如图3-5所示）。

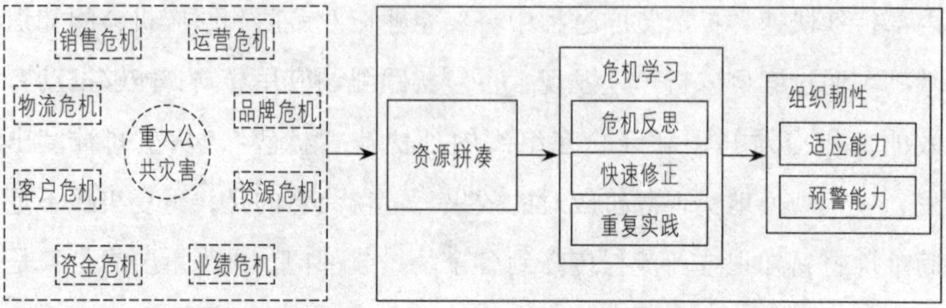

图3-5　危机情境下企业的组织韧性实现机制框架图

危机事件发生时，面对危机情境给业务连续性造成的冲击，企业需要应对持续更新组织能力的挑战，而这强调了企业灵活性的重要性。通过资源拼凑企业能够以低成本的方式快速且灵活地重组企业内外部可以触达的手边资源，从而快速形成解决危机的方案（Gittell et al.，2006；Madsen et al.，2006）。通过对资源拼凑过程中生成的危机应对经验进行学习，并根据这种理解采取改进行动可以使企业在危机情境下达到一个新的平衡（Floetgen et al.，2021），强化组织在危机中的复原力（路江涌和相佩蓉，2021）。危机学习是危机情境下企业资源拼凑与组织韧性之间的内在作用机制，通过案例分析可以发现，企业可以从资源拼凑的行动中吸收应对危机事件的知识和经验（Andersen，2008；An et al.，2018）。

一方面，手头现有资源的相关知识能够为企业的危机学习提供必要的知识基础；另一方面，通过现有资源创造新的资源组合时，企业可以交叉现有的平行知识库来创造使用或重组资源的新知识（Boxenbaum and Rouleau，2011），为企业危机学习提供持续更新的知识源，并最终作用于组织韧性，从而影响企业的长期发展。具体来看，组织韧性的表现聚焦于两个方面：适应能力与预警能力。适应能力使企业能够有效地应对冲击，从意外事件中快速恢复，并利用困境所带来的机遇实现组织持续成长（McManus，2008；Lengnick-Hall et al.，2011）；预警能力使企业能够关注内外部环境变化，识别发展趋势并理解这些信息如何影响组织，引导企业把握机会或规避风险，使企业在环境变化的早期快速做出反应。

3.3.4 案例研究总结与讨论

伴随着全球经济和政治格局的深刻变化，以及"黑天鹅"与"灰犀牛"等高影响率/低概率事件的频发（李平，2020；单宇等，2021），各类短期与长期风险叠加导致企业的稳定运营遭到破坏，如何提高组织韧性以应对外部危机事件给企业生存和发展带来的瞬时冲击，已经成为企业在危机情境下建构生存能力和竞争优势的关键。因此，探讨危机情境下企业如何通过资源拼凑与危机学习的迭代作用以实现组织韧性，对于解构企业在危机情境下保持稳定并持续成长具有重要的理论意义。

通过对林清轩、良品铺子、盒马、眉州东坡4家案例企业进行探索性多案例分析，本章节的研究得到以下几个结论：第一，危机发生时，企业可能面临先前成熟的资源配置在短期内难以发挥原有竞争优势，在资源压力与时间压力的影响下，企业接受危机现实，并迅速做出反应。此时，企业通过资源拼凑能够以低成本的方式及时、灵活地为企业应对危机提供多样性的资源解决方案。

第二，危机包含威胁与机遇双重属性，资源拼凑有助于企业在危机中识别新机会，通过资源拼凑所获得的危机响应经验有助于企业发现新的知识来抓住危机中的机会。但企业为应对危机所采取的资源拼凑行动通常被视为一种临时性的资源解决方案（Duchek，2020），这种经验会随着时间的推移而减弱，企业需要在危机发生时及时推动危机学习，将资源拼凑所形成的知识内化至企业原有的知识基础中，根据这些知识采取行动，持续优化和改进临时的资源行动，创建正式的资源组合。

第三，在危机情境下，企业短期导向的资源拼凑经过危机学习优化为企业在危机情境下长期应对威胁并回应机会的资源行动，在持续应对危机的过程中塑造组织韧性。

本章节研究的理论贡献主要表现在三个方面：第一，探索了危机情境下企业资源拼凑的作用，丰富了资源拼凑在危机情境下的研究。现有关于资源拼凑的研究主要聚焦于常规情境下探讨资源拼凑对企业成长的促进或抑制作用，但对危机情境下的资源拼凑关注不足。本章节的研究弥补了这一空白，发现在危机情境下，通过资源拼凑能够解决的问题并不局限于资源匮乏，当危机造成企业原有成熟资源储备的优势难以发挥作用时，通过资源拼凑可以更为灵活地创造新的资源组合，在危机出现后的最短时间内针对具体情况快速制订危机解决方案。

第二，本章节的研究揭示了危机情境下企业危机学习的内在机制，基于流程视角，提炼了危机学习过程中危机反思、快速修正和重复实践的重要作用，针对危机情境归纳了由外部危机事件引发的学习行为，为理解企业在危机管理过程中独特的学习机制提供了更为细致的描述，进一步拓展了危机学习理论的研究（Eismann et al.，2021；Antonacopoulou and Sheaffer，2014）。

第三，本章节的研究提炼了危机情境下组织韧性的构建机制，整合了资源和学习的视角，搭建了“资源拼凑—危机学习—组织韧性”的理论框架，弥补了现有关于组织韧性的研究单一考量资源或学习因素所导致的解释力不足，能够为后续危机情境下企业的应对与成长提供整合性的解释框架（Duchek，2020；李平、竺家哲，2021；Hoegl and Hartmann，2021）。

尽管本章节的研究对于危机情境下企业的资源拼凑、危机学习及其对组织韧性的影响做出了有益的探讨，但仍有一些不足之处有待继续完善。具体表现在：第一，面对重大公共灾害等危机的冲击，组织韧性的塑造也会受到组织内外部其他情境因素的共同影响，本章节的研究构建的“资源拼凑—危机学习—组织韧性”的框架没有综合考虑危机事件中其他固有的关键情境因素，需要在后续研究中进一步考虑。

第二，尽管本章节的研究搭建了“资源拼凑—危机学习—组织韧性”的理论框架，提炼了危机情境下组织韧性实现机制，但对于资源拼凑、危机学习与组织韧性具体维度之间的关系没有进行充分验证，有必要在后续研究中对具体维度之间的理论关系做进一步验证，以清晰厘清现象背后的理论规律。

第三，虽然本章节的研究严格遵循复制逻辑采用了多案例的设计进行探讨，以保证所得到的研究结论具有一定的可推广性，但为了充分验证本章研究的研究结论，仍有待在后续研究中利用大样本数据予以进一步的检验。

4

概念模型构建与研究假设发展

本章根据文献梳理与案例研究的结果，阐述“资源拼凑-危机学习-组织韧性”模型的理论逻辑，尝试从理论层面解释资源拼凑、危机学习与组织韧性构念之间的潜在逻辑与作用机制，在理论的指引下发展模型中相关构念之间作用关系的具体假设。进一步，鉴于危机情境作为本书的宏观背景导入条件，难以具体衡量。围绕重大公共灾害等危机事件发生的同时伴随着的企业外部环境变化与企业内部环境激活，本章节基于企业外部和企业内部，引入环境不确定性与组织的创造性氛围两个更加微观的情境因素，推导情境因素在组织韧性形成的整体模型中的调节作用，为进一步的大样本实证检验提供理论解释。

4.1 概念模型构建

根据理论文献与案例研究，本书搭建了“资源拼凑-危机学习-组织韧性”的主体理论框架。当危机发生时，企业表现出接受危机现实，并迅速做出反应，在这个过程中将危机计划付诸行动，并制订临时解决方案（Duchek，2020；Weick，1993）。资源拼凑能够挑战传统的资源行动惯例，创造新的、有价值的资源组合，重新分配资源以继续或重新启动业务应对市场环境的变化（Eismann et al.，2021），从而提高组织韧性。在危机中既包含威胁又包含机遇（Witmer et al.，2016；Kahn et al.，2018；单宇等，2021），企业通过资源拼凑获得响应威胁与机遇的经验，但由于资源拼凑是企业应对危机的临时解决方案，是一种短期导向的行为（Duchek，2020），危机响应经验会随着时间的推移而减弱，企业需要通过危机学习及时将上述经验内化到原有知识体系中，从而推动组织的优化和变革，持续改进行为才能有利于企业在危机情境下长期应对威胁并回应机会（Barton and Kahn，

2019)。因此，本书认为危机学习是资源拼凑与组织韧性间关键的中介机制。

当危机发生时，企业的资源拼凑响应行为会激发特定的企业危机学习内在机制，具体表现为危机反思、快速修正和重复实践这三个动作的贯序循环。企业通过危机反思、快速修正和重复实践的贯序循环，将资源在拼凑过程中形成的有效但临时的知识固化并迁移到企业长期的经营活动中。根据这些知识，企业对自身内外部的发展现状会形成更清晰的认知，采取行动并产生变化，从而促进企业产品、服务、流程等优化，推动新知识、新规范等嵌入组织更大的范围内。随着时间的推移，学习活动帮助企业改善适应性、灵活性和有效性（García-Morales et al.，2012），从而很好地响应外部环境的变化（Lee and Huang，2012）。企业的危机学习效果越好，越能提升自身对威胁与机遇的回应能力，从而塑造组织韧性，增强企业的生存能力和竞争优势。

另外，危机情境在本书中主要作为一种宏观背景的导入条件，是提出研究问题的一种宏观情境，较为抽象，在经验研究中也难以进行实证测量。为了从经验层面更严谨地考量情境因素对组织韧性形成机制的影响，本章紧密围绕危机，基于企业外部和企业内部，引入在发生危机时能够影响组织韧性塑造的微观情境因素。重大公共灾害等危机事件的发生同时伴随着企业外部环境的变化与企业内部环境的激活。从企业外部看，鉴于重大公共灾害等危机的突发性和不确定性，当重大公共灾害发生时，企业通常都伴随着外部环境的迅速改变，比如，疫情发生后消费者的行为方式、消费习惯、消费心理等显著发生改变，更强调便捷化、健康化、节约理智等；行业的商业业态、竞争格局等也都随之发生显著改变，这会进一步加剧企业预测外部环境变化的难度，直观表现在环境不确定性的增强。因此，本章节的研究选择了环境不确定性这一情境变量。另一方面，从企业内部看，重大公共灾害等危机发生后，为了应对危机，企业内部的环境也会伴随着危机事件的进行而被激活。比如，在新冠肺炎疫情发生后，为了避免员工出现焦虑、气势低迷等负面状态，企业通常会伴随着危机的发展激活组织的整体氛围以鼓励和支持员工积极的或创造性的行动，而非坐以待毙。这种伴随危机产生而激活的组织环境从经验层面来看更具象化，对危机发生时组织韧性形成的塑造也更直接。基于这种对积极或创造性行动的支持氛围，本章节的研究选择了组织的创造性氛围这一情境变量（如图4-1所示）。

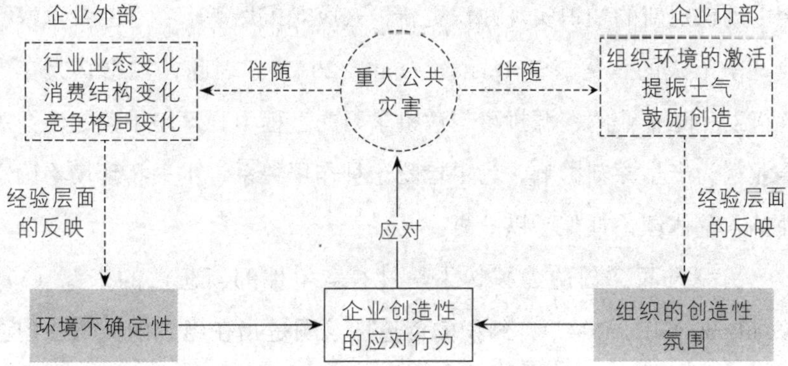

图4-1　情境变量的选择

一方面，环境不确定性是指企业由于缺少信息，对企业所处的外部环境或对市场需求、技术发展、竞争者等方面的变化感到无法预测的状态（Milliken，1987；McKelvie et al.，2009；俞仁智等，2015）。环境是企业生存和发展的场所，企业所处的环境可能比其他因素对战略决策、组织结构、流程规范、企业成长等方面的影响更大（Afshar Jahanshahi and Brem，2020；Temouri et al.，2022）。环境是企业必须面对的重要情境因素之一（López-Gamero et al.，2011；Tashman and Rivera，2015），企业需要密切监控和分析环境的变化及其所传递的信息才能生存和发展。但是高度动荡的环境提高了企业预测环境变化和信息的难度，增加了环境不确定性的强度。现有关于环境不确定性的研究指出，环境不确定性越强，企业面临的挑战越多，越需要更多资源来抓住机会或防御潜在风险（Bradley et al.，2011），会试图通过创建、扩展、修改或重新配置其资源基础来应对（Helfat et al.，2007）。特别是对危机情境中紧急事件诱发的不确定性，企业难以有效预测市场、行业竞争等层面的变化，将激发企业在时间压力下发挥即兴能力，寻求可行的应急解决方案（单标安等，2021）。而知识资源作为企业获取竞争优势的重要资源，当环境不确定性较高时，企业会主动识别新的知识实现知识更新，来应对市场需求、产品技术或行业竞争形式的变化（Shrivastava et al.，2015）。因此，本书认为在当危机发生时企业的资源拼凑与危机学习的过程中，环境不确定性会对企业行为产生深刻影响，为了检验这种作用关系，本书将环境不确定性纳入整体理论框架予以分析。

另一方面，创造力被认为是具有竞争性的新想法的来源（Van Woerkum et al.，2007），组织的创造性氛围是指在组织内部增强创造力的氛围（Ekvall and Ryhammar，1999；Cirella et al.，2016），其衡量模型涉及自由尝试完成工作的新想法，集体内部允许表达不同的观点，能够在组织中讨论、发展和启动新想法，能够在新举措上承担风险并将想法付诸行动，组织是一个具有活力的工作场所等多个方面（Ekvall，1996）。现有研究指出，组织的创造性氛围根植于组织工作环境中，创造性氛围越高越能在特定时刻产生有效的新想法，可能影响组织的动机和行为（Shirahada and Kazuma，2013），被认为是在挑战面前为组织适应和转型提供有利环境的必要条件（Mafabi et al.，2013；Stephenson et al.，2010）。一方面，组织的创造性氛围越高，组织越能够提供充足的资源支持新想法、奖励创新、容忍失败，推动企业在产品、流程等方面实现创新，进而影响企业发展。另一方面，创造性氛围越强，组织内部新知识的分享、整合与流动越频繁（Cirella et al.，2016；Samad，2010），激励企业学习新的想法（Antikainen et al.，2010；Yström et al.，2015）。因此，本书认为在危机发生时企业的危机学习与组织韧性构建过程中，组织的创造性氛围对组织韧性构建产生深刻影响，为了检验这种作用关系，本书将组织的创造性氛围纳入整体理论框架予以分析。

基于此，本书最终搭建的概念模型框架如图4-2所示。

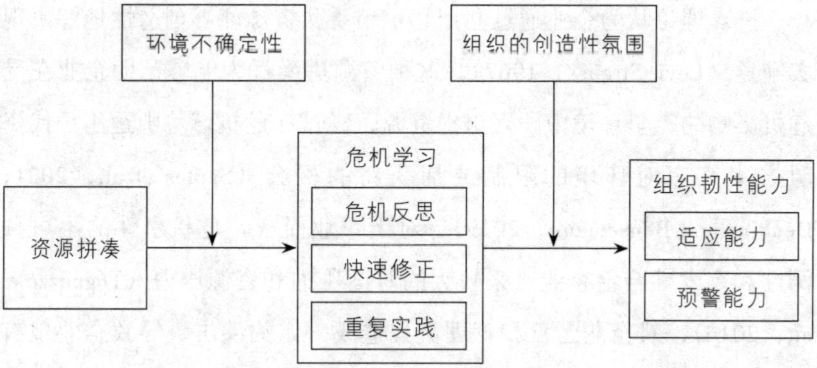

图4-2　资源拼凑、危机学习与组织韧性作用关系概念框架

4.2　研究假设发展

4.2.1　危机情境下企业资源拼凑与组织韧性

在危机情境下，企业表现出接受危机现实，并迅速做出反应，在这个过程中将危机计划付诸行动，并制订临时解决方案（Sharma and Iyer，2012；Williams et al.，2017）。面对危机时制订解决方案离不开意义创造与行动的结合，此时，最重要的原则之一就是“拼凑”：即

兴创作和创造性解决问题的能力（Weick，1993）。现有关于组织韧性的研究表明，企业的资源可用性是支持上述行动的关键（Ducher，2020）。资源基础观的研究将企业的竞争优势归结为企业拥有的有价值的、稀缺的、难以模仿的与不可替代的资源（Barney，1991），资源能够推动企业成长（Zupic and Drnovsek，2014）。但是资源基础观的研究基于一种静态视角，在危机情境下，企业需要发展适应环境动态变化的资源行动。因此，现有研究指出，企业可以通过资源拼凑实现这一动态的适应（Santos et al.，2021；苏芳等，2016）。

拼凑理论认为企业通过利用和重组手头资源能够创造性地解决现实问题（Levi-Strauss，1967），这种资源拼凑行为能够帮助企业在受危机影响的竞争环境中即兴组织资源，尝试在危机环境中运用替代资源方案来应对环境的限制或捕获新的机会（Santos et al.，2021；Deakins and Bensemann，2019）。对于企业而言，危机事件的不可预测性和突发性会给企业带来较大的时间压力和资源压力（Tognazzo et al.，2016），对企业运营和管理流程造成一定的冲击，导致企业现有资源行动和组合无法发挥其原有的作用和优势，甚至难以维系企业的生存（Do et al.，2022）。因此，在危机情境下企业通过资源拼凑以低成本的方式快速连接企业内外部可以触达的物质、人力、技能、网络等有形和无形资源，并对上述资源进行创造性重组（Sharma and Iyer，2012），建立新的资源组合，推动资源行动随着环境巨变而进行适应性重构，促进手头资源产生新的价值（于晓宇等，2017b），以快速对外部危机事件进行战略响应，从而提高企业在危机情境中的生存能力。

组织韧性是指组织能够有效地预测、处理意外事件，从可能威胁其生存的危机中恢复过来，甚至促进未来成功的能力（Hillmann and Guenther，2021；Xie et al.，2022），是企业应对危机情境的一种动态能力（Alexander，2013）。危机情境下的组织韧性包含不同维度，适应能力是指组织能够有效地吸收外部危机事件造成的冲击，从危机情境中快速恢复，并利用困境所带来的机遇实现组织转型和成长（McManus，2008；Lengnick-Hall et al.，2011）；预警能力是指组织能够关注内外部环境变化，识别发展趋势并理解这些信息如何影响组织（McManus，2008；Lee et al.，2013；Kantur and Iseri-say，2015）。伴随着全球经济和政治格局的巨变，特别是在新冠肺炎疫情等突发事件的扰动下，企业运营的商业环境日益混乱，严重影响企业的运营流程，企业面临着生存压力（Butterick and Charlwood，2021；Ketchen and Craighead，2020）。这种具有挑战性的环境迫使组织需要变得更具灵活性、适应性和组织韧性，以便在外部危机的冲击下生存并持续繁荣发展（Liu et al.，2019）。现有研究指出，通过有效的资源管理来应对风险是组织塑造韧性的关键（Richtnér and Löfsten，2014；Samuel et al.，2015）。

因此，在危机情境下企业通过资源拼凑，一方面，能够从现有资源集中发现新的资源组合，这些发现实际上嫁接了以前没有关注的资源利用想法，激活了现有资源的新使用价值（于晓宇等，2017b；Santos等，2021），为危机情境下的企业塑造了不同的资源基础，使其可以灵活地利用这些资源，针对具体情况快速实施响应措施，并迅速调整产品服务，以应对不断变化的商业环境，维持组织的稳定，有效地将危机带来的负面影响降至最低（Liu et al.，2019），同时，挑战传统的资源行动，打破既往的认知、惯例和流程（Gilbert，2005），开发新的机会（Sun et al.，2020），持续提高核心业务的盈利能力（Lee et al.，2013；Wong et al.，2021），从而推动企业实现更强劲的增长；另一方面，在危机情境下习惯于持续资源拼凑的企业能够快速预测市场上的意外情况，在其他公司“观望”的时候立即做出资源响应（冯文娜、陈晗，2022）。企业通过资源拼凑能够尝试各种资源可能性，随着危机情境的动态变化，企业持续重组资源组合的响应行动促使企业对现有市场环境的变化保持敏锐的感知，始终监控危机情境下行业内的机会和威胁，并预判行业的发展趋势。

基于此，本书提出如下假设：

H1：危机情境下企业资源拼凑正向影响组织韧性。

H1a：危机情境下资源拼凑对组织韧性中的适应能力具有正向影响。

H1b：危机情境下资源拼凑对组织韧性中的预警能力具有正向影响。

4.2.2 危机情境下企业资源拼凑与危机学习

现有研究指出在危机情境中蕴藏着威胁与机会双重属性（Witmer et al.，2016；Kahn et al.，2018；单宇等，2021），企业通过资源拼凑能够识别新的机会，在制订危机解决方案的过程中所获得的应对经验有助于企业发现新的思路捕获危机中的机会。但是资源拼凑是企业应对危机的临时解决方案，是一种短期导向的行为（Duchek，2020），从企业的长期发展考虑，需要及时推动学习行为，整合资源拼凑过程获得的应对危机的知识，将其迁移并固化进企业长期经营活动中，持续改进行为才能有利于企业在危机情境下长期应对威胁并回应机会（Barton and Kahn，2019）。这使得企业在危机发生时的学习活动更聚焦于危机学习，即发生在组织面临危机冲击时，由危机压力、不确定性和时间压力激活的，从解决问题和应对当前问题的决策活动中进行学习的过程（Moynihan，2009；Steen and Rønningsbakk，2021）。危机学习是组织危机管理与组织学习的连接与融合（Wang，2008；Boin et al.，2016），一方面，扰乱和挑战组织运行的危机情境是触发组织学习的关键因素（Schiffino et al.，2017），危机发生后组织管理危机的一项重要任务就是从危机中吸取经验（Lee et al.，2020）；另一方面，组织学习是管理组织危机的核心机制，从危机中吸取教训对于发展防止危机发生或限制其负面影响所需的能力至关重要（Rena and Christensen，2020；Carley and Harrald，1997）。

遵循现有的组织危机管理与组织学习研究，管理组织危机的学习机制存在两个先验假设，第一，组织通过利用危机事件产生的知识和经验来触发学习和变化（Baum and Dahlin，2007；Deverell，2010）；第二，在组织僵化和组织偏见的影响下，很难全面评估和了解危机（Eismann et al.，2021），这使得危机学习活动的开展并不简单，因此，挑战在于组织如何将危机经验转化进组织内部，并指导组织的危机应对活动。资源拼凑作为危机情境下企业的快速响应行为，企业可以从资源拼凑的行动中吸收应对危机事件的知识和经验（Andersen，2008；An et al.，2018），并将其转化为应对危机的能力。资源拼凑是一个过程，在这个过程中，企业需要不断地试验或尝试可以有效响应危机的资源解决方案，这些经历是企业进行危机学习的重要来源。一方面，企业通过资源拼凑可以对手头资源的有关知识加以重复利用；另一方面，利用资源拼凑创造性产生新资源组合时，企业可以交叉现有的平行知识库来创造使用或重组资源的新知识（Boxenbaum and Rouleau，2011），通过学习促进企业对上述新知识的吸收与沉淀。在危机情境下，企业通过吸收资源拼凑产生的知识和经验来实现组织的危机学习，以服务于企业的长期发展战略。

基于此，本书提出如下假设：

H2：危机情境下企业资源拼凑正向影响危机学习。

具体来看，危机发生时企业的危机学习是一个获取并将知识整合进公司知识体系的一个过程，因此，在这个过程中，危机学习的侧重点会有所不同，存在不同的行为机制。

第一，资源拼凑与危机学习过程中的危机反思。罕见的外部危机事件是促进危机学习的重要触发因素，其特点是因果关系和解决手段模糊不清。面对危机事件带来的高度不确定性和威胁，组织需要在强大的内部和外部压力下迅速做出行动（Pearson and Clair，1998；Rosenthal et al.，2002），为了能够高效地实施应对危机的行动，企业需要持续不断地吸收响应行动的知识和经验，通过危机反思识别组织的优势和劣势（Lee et al.，2020），思考组织在应对危机的过程中能够做什么以及需要做出什么改变（Christianson et al.，2009）。危机反思是指对组织应对危机的行动进行系统的评估与审查，指出战略、产品等方面的问题，并总结归纳有效的应对知识和经验（Lee et al.，2020；Shaw et al.，2007）。危机反思的实质是基于企业的资源拼凑行为，反思现有知识，比如某种资源的属性、优势、局限，以及多种资源之间的联系（欧绍华和查君君，2020），以寻求在尝试或试验不同的资源组合的过程中能够发现有效应对危机的知识和经验。危机反思可以指出战略、产品、供应链等方面的问题，为了保证危机反思能够实现，最重要的就是不断通过资源拼凑产生行为经历，基于上述行为反复探查和提炼有效应对危机的资源组合知识，迭代并排除错误的知识。在危机情境下企业通过资源拼凑，识别和考虑现有资源间的新联系，产生新颖与多样化的知识结构，能够丰富企业获取有效应对危机的知识与经验的来源，为危机反思的实现提供必要的知识基础。

基于此，本书提出如下假设：

H2a：危机情境下资源拼凑对危机学习过程中的危机反思具有正向影响。

第二，资源拼凑与危机学习过程中的快速修正。与常规情境下的组织学习强调长期经验积累不同（Andersson and Evers，2015），危机事件的不可预测性和突发性会给企业的危机学习行为带来较大的时间压力和资源压力，组织没有充足的时间进行论证。为了有效应对危机，企业需要在有限的时间内遵循从整体到局部的逻辑，从战略层面向业务层面推动组织变革（单宇等，2021），快速对原有知识体系进行迭代和更新，将通过资源拼凑获取的有效应对经验尽快整合进组织的正式知识结构内。而这一过程最重要的就是在面临时间限制的情况下通过快速修正的方式纠正组织及其程序中的差异（Madsen，2009），整合新知识，重新审视和设计产品或流程。快速修正是指企业通过快速整合有效的危机响应知识重新设计其产品或流程，以此固化危机应对经验并纠正组织内部的缺陷（Meisiek and Stanway，2023；Kamkhaji and Radaelli，2017）。危机发生时组织危机学习过程中的快速修正遵循双环学习逻辑，在快速变化的时期，管理人员可能会质疑组织现状，进而重构与组织目标相关的组织规范、战略和假设（Deverell，2009；Smith，2002）。事实上，这种快速修正也并不是毫无计划和依据，而是依赖企业的资源拼凑行为，通过资源拼凑能够发现与有效应对危机的策略和假设相关的知识，产生定义有效性能的规范知识，使企业依据不同的应对危机的需求，将运营、服务、产品等层面的知识快速整合进企业内部，为快速修正的顺利实施提供充足的知识基础。

基于此，本书提出如下假设：

H2b：危机情境下资源拼凑对危机学习过程中的快速修正具有正向影响。

第三，资源拼凑与危机学习过程中的重复实践。当危机发生时，企业在惯性的约束下可能抵制快速学习，抗拒修改后的规范、战略、假设和流程等（Lampel et al.，2009；Haunschild et al.，2015），这就要求企业在更多的场景重复运用有效的新知识，通过重复实践加强对新知识的理解和依赖，为新知识在企业内部的流动创造路径，推动新知识的扩散。重复实践是企业通过在多个应用场景中重复运用推动新知识扩散，并持续发现新知识进而持续优化危机应对行为的过程（Deverell，2009；Antonacopoulou and Sheaffe，2014）。基于知识的视角，重复实践的本质是企业依赖于资源拼凑所获取的、与企业保持稳定相关的、能够帮助企业有效应对外部危机并获取市场竞争优势的知识在企业内部快速流动。同时，重复实践不是简单地将新知识或新流程传播到各个场景或部门，更为重要的是这是一个典型的学习过程（Eisenhardt and Martin，2000），通过重复实践同样能够获取新的知识（魏江、焦豪，2007），在危机情境下，这种新知识的获取建立在企业在多个应用场景内重复推行过程中发现的新资源组合和有效的拼凑响应行动之上。因此，企业需要通过资源拼凑获取多场景、多层次的资源响应知识和经验，在应用的过程中吸收新的知识，活化不同应用场景中的知识经验和模块，持续地完善企业的危机响应行为。

基于此，本书提出如下假设：

H2c：危机情境下资源拼凑对危机学习过程中的重复实践具有正向影响。

4.2.3 企业危机学习与组织韧性

在一个威胁和脆弱性不断变化的世界里，参与危机管理的行为者需要不断学习，以转变他们的适应能力（Eriksson and Hallberg，2022）。危机学习的研究将危机带来的负面影响归因于管理缺陷（Mitroff，2002；Nystrom and Starbuck，1984），认为管理人员的反应是非理性的，可能出现判断错误，导致处理信息和决策的能力降低（Mitroff and Killman，1984；Pearson and Clair，1998）。因此，更好地评估危机，通过对危机进行学习并根据这种理解采取补救行动可以使企业在危机情境下达到一个新的平衡（Floetgen et al.，2021），有效应对危机带来的负面影响（Deverell，2009；Kovoor-Misra et al.，2000；Boin et al.，2016），并从外部危机事件中恢复，实现持续成长（Williams et al.，2017；周晓雪和崔淼，2020）。组织韧性的研究高度强调学习经验的重要性，学习有效经验是保持和改善绩效的关键（García-Morales et al.，2012），是提高组织韧性的必要手段（Bartuseviciene et al.，2022）。因此，通过危机学习能够促进组织韧性的发展（路江涌和相佩蓉，2021）。通过从现有威胁中学习，获取独特的经验能够促使企业转换为一种新的状态，使其更接近所追求的目标（Al-Ghattas and Marjanovic，2021；Sobaih et al.，2021；Floetgen et al.，2021）。危机发生时企业的学习活动促使企业深入了解现有的知识库，有针对性地识别、吸收和转化应对当前危机最有效的知识和经验，随着时间的推移，学习活动帮助企业改善适应性、灵活性和有效性（García-Morales et al.，2012），从而很好地响应外部环境的变化（Lee and Huang，2012）。企业的危机学习效果越好，越能提升对危机响应的效率和效果，以增强企业的生存能力和竞争优势。

基于此，本书提出如下假设：

H3：危机情境下企业危机学习正向影响组织韧性。

具体而言，面对危机事件带来的突变性和不确定性，企业危机学习表现出差异性的特征，危机学习的焦点也会不断发生变化，为了进一步验证危机学习与组织韧性的关系，本书将分别检验危机学习过程中的危机反思、快速修正和重复实践对组织韧性的作用关系。

危机反思能够使企业对危机情境产生比较清晰的认知（陈国权等，2013），迅速辨别应对外部事件意外干扰的有效方式。危机反思对于组织韧性的影响主要集中于两个方面：一方面，反思性学习在危机出现后立即触发（Lee et al.，2020），危机反思涉及对不同层次、不同部门的应急响应模式进行复盘并汲取经验（Christianson et al.，2009），在这个过程中逐步剔除错误或无效的危机响应知识，促使企业明确认识到哪些行动方案不能成功，避免再次尝试，从而提高组织应对危机和适应环境的效率。进一步，通过危机反思企业能够依据筛选出来的危机响应知识对组织自身的战略、规范等进行深度思考，指导企业内部战略、流程、文化等方面进行变革和提升，从而实现与环境共演、反超改进的效果（路江涌和相佩蓉，2021）。另一方面，反思性学习显著影响企业对危机、市场、客户等方面的认知，学习活动会创造出新的思维方式（Valaei et al.，2016；Xie et al.，2021），而且从危机中进行反思并获取的经验随时间衰减的速度较慢（Madsen and Desai，2010），因此，通过危机反思的方式能够使企业持续对危机和市场需求展开深刻的洞察，感知和解构相关信息，从而在危机早期做出及时响应，进而可能避免灾难（Weick和Sutcliffe，2001），提高组织对危机和市场、行业变化的预警能力。

基于此，本书提出如下假设：

H3a：危机情境下企业危机反思对组织韧性的适应能力具有正向影响。

H3b：危机情境下企业危机反思对组织韧性的预警能力具有正向影响。

快速修正是企业通过快速纠正内部缺陷的策略提升韧性最为有效的方式（Madsen，2009；Christianson et al.，2009），可以成功适应危机情境的组织其基本特征之一就是具备管理和解决缺陷的能力（Luscher et al.，2006；Smith and Lewis，2011），它能使企业在面临时间限制的情况下快速切换出有效响应危机的模式（Meisiek and Stanway，2023；Ng et al.，2022）。快速修正对组织韧性的影响主要集中在两个方面：一方面，危机情境下的快速修正遵循双环学习逻辑，不仅在既有规则下为组织内部的错误寻求解决方案，而且灵活地运用危机应对经验探索和改进组织的产品服务、流程规范等（Argyris et al.，1976），通过快速修正能够使面临危机冲击的企业在强大的内部和外部压力下提升对危机事件和市场环境变化的反应力，有助于推动企业的运营活动在受到干扰后快速恢复至原有状态（路江涌和相佩蓉，2021），帮助企业降低危机事件带来的负面影响（Boin et al.，2016），抓住在动荡环境中稍纵即逝的新机会，提高企业在危机情境中适应的能力。另一方面，危机学习过程中的快速修正更具主动性和探索性，需要企业依据危机变化进行纠正，因此快速修正机制运用较好的企业通常可以及时地监控和预测行业和市场的变化（Eriksson and Hallberg，2022），引导企业把握机会或规避风险，使企业在环境变化的早期快速做出反应，从而避免危机的冲击，并最终作用于组织预警能力的提升。

基于此，本书提出如下假设：

H3c：危机情境下企业快速修正对组织韧性的适应能力具有正向影响。

H3d：危机情境下企业快速修正对组织韧性的预警能力具有正向影响。

重复实践能够推动有效的危机响应知识和经验在组织内部快速流动，以最大规模地扩散危机应对的效果（Antonacopoulou and Sheaffer，2014；Geiger and Antonacopoulou，2009），在重复练习的模式下整合在多个应用场景中发现的新知识（Ng et al.，2022），持续迭代和创新选定的危机应对模式，从而提高组织应对危机的能力。重复实践对组织韧性的影响主要集中在两个方面：一方面，外部危机事件通常在短时间内快速扰乱和挑战组织的运行活动（Rosenthal et al.，2001；单宇等，2021），通过重复实践，企业能够在有限的时间内，最大程度地扩大新知识在组织内部的嵌入规模，在内部持续快速流动的过程中增强企业应对危机的知识基础，从而进一步巩固组织对危机变化和市场变化的适应性。同时，重复实践强调以应用为导向的持续学习和持续改进（Eisenhardt and Martin，2000；宝贡敏和龙思颖，2015），通过在更多的场景中复制和练习相关技能，并持续主动改进企业的响应行为，从而随着环境的动态变化不断提高组织的适应能力。另一方面，重复实践扩大了企业与外部环境的触点和频率，增加了内部活动与环境的连接，使企业能够在危机情境下增强对市场信息的监控与客户信息的洞察，从而把握在危机情境中蕴藏的机会或规避风险，提高组织对市场和行业变化的预警能力。

基于此，本书提出如下假设：

H3e：危机情境下企业重复实践对组织韧性的适应能力具有正向影响。

H3f：危机情境下企业重复实践对组织韧性的预警能力具有正向影响。

4.2.4 危机学习在资源拼凑与组织韧性间的中介作用

根据上述内容可知，危机情境下企业危机学习在资源拼凑与组织韧性之间可能起着中介作用，这是因为，危机学习能够将企业通过资源拼凑灵活且快速应对危机组织的经验转换为促进企业长期发展和成长的能力。具体来说，资源拼凑是企业应对环境剧变的有效手段（Santos et al.，2022；Shaheen et al.，2023；苏芳等，2016）。组织外部意外发生的危机事件可能引发环境剧烈改变，给组织正常的活动带来负面影响，这就要求组织在面对意外时能够立即采取行动（Weick，1993），在危机时期审查其内部流程并重新分配其内部资源（Sharma and Iyer，2012）。而具有拼凑能力的企业能够创造性地重组手头资源，以最小的资源获取成本拼凑形成新的资源组合（李雪灵等，2020），发现现有资源的新用途（George et al.，2012；Cunha et al.，2014），从而帮助企业解决问题或参与他们本来无法应对的新挑战（Steffenset al.，2023）。因此，危机情境下企业通过资源拼凑能够重组手头资源创建替代性的资源解决方案，从而在环境变化的第一时间实现快速响应，以解决组织的突发问题（Zheng et al.，2011），将组织受到的负面影响降到最低（Liu et al.，2019）。在这个过程中，企业能够挑战传统的资源认知、惯例和流程，开发新的机会（Sun et al.，2020），持续提高核心业务的盈利能力（Lee et al.，2013；Wong et al.，2021）。同时，习惯于拼凑的企业能够更快地监测市场上的意外情况，在其他公司“观望”的时候立即做出资源响应（冯文娜，陈晗，2022），意味着企业会对行业变化趋势、机会与威胁保持敏锐的感知。因此，危机情境下资源拼凑会影响组织韧性的形成。

但是，资源拼凑通常被视为一种暂时过渡的方法，可能低于标准或规范，是次优的解决方案（Steffens et al.，2023），随着时间的推移，如果挤占标准化资源或者陷入修复陷阱等可能出现限制企业成长的情况（Guo et al.，2018；Sonenshein，2014），企业需要通过及时激活学习能力，以保障资源拼凑在企业长期发展过程中的积极影响（Barkema，2021）；同时，资源拼凑也被视为交叉现有的平行知识库来创造新专业知识的独特过程（An et al.，2018；Boxenbaum and Rouleau，2011）。因此，在危机情境下，企业及时推进危机学习活动，能够快速将企业有效的危机应对经验，新资源组合的应用知识或创造知识等固化到组织中，纠正组织内部原有错误的假设，优化企业的产品、服务或流程等环节，促使企业转换为一种新的状态，使其更接近所追求的目标（Al-Ghattas and Marjanovic，2021；Sobaih et al.，2021；Floetgen et al.，2021）。在这个过程中，通过危机反思企业能够对行业、市场和企业内部的行动产生更清晰的认知和洞察（陈国权等，2013），感知和解构相关信息；通过快速修正为组织内部的错误寻求解决方案（Meisiek and Stanway，2023；Ng et al.，2022），而且灵活地运用危机应对经验探索和改进组织的产品服务、流程规范等；通过重复实践能最大程度地扩大新知识在组织内部的嵌入规模和流动范围，吸收不同应用场景中产生的新知识（Antonacopoulou and Sheaffer，2014；Geiger and Antonacopoulou，2009）。在此基础上开展的危机学习活动能够从临时的资源拼凑方案中获得启发，促使企业建立新的正式的资源行动，并通过持续学习不断优化资源行动，从而积极地影响企业的长期发展和未来成长，影响组织韧性的构建。

基于此，本书提出如下假设：

H4：危机情境下企业危机学习在资源拼凑与组织韧性之间存在中介作用。

H4a：危机学习在资源拼凑与适应能力之间存在中介作用。

H4b：危机学习在资源拼凑与预警能力之间存在中介作用。

4.2.5 环境不确定性的调节作用

环境不确定性是指企业由于缺少信息，对企业所处的外部环境或对市场需求、技术发展、竞争者等方面的变化感到无法预测的状态（Milliken，1987；McKelvie et al.，2011；俞仁智等，2015）。现有研究指出，外部环境的特征是企业生存的重要条件，企业需要保持与外部环境的紧密连接和互动，时刻关注环境变化所传递的信息才能持续发展（Temouri et al.，2022）。Milliken（1987）的研究指出环境不确定性的类型主要涉及三类：状态不确定性即企业难以预测环境发展的未来状态，影响不确定性即企业难以预测环境变化对组织内部的影响，响应不确定性即企业难以预测特定响应行为的后果。进一步，环境不确定性的强弱在一定程度上反映在企业对环境的感知和意识状态（张敏，2020），取决于企业是否有办法预测变化的复杂性、模糊性和动荡程度（简兆权等，2015）。环境不确定性是企业必须面对的重要权变因素之一（López-Gamero et al.，2011；Tashman and Rivera，2015；Afshar Jahanshahi and Brem，2020）。面对环境不确定性，企业会试图通过创建、扩展、修改或重新配置其资源基础来应对（Helfat et al.，2007），换句话说，环境不确定性会影响企业的资源行动（Shrivastava et al.，2016；侯曼等，2022）。特别是对危机情境中紧急事件诱发的不确定性，企业难以有效预测市场、行业竞争等层面的变化，将激发企业在时间压力下发挥即兴能力，寻求可行的应急解决方案（单标安等，2021），可见，环境不确定性是影响企业资源拼凑的重要因素。

环境不确定性越强，企业面临的挑战越多，越需要更多资源来抓住机会或防御潜在风险（Bradley et al.，2011），但同时环境不确定性也增加了资源获取难度（于晓宇、陈颖颖，2020）。危机情境下企业面临强烈的时间约束，当环境不确定性较强时，资源拼凑能够为企业提供低成本且快速地获取新价值资源的路径，使企业通过即兴而作的方式主动把握机会窗口，以期在危机事件、不确定和竞争激烈的市场环境中寻求成长的空间。进一步，知识资源作为企业获取竞争优势的重要资源，当环境不确定性较高时，企业会主动识别新的知识并实现知识更新，以应对市场需求、产品技术或行业竞争形式的变化（Shrivastava et al.，2016），需要更多调整自身产品、服务或流程以满足客户需求、匹配市场趋势（陈逢文，冯媛，2019），由此可见，环境不确定性越强将迫使企业从事学习活动，这无疑优化了企业资源拼凑的效果。也就是说，在危机情境下，当面临的环境不确定性高的时候，企业更倾向于通过资源拼凑及时应对不确定性，以获取有效的响应知识，为危机学习的顺利开展构建知识结构。因此，本书认为，环境不确定性会对危机情境下企业资源拼凑与危机学习之间的作用关系产生影响。

基于此，本书提出如下假设：

H5：环境不确定性对危机情境下企业资源拼凑与危机学习之间有调节作用。

H5a：环境不确定性正向调节资源拼凑与危机反思之间的关系。

H5b：环境不确定性正向调节资源拼凑与快速修正之间的关系。

H5c：环境不确定性正向调节资源拼凑与重复实践之间的关系。

4.2.6 组织的创造性氛围的调节作用

组织氛围是组织的一种属性，是指在组织环境中日常和集体出现的一系列态度、感觉和行为模式（Shirahada and Kazuma，2013；Ekvall，1996）。创造力是指在特定时刻产生有效的新想法的能力，被认为是具有竞争性的新想法的来源（Van Woerkum et al.，2007）。因此，组织的创造性氛围是指在组织内部增强创造力的氛围（Ekvall and Ryhammar，1999；Cirella et al.，2016），其衡量模型涉及自由尝试完成工作的新想法，集体内部允许表达不同的观点，能够在组织中讨论、发展和启动新想法，能够在新举措上承担风险并将想法付诸行动，组织是一个具有活力的工作场所等多个方面（Ekvall，1996）。组织的创造性氛围根植于组织工作环境中，可能影响组织的动机和行为（Shirahada and Kazuma，2013），被认为是在挑战面前为组织适应和转型提供有利环境的必要条件（Mafabi et al.，2013；Stephenson et al.，2010）。当组织具有创造性氛围时，组织能够为新想法的提出提供时间和资源，且奖励创新、容忍失败，推动企业在产品、流程等方面实现创新，从而增强组织韧性，而创造性氛围不佳的组织内部较为封闭，新想法也容易被忽视，造成组织内部难以产出创新和创造性的想法，影响组织的适应和转型，从而阻碍韧性的构建（Barasa et al.，2018；Mafabi et al.，2013；Stephenson et al.，2010）。同时组织的创造性氛围越强，组织内部新知识的分享、整合与流动越频繁（Cirella et al.，2016；Samad，2010），激励企业学习新的想法（Antikainen et al.，2010；Anna et al.，2015）在危机情境的冲击下，组织的创造性氛围可能影响组织危机学习的方式。因此，本书认为组织的创造性氛围会影响危机学习与组织韧性之间的关系。

基于此，本书提出如下假设：

H6：组织的创造性氛围对危机情境下企业危机学习与组织韧性之间存在调节作用。

本书认为危机学习是企业在依据对应急的资源响应行动以及对危机情境认知的基础上，形成的一套精准定位、快速迭代的学习模式。危机学习过程中的危机反思、快速修正和重复实践在应对危机情境时所体现出来的作用是存在差异性的。因此，组织的创造性氛围对于危机学习过程中的危机反思、快速修正和重复实践的影响也存在一定的差异性。

第一，组织的创造性氛围对于危机反思与组织韧性的影响。正如前文所述，危机反思聚焦于回顾过去的危机响应行为，对其进行复盘与批判（Lee et al.，2020；陈国权等，2013），以寻求吸收有效的知识和经验（Xie and Wang，2021）；而组织的创造性氛围更强调以创新为导向，产生有创造力的新想法（Anna et al.，2015）。外部危机事件通常在短时间内快速扰乱和挑战组织的运行活动（Rosenthal et al.，2001；单宇等，2021），企业面临较强的时间约束，此时组织的创造性氛围较高，企业可能更专注于在有限的时间内创造新的有价值的想法，反而忽略了对既有响应行为进行复盘和反思，从而影响了组织对先前知识和经验的汲取，导致企业的新想法可能仍然存在重复错误，进而影响企业对危机事件的响应。因此，组织的创造性氛围越高，越会抑制企业危机反思对组织韧性的正向影响。

基于此，本书提出如下假设：

H6a：组织的创造性氛围负向调节危机反思与适应能力之间的关系。

H6b：组织的创造性氛围负向调节危机反思与预警能力之间的关系。

第二，组织的创造性氛围对于快速修正与组织韧性的影响。高度创造性的组织氛围能够激发组织的创造性思维，产生既新颖又适应于环境变化的想法（Moultrie and Young，2009；Shah and Ali，2011），从而提高组织的适应能力并最终影响企业的市场绩效（Isaksen and Ekvall，2010；Yström et al.，2015）。在面临较高的创造性氛围时，一方面，创造性想法的提出离不开对现有情境的监控（Moultrie and Young，2009），高度创造性的氛围会提升企业对外部情境的洞察能力，另一方面，外部危机事件通常使企业面临巨大的时间压力（Rosenthal et al.，2002；单宇等，2021），危机学习过程中的快速修正能够快速将组织的新想法转化为应对危机的实际行动。因此，通过创造性氛围与快速修正行动的良性循环，我们从纵向时间维度快速提高企业对情境变化的适应性与合理预警的可能性，将组织韧性维持在较高水平。

基于此，本书提出如下假设：

H6c：组织的创造性氛围正向调节快速修正与适应能力之间的关系。

H6d：组织的创造性氛围正向调节快速修正与预警能力之间的关系。

第三，组织的创造性氛围对于重复实践与组织韧性的影响。现有研究广泛认同高度创造性的组织氛围能产生新的且对组织有价值的想法（George，2007；Isaksen and Ekvall，2010），与组织的高适应能力、高绩效等显著相关（Cirella et al.，2016）；而重复实践能够推动新的知识在组织内快速流动和扩散，扩大新想法的效果和嵌入范围，强调以应用为导向的持续学习和持续改进，从而扩大了企业与外部环境的触点和频率，增加了内部活动与环境的连接，促进了企业对市场的适应，对机会的把握以及对风险的预判。因此，当组织的创造性氛围较高时，企业倾向于通过创造性氛围与重复实践行动的良性循环，从横向空间维度快速提高企业对情境变化的适应性与合理预警的可能性，将组织韧性维持在较高水平。

基于此，本书提出如下假设：

H6e：组织的创造性氛围正向调节重复实践与适应能力之间的关系。

H6f：组织的创造性氛围正向调节重复实践与预警能力之间的关系。

基于以上分析，本书提炼出如下理论框架（如图4-3所示），并对资源拼凑、危机学习与组织韧性之间关系的假设进行了汇总（见表4-1）。

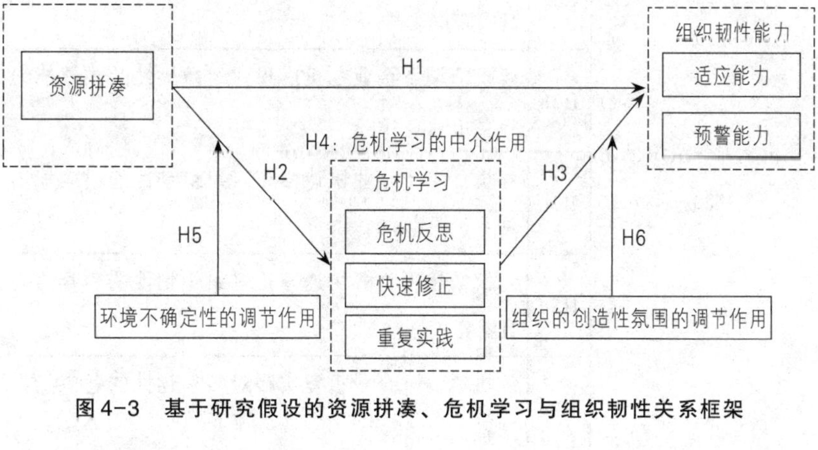

图4-3　基于研究假设的资源拼凑、危机学习与组织韧性关系框架

表4-1 **研究假设汇总**

影响路径	假设	假设内容
资源拼凑—组织韧性能力	H1	危机情境下企业资源拼凑正向影响组织韧性
	H1a	危机情境下资源拼凑对组织韧性中的适应能力具有正向影响
	H1b	危机情境下资源拼凑对组织韧性中的预警能力具有正向影响
资源拼凑—危机学习	H2	危机情境下企业资源拼凑正向影响危机学习
	H2a	危机情境下资源拼凑对危机学习过程中的危机反思具有正向影响
	H2b	危机情境下资源拼凑对危机学习过程中的快速修正具有正向影响
	H2c	危机情境下资源拼凑对危机学习过程中的重复实践具有正向影响
危机学习—组织韧性能力	H3	危机情境下企业危机学习正向影响组织韧性
	H3a	危机情境下企业危机反思对组织韧性的适应能力具有正向影响
	H3b	危机情境下企业危机反思对组织韧性的预警能力具有正向影响
	H3c	危机情境下企业快速修正对组织韧性的适应能力具有正向影响
	H3d	危机情境下企业快速修正对组织韧性的预警能力具有正向影响
	H3e	危机情境下企业重复实践对组织韧性的适应能力具有正向影响

续表

影响路径	假设	假设内容
危机学习—组织韧性能力	H3f	危机情境下企业重复实践对组织韧性的预警能力具有正向影响
危机学习的中介作用	H4	危机情境下企业危机学习在资源拼凑与组织韧性之间存在中介作用
	H4a	危机学习在资源拼凑与适应能力之间存在中介作用
	H4b	危机学习在资源拼凑与预警能力之间存在中介作用
环境不确定性的调节作用	H5	环境不确定性对危机情境下企业资源拼凑与危机学习之间存在调节作用
	H5a	环境不确定性正向调节资源拼凑与危机反思之间的关系
	H5b	环境不确定性正向调节资源拼凑与快速修正之间的关系
	H5c	环境不确定性正向调节资源拼凑与重复实践之间的关系
组织的创造性氛围的调节作用	H6	组织的创造性氛围对危机情境下企业危机学习与组织韧性之间存在调节作用
	H6a	组织的创造性氛围负向调节危机反思与适应能力之间的关系
	H6b	组织的创造性氛围负向调节危机反思与预警能力之间的关系
	H6c	组织的创造性氛围正向调节快速修正与适应能力之间的关系

续表

影响路径	假设	假设内容
组织的创造性氛围的调节作用	H6d	组织的创造性氛围正向调节快速修正与预警能力之间的关系
	H6e	组织的创造性氛围正向调节重复实践与适应能力之间的关系
	H6f	组织的创造性氛围正向调节重复实践与预警能力之间的关系

资料来源 作者根据相关资料整理。

5

研究设计与小样本测试

本章主要对理论模型中涉及的核心变量资源拼凑、危机学习、组织韧性、环境不确定性、组织的创造性氛围进行预测试，以支持之后开展的大样本检验。首先，围绕核心变量筛选已有的成熟量表，并结合探索性案例研究的数据分析，进行初始问卷的设计。其次，通过发放小样本数据对初始问卷进行预测试，与领域专家和企业高管进行讨论以修正和完善初始题项的内容，并利用统计分析软件对数据结果进行分析，甄选有效题项，以设计最终问卷。

5.1 问卷设计

本章研究的调研问卷采用“选择式”的提问格式，沿用间隔法尺度（李克特尺度），设计李克特7级量表让受访者做出选择，依据该问题与企业实际情况的符合程度选择合适的数字，其中，“1”代表非常不同意，“7”代表非常同意。间隔法尺度具有数据点之间间隔一致的优势，调查者可以利用这一尺度从事数量分析，是管理学问卷实证研究中强有力，也是被普遍应用的尺度。本节主要依据Churchill（1979）、Rattray和Jones（2007）以及罗胜强、姜嬿（2014）的建议进行问卷设计。

第一，明确核心变量资源拼凑、危机学习、组织韧性、环境不确定性、组织的创造性氛围的定义和内容，确定量表的测量目标。

第二，编写各个变量的备选题项，形成题项池。在这个过程中，主要梳理与核心变量相关的国内外信效度较高的成熟量表，特别注意英文量表问项的中文正确表达，采用中英互译的方式多次予以确认（Farh et al.，2006）。同时，基于第3章案例研究的数据分析内容和结论，通过归纳法的形式自下而上地设计原始题项或根据本章研究需要调整已有量表中的题项。

第三，邀请领域专家与部分企业高管对备选题项进行评审，通过与专家和高管进行多次讨论，以及研究小组对相关建议的内部讨论，来确认题项的内容、表达和用词是否合理，修正并完善不合理的题项。

第四，对编制好的量表进行预试，通过统计分析测试量表的信效度，甄选有效题项，以设计最终的调查问卷。

5.1.1 资源拼凑的测量

资源拼凑是指突破常规的解决办法，以最快的响应创造性地探索和挖掘现有资源的新属性和新用途，凑合利用并整合手边资源来解决问题或开发新机会（Baker and Nelson，2005；Di Domenico et al.，2010；Senyard et al.，2014；Reypens et al.，2021）。拼凑不是以最优作为标准，而是以合适作为标准，通过重组现有资源来实现有别于原始目的的新目标（Senyard et al.，2014；Reypens et al.，2021）。关于资源拼凑的测量，现有研究多数借鉴Senyard（2009），Senyard（2014），Davidsson等（2017）设计的量表，该量表经过了国内外学者的多次检验，比较成熟。虽然该量表的设计主要应用于创业企业，但是经过冯文娜等（2020）、何一清等（2015）等学者基于中国非创业企业数据的检验，仍具有较好的信效度，该量表在危机情境中的应用也初步得到了验证（Santos et al.，2020）。因此，本书依据Senyard（2009），Senyard（2014），Davidsson等（2017）的量表，借鉴张敏（2020）、于晓宇和陈颖颖（2020）、冯文娜等（2020）、秦剑（2012）等研究对该量表的翻译，并结合本书的背景对测量题项进行适当的修改，最终形成资源拼凑量表的8个预调研题项（见表5-1）。

表5-1　　资源拼凑的测量题项

变量	题项	内容
资源拼凑	RB1	面对新的挑战，我们公司很有信心通过利用现有资源找出可行的解决方案
	RB2	和其他企业相比，我们公司可以利用现有的资源应对更多的挑战
	RB3	我们公司善于利用现有的资源来应对新问题或新机会
	RB4	我们公司能够通过对现有资源和廉价获得的新资源的整合利用来应对新的挑战
	RB5	当我们面对新问题或新机遇时，我们会采取行动，因为我们相信我们会找到一个可行的解决方案
	RB6	通过整合现有的资源，我们公司能够成功应对任何新的挑战
	RB7	面对新的挑战，公司通过对现有资源进行新组合得到解决方案
	RB8	我们公司能够改变资源现有用途来应对新挑战

资料来源 作者根据相关资料整理。

5.1.2　危机学习的测量

本书的危机学习是指发生在组织面临危机冲击的过程中，由危机压力、不确定性和时间压力激活的，从解决问题和应对当前问题的决策活动中进行学习的过程（Moynihan，2009；Steen and Rønningsbakk，2021）。根据已有关于危机学习的研究，并结合第三章探索性案例研究的结论，本书将危机学习划分为危机反思、快速修正、重复实践三个维度。其中，危机反思是指对企业应对危机的经验进行系统分析和思考，归纳总结有利于指导企业未来行动的知识（Lee et al.，2020；Duchek，2020）；快速修正是指企业应对危机时，在最短的时间内改进企业经营流程、规范，甚至调整发展战略的行为（Meisiek and Stanway，2022；Chekkar-Mansouri and Onnee，2013）；重复实践是指企业在多个场景中应用能够有效应对危机的行动并对其进行持续优化的过程（Antonacopoulou and Sheaffe，2014；Antonacopoulou，2008a）。关于危机学习的测量，本书根据Smith和Elliot（2007），Deverell（2009），Antonacopoulou和Sheaffer（2014），Boin等（2016），Cucculelli和Betinelli（2016）等对危机学习的研究，结合陈国权（2009）、施涛和曾令凤（2015）、毛蕴诗和刘富先（2019）、Ragatz等（2002）、Baker和Sinkula（1999）、Rerup and Feldman（2011）、Yannopoulos等（2012）等关于组织学习的成熟量表，重点考虑本书探索性案例研究的数据分析，并与部分受访者进行了多次探讨，对现有成熟量表进行了情境化的调整和修正，最终在危机反思、快速修正、重复实践3个二级指标上形成危机学习的13个预调研题项（见表5-2）。

表5-2　**危机学习的测量题项**

变量	维度	题项	内容
危机学习	危机反思	LC1	当危机发生时，我们公司会反思目前危机应对经验的不足
		LC2	当危机发生时，我们公司会反思现有的产品、服务或管理实践
		LC3	当危机发生时，我们公司会反思对于市场和顾客的原有假设
		LC4	当危机发生时，我们公司会致力于分享有助于应对危机的关键信息
		LC5	当危机发生时，我们公司会总结经验并获取新知识

续表

变量	维度	题项	内容
危机学习	快速修正	LC6	当危机发生时，我们公司能够快速提出改进思路
		LC7	当危机发生时，我们公司会快速优化公司的流程或规范
		LC8	当危机发生时，我们公司会快速完善产品或服务
		LC9	当危机发生时，我们公司能够及时主动进行组织观念的变革
	重复实践	LC10	当危机发生时，我们公司会重复练习新创意或新行动
		LC11	当危机发生时，我们公司会多次对新创意或新行动加以改进
		LC12	当危机发生时，我们公司会多次运用新创意或新行动来解决现有市场问题
		LC13	当危机发生时，我们公司会不断运用新创意或新行动来开发新产品或新服务

资料来源 作者根据相关资料整理。

5.1.3 组织韧性的测量

组织韧性是指企业面对动态环境中产生的不利（有时是敌对的环境），能够有效地预测、避免、调整应对，最终随着时间的推移蓬勃发展的能力（Demmer et al.，2011；Sajko et al.，2020）。根据已有关于组织韧性的探讨，整合第3章案例研究收集的数据和分析的结论，本书将从适应能力和预警能力两个维度对组织韧性进行测量（Lee et al.，2013；Burnard et al.，2018）。适应能力是指组织能够有效地吸收外部危机事件造成的冲击，从危机情境中快速恢复，并利用困境所带来的机遇实现组织转型和成长（McManus，2008；Lengnick-Hall et al.，2011），强调组织韧性的防御属性与成长属性；预警能力是指组织能够关注内外部环境变化，识别发展趋势并理解这些信息如何影响组织（McManus，2008；Lee et al.，2013；Kantur and Iseri-say，2015），强调组织韧性的预期属性。关于组织韧性的测量，根据McManus（2008），Lee等（2013），Kantur和Iseri-say（2015）、Prayag等（2020），Xie等（2022），张秀娥和滕欣宇（2021）等对组织韧性的测量，结合本书第三章的案例分析，最终在适应能力和预警能力2个二级指标上形成组织韧性的7个预调研题项（见表5-3）。

表5-3　**组织韧性的测量题项**

变量	维度	题项	内容
组织韧性	适应能力	ORC1	在危机期间，我们公司能够灵活运用相应措施来承受意外事件造成的冲击，并维持组织运营的稳定性
		ORC2	在危机期间，我们公司能够灵活运用相应措施坚持并保持市场地位
		ORC3	在危机期间，我们公司研制替代方案以在不利环境中获取更高的销售额
		ORC4	在危机期间，我们公司灵活采取多样化的项目/产品/服务组合以利用意想不到的机会
		ORC5	风险应对意识根植于我们公司的组织文化
	预警能力	ORC6	我们公司能够主动关注行业动态和趋势，并对可能出现的问题进行预警
		ORC7	我们公司不仅能观察与识别环境变化中隐含的危机，而且能够挖掘未来潜在发展机会

资料来源 作者根据相关资料整理。

5.1.4 环境不确定性的测量

环境不确定性是指企业由于缺少信息，对企业所处的外部环境或对市场需求、技术发展、竞争者等方面的变化感到无法预测的状态（Milliken，1987；McKelvie et al.，2009；俞仁智等，2015）。环境不确定性主要涉及状态不确定性即企业难以预测环境发展的未来状态，影响不确定性即企业难以预测环境变化对组织内部的影响，响应不确定性即企业难以预测特定响应行为的后果，具体表现在技术、市场和竞争者等三个方面。根据Miller和Friesen（1983）、高洋等（2017）、Tashman和Rivera（2016）、Afshar Jahanshahi和Brem（2020）、侯曼等（2022）等研究的量表，最终形成了环境不确定性的6个预调研题项（见表5-4）。

表5-4　环境不确定性的测量题项

变量	题项	内容
环境不确定性	EU1	本行业的产品和服务的更新速度快
	EU2	本行业新产品流程的创新速度快
	EU3	本行业客户对服务和产品需求的变化速度快
	EU4	新老顾客产品需求的差异性很大
	EU5	本行业竞争对手行动的变化速度快
	EU6	本行业竞争者的行为越来越多样化

资料来源 作者根据相关资料整理。

5.1.5 组织的创造性氛围的测量

组织的创造性氛围是指在组织内部增强创造力的氛围（Ekvall and Ryhammar，1999；Cirella et al.，2016），创造力能够产生具有竞争性的新想法（Van Woerkum et al.，2007）。组织的创造性氛围根植于组织工作环境中，涉及自由尝试完成工作的新想法，集体内部允许表达不同的观点，能够在组织中讨论、发展和启动新想法，能够在新举措上承担风险并将想法付诸行动，组织是一个具有活力的工作场所等多个方面（Ekvall，1996），可能影响组织的动机和行为（Shirahada and Kazuma，2013），被认为是在挑战面前为组织适应和转型提供有利环境的必要条件（Mafabi et al.，2013；Stephenson et al.，2010）。根据Ekvall（1996），Stephenson等（2010），Mafabi等（2013），Barasa等（2018）等研究的量表，最终形成6个题项对组织的创造性氛围进行预调研（见表5-5）。

表5-5 **组织的创造性氛围的测量题项**

变量	题项	内容
组织的创造性氛围	OCC1	我觉得公司的氛围既注重任务的严肃性，又注重幽默
	OCC2	我觉得公司里的人即使提出新的想法和意见也不会受到批评
	OCC3	我经历过可以在项目中讨论不同意见、想法、经验和知识的情况
	OCC4	我觉得公司的氛围基本上是鼓励新的想法
	OCC5	我觉得这个组织有一种充满活力的氛围
	OCC6	我觉得公司允许我采取我认为最适合特定情况的行动来解决问题

资料来源 作者根据相关资料整理。

5.2 问卷小样本测试

本书在资源拼凑、危机学习、组织韧性、环境不确定性与组织创造性氛围变量的量表开发过程中，尽管通过探索性案例研究收集了测量内容，并充分借鉴了已有成熟量表，但为了保证研究的科学性和有效性，对所设计的问卷开展了小规模的预测试，检验修订初始问卷，形成最终的正式问卷。根据Oksenberg等（1991）的建议，预调研样本量在25份~75份之间，本书通过项目组调研团队在天津、北京、河北等地发放46份调研问卷，经过回收和筛选共获得35份有效问卷，本书将利用最终回收的35份有效问卷对题项进行检验。

5.2.1 小样本测试检验标准

小样本测试主要针对量表的信度和效度两个方面进行检验（见表5-6）。信度检验主要评估量表题项的一致性和稳定性，信度越好，量表的标准误就越低；效度检验主要评估测量结果与想要考察的内容之间的吻合程度。本书采用SPSS 22.0软件检验量表的信度和效度。在信度检验方面，本书通过信度分析，选择克隆巴赫Alpha和修正后总相关系数（CITC）两个指标评估量表的信度，当克隆巴赫Alpha大于0.7，修正后总相关系数（CITC）大于0.5时，表明该量表的信度达到可以接受的标准，不满足上述标准的题项在理论允许的范围内应该考虑予以删除。在效度检验方面，通过探索性因子分析，本书选择KMO值、Bartlett检验卡方值显著性、因子载荷、解释方差百分比、组合信度（CR）、平均方差萃取率（AVE）6个指标进行评估。当量表的KMO值大于0.6且Bartlett检验卡方值显著（sig<0.05）时表明该

量表符合进行探索性因子分析的检验条件，当量表的因子载荷大于0.7，解释方差百分比大于0.5，组合信度（CR）大于0.6，平均方差萃取率（AVE）大于0.5时，表明该量表的效度达到可以接受的标准，不满足上述标准的题项在理论允许的范围应该考虑予以删除，见表5-6。

表5-6 **小样本测试检验标准**

指标		可接受的标准	相关文献
信度	克隆巴赫Alpha	>0.7	Peterson（1994）
	修正后总相关系数（CITC）	>0.5	Henryson（1963）
效度	KMO值	>0.6	Kaiser（1974）
	Bartlett检验卡方值显著性	<0.05	
	因子载荷	>0.7	Tabachnick和Fidell（2007）
	解释方差百分比	>0.5	
	组合信度（CR）	>0.6	Hair（1994）
	平均方差萃取率（AVE）	>0.5	

资料来源 作者根据相关资料整理。

5.2.2 量表测试检验

（1）资源拼凑的量表测试检验

在初始量表中，资源拼凑的测量问项共有8个，接下来本书将对资源拼凑量表的信度和效度进行检验。

A.资源拼凑初始量表检验

从表5-7对资源拼凑量表的修正后总相关系数（CITC）和克隆巴赫Alpha系数分析结果可以发现，资源拼凑整体量表的克隆巴赫Alpha值为0.914，满足标准水平（大于0.7）；资源拼凑8个题项的修正后总相关系数（CITC）在0.609~0.817之间，达到标准水平（大于0.5)；综上，可以认为资源拼凑量表的信度得到了确保，见表5-7。

表5-7　　**资源拼凑量表的CITC和信度分析**

测试条目	修正后总相关系数（CITC）	删除该条目后的克隆巴赫Alpha	变量的克隆巴赫Alpha
资源拼凑1	0.802	0.895	0.914
资源拼凑2	0.611	0.911	
资源拼凑3	0.817	0.894	
资源拼凑4	0.690	0.906	
资源拼凑5	0.609	0.911	
资源拼凑6	0.730	0.902	
资源拼凑7	0.802	0.899	
资源拼凑8	0.611	0.900	

资料来源 作者根据相关资料整理，N=35。

通过对资源拼凑的量表进行KMO取样适当性和Bartlett's球形检验发现，资源拼凑预调研量表满足进一步开展探索性因子分析的要求，资源拼凑的KMO值为0.822（>0.6），满足测试标准；Bartlett's球形检验卡方值的显著性水平为0.000（<0.05），满足测试标准，见表5-8。

表5-8　　**资源拼凑量表的KMO值和Bartlett's球形检验**

KMO取样适当性		0.822
Bartlett's球形检验	近似卡方	194.966
	df	28
	Sig.	0.000

资料来源 作者根据相关资料整理，N=35。

资源拼凑量表探索性因子分析的结果见表5-9。从资源拼凑各个题项的因子载荷来看，资源拼凑题项1，题项3-8的因子载荷均大于0.7，满足测试标准，题项2的因子载荷为0.693（<0.7），不满足测试标准。从累积方差解释率来看，满足测试标准（>50%），为62.950%。从组合信度来看，满足测试标准（>0.6），为0.931。从平均方差萃取率来看，满足测试标准（>0.5），为0.630。通过检验资源拼凑预调研量表的信度和效度，删除题项2，确定资源拼凑变量的正式调研量表。

表5-9　　资源拼凑量表的探索性因子分析结果

变量	题项	因子载荷	组合信度	平均方差萃取率
资源拼凑	资源拼凑1	0.859	0.931	0.630
	资源拼凑2	0.693		
	资源拼凑3	0.877		
	资源拼凑4	0.759		
	资源拼凑5	0.701	0.931	0.630
	资源拼凑6	0.794		
	资源拼凑7	0.831		
	资源拼凑8	0.813		
特征值	5.036			
累积方差解释率	62.950%			

资料来源 作者根据相关资料整理，N=35。

（2）危机学习的量表测试检验

在初始量表中，危机学习包括危机反思、快速修正、重复实践三个维度，测量问项共有13个，本节分别就危机反思、快速修正、重复实践量表的信度和效度进行检验。

A.危机反思初始量表检验

从表5-10对危机反思量表的修正后总相关系数（CITC）和克隆巴赫Alpha系数分析结果可以发现，危机反思整体量表的克隆巴赫Alpha值为0.854，满足标准水平（大于0.7）；危机反思的后四个题项（危机反思2-5）的修正后总相关系数（CITC）在0.797～0.811之间，达到标准水平（大于0.5），题项1“当危机发生时，我们公司会反思目前危机应对经验的不足”的修正后总相关系数（CITC）为0.421，低于0.5的标准水平，可能的原因是企业在危机冲击下，短时间内更注重对有效经验的快速筛选。事实上，通过对小部分受访者的再次回访，他们也证实了这一推断，企业在瞬时危机冲击下更倾向于快速检索有效的应对经验，对于自身不足的思考，则更侧重于对市场、产品、顾客等认知上。根据量表净化原则，题项1应予以删除，删除题项1后危机反思量表的整体信度将会提升到0.884，因此将危机反思1删除。

表5-10 **危机反思量表的CITC和信度分析**

测试条目	修正后总相关系数（CITC）	删除该条目后的克隆巴赫Alpha	变量的克隆巴赫Alpha
危机反思1	0.421	0.884	0.854
危机反思2	0.761	0.797	
危机反思3	0.740	0.805	
危机反思4	0.743	0.810	
危机反思5	0.729	0.811	

资料来源 作者根据相关资料整理，N=35。

通过对危机反思的量表进行KMO取样适当性和Bartlett's球形检验发现，危机反思预调研量表满足进一步开展探索性因子分析的要求，见表5-11。危机反思的KMO值为0.708（>0.6），满足测试标准；Bartlett's球形检验卡方值的显著性水平为0.000（<0.05），满足测试标准。

表5-11　**危机反思量表的KMO值和Bartlett's球形检验**

KMO取样适当性		0.708
Bartlett's球形检验	近似卡方	83.744
	df	6
	Sig.	0.000

资料来源 作者根据相关资料整理，N=35。

危机反思量表探索性因子分析的结果见表5-12。从危机反思各个题项的因子载荷来看，危机反思题项2-5的因子载荷均大于0.7，满足测试标准。从累积方差解释率来看，满足测试标准（>50%），为74.898%。从组合信度来看，满足测试标准（>0.6），为0.923。从平均方差萃取率来看，满足测试标准（>0.5），为0.749。通过检验危机反思预调研量表的信度和效度，采用危机反思题项2-5确定危机反思变量的正式调研量表。

表5-12　**危机反思量表的探索性因子分析结果**

变量	题项	因子载荷	组合信度	平均方差萃取率
危机反思	危机反思2	0.900	0.923	0.749
	危机反思3	0.879		
	危机反思4	0.864		
	危机反思5	0.817		
特征值	2.996			
累积方差解释率	74.898%			

资料来源 作者根据相关资料整理，N=35。

B.快速修正初始量表检验

从表5-13对快速修正量表的修正后总相关系数（CITC）和克隆巴赫Alpha系数分析结果可以发现，快速修正整体量表的克隆巴赫Alpha值为0.882，满足标准水平（大于0.7）；快速修正4个题项的修正后总相关系数（CITC）在0.587～0.854之间，达到标准水平（大于0.5）；综上，可以认为快速修正量表的信度得到了确保。

表5-13 **快速修正量表的CITC和信度分析**

测试条目	修正后总相关系数（CITC）	删除该条目后的克隆巴赫Alpha	变量的克隆巴赫Alpha
快速修正1	0.854	0.805	0.882
快速修正2	0.797	0.828	
快速修正3	0.756	0.845	
快速修正4	0.587	0.903	

资料来源 作者根据相关资料整理，N=35。

通过对快速修正的量表进行KMO取样适当性和Bartlett's球形检验发现，快速修正预调研量表满足进一步开展探索性因子分析的要求，见表5-14。快速修正的KMO值为0.785（>0.6），满足测试标准；Bartlett's球形检验卡方值的显著性水平为0.000（<0.05），满足测试标准。

表5-14 **快速修正量表的KMO值和Bartlett's球形检验**

KMO取样适当性		0.785
Bartlett's球形检验	近似卡方	79.862
	df	6
	Sig.	0.000

资料来源 作者根据相关资料整理，N=35。

快速修正量表探索性因子分析的结果见表5-15。从快速修正各个题项的因子载荷来看，快速修正题项1-4的因子载荷均大于0.7，满足测试标准。从累积方差解释率来看，满足测试标准（>50%），为73.995%。从组合信度来看，满足测试标准（>0.6），为0.919。从平均方差萃取率来看，满足测试标准（>0.5），为0.740。通过检验快速修正预调研量表的信度和效度，采用快速修正题项1-4，确定快速修正变量的正式调研量表。

表5-15　　**快速修正量表的探索性因子分析结果**

变量	题项	因子载荷	组合信度	平均方差萃取率
快速修正	快速修正1	0.927	0.919	0.740
	快速修正2	0.894		
	快速修正3	0.869		
	快速修正4	0.738		
特征值	2.960			
累积方差解释率	73.995%			

资料来源 作者根据相关资料整理，N=35。

C.重复实践初始量表检验

从表5-16对重复实践量表的修正后总相关系数（CITC）和克隆巴赫Alpha系数结果发现，重复实践整体量表的克隆巴赫Alpha值为0.915，满足标准（大于0.7）；重复实践4个题项的修正后总相关系数（CITC）在0.775~0.846之间，达到标准水平（大于0.5）；综上，可以认为重复实践量表的信度得到了确保。

通过对重复实践的量表进行KMO取样适当性和Bartlett's球形检验发现，重复实践预调研量表满足进一步开展探索性因子分析的要求，见表5-17。重复实践的KMO值为0.747（>0.6），满足测试标准；

Bartlett's球形检验卡方值的显著性水平为0.000（<0.05），满足测试标准。

表5-16　　重复实践量表的CITC和信度分析

测试条目	修正后总相关系数（CITC）	删除该条目后的克隆巴赫Alpha	变量的克隆巴赫Alpha
重复实践1	0.846	0.877	0.915
重复实践2	0.775	0.901	
重复实践3	0.796	0.895	
重复实践4	0.815	0.888	

资料来源 作者根据相关资料整理，N=35。

表5-17　　重复实践量表的KMO值和Bartlett's球形检验

KMO取样适当性		0.747
Bartlett's球形检验	近似卡方	107.894
	df	6
	Sig.	0.000

资料来源 作者根据相关资料整理，N=35。

重复实践量表探索性因子分析的结果见表5-18。从重复实践各个题项的因子载荷来看，重复实践1-4的因子载荷均大于0.7，满足测试标准。从累积方差解释率来看，满足测试标准（>50%），为79.906%。从组合信度来看，满足测试标准（>0.6），为0.941。从平均方差萃取率来看，满足测试标准（>0.5），为0.799。通过检验重复实践预调研量表的信度和效度，采用重复实践题项1-4，确定重复实践变量的正式调研量表。

表5-18　　　　**重复实践量表的探索性因子分析结果**

变量	题项	因子载荷	组合信度	平均方差萃取率
重复实践	重复实践1	0.914	0.941	0.799
	重复实践2	0.876		
	重复实践3	0.885		
	重复实践4	0.901		
特征值	3.196			
累积方差解释率	79.906%			

资料来源 作者根据相关资料整理，N-35。

（3）组织韧性的量表测试检验

在初始量表中，组织韧性包括适应能力和预警能力两个维度，测量问项共有7个，本节分别就适应能力和预警能力量表的信度和效度进行检验。

A.适应能力初始量表检验

从表5-19对适应能力量表的修正后总相关系数（CITC）和克隆巴赫Alpha系数分析结果可以发现，适应能力整体量表的克隆巴赫Alpha值为0.820，满足标准水平（大于0.7）；适应能力4个题项的修正后总相关系数（CITC）在0.614～0.722之间，达到标准水平（大于0.5）；综上，可以认为适应能力量表的信度得到了确保。

通过对适应能力的量表进行KMO取样适当性和Bartlett's球形检验发现，适应能力预调研量表满足进一步开展探索性因子分析的要求，见表5-20。适应能力的KMO值为0.757（>0.6），满足测试标准；Bartlett's球形检验卡方值的显著性水平为0.000（<0.05），满足测试标准。

表5-19　　适应能力量表的CITC和信度分析

测试条目	修正后总相关系数（CITC）	删除该条目后的克隆巴赫Alpha	变量的克隆巴赫Alpha
适应能力1	0.614	0.787	0.820
适应能力2	0.648	0.781	
适应能力3	0.722	0.735	
适应能力4	0.620	0.783	

资料来源 作者根据相关资料整理，N=35。

表5-20　　适应能力量表的KMO值和Bartlett's球形检验

KMO取样适当性		0.757
Bartlett's球形检验	近似卡方	48.399
	df	6
	Sig.	0.000

资料来源 作者根据相关资料整理，N=35。

适应能力量表探索性因子分析的结果见表5-21。从适应能力各个题项的因子载荷来看，适应能力题项1-4的因子载荷均大于0.7，满足测试标准。从累积方差解释率来看，满足测试标准（>50%），为65.641%。从组合信度来看，满足测试标准（>0.6），为0.884。从平均方差萃取率来看，满足测试标准（>0.5），为0.657。通过检验适应能力预调研量表的信度和效度，采用适应能力题项1-4，确定适应能力变量的正式调研量表。

B.预警能力初始量表检验

从表5-22对预警能力量表的修正后总相关系数（CITC）和克隆巴赫Alpha系数分析结果可以发现，预警能力整体量表的克隆巴赫Alpha值为0.860，满足标准水平（大于0.7）；预警能力3个题项的修正后总相关系数（CITC）在0.694～0.821之间，达到标准水平（大于0.5）；综上，可以认为预警能力量表的信度得到了确保。

表5-21　　适应能力量表的探索性因子分析结果

变量	题项	因子载荷	组合信度	平均方差萃取率
适应能力	适应能力1	0.792	0.884	0.657
	适应能力2	0.808		
	适应能力3	0.857		
	适应能力4	0.782		
特征值	2.626			
累积方差解释率	65.641%			

资料来源 作者根据相关资料整理，N=35。

表5-22　　预警能力量表的CITC和信度分析

测试条目	修正后总相关系数（CITC）	删除该条目后的克隆巴赫Alpha	变量的克隆巴赫Alpha
预警能力1	0.694	0.854	0.860
预警能力2	0.708	0.830	
预警能力3	0.821	0.724	

资料来源 作者根据相关资料整理，N=35。

通过对预警能力的量表进行KMO取样适当性和Bartlett's球形检验发现，预警能力预调研量表满足进一步开展探索性因子分析的要求，见表5-23。预警能力的KMO值为0.692（>0.6），满足测试标准；Bartlett's球形检验卡方值的显著性水平为0.000（<0.05），满足测试标准。

表5-23　　**预警能力量表的KMO值和Bartlett's球形检验**

KMO取样适当性		0.692
Bartlett's球形检验	近似卡方	49.627
	df	3
	Sig.	0.000

资料来源　作者根据相关资料整理，N=35。

预警能力量表探索性因子分析的结果见表5-24。从预警能力各个题项的因子载荷来看，预警能力题项1-3的因子载荷均大于0.7，满足测试标准。从累积方差解释率来看，满足测试标准（>50%），为78.760%。从组合信度来看，满足测试标准（>0.6），为0.917。从平均方差萃取率来看，满足测试标准（>0.5），为0.788。通过检验预警能力预调研量表的信度和效度，采用预警能力题项1-4，确定预警能力变量的正式调研量表。

表5-24　　**预警能力量表的探索性因子分析结果**

变量	题项	因子载荷	组合信度	平均方差萃取率
预警能力	预警能力1	0.859	0.917	0.788
	预警能力2	0.873		
	预警能力3	0.929		
特征值	2.363			
累积方差解释率	78.760%			

资料来源　作者根据相关资料整理，N=35。

（4）调节变量的量表测试检验

A.环境不确定性初始量表检验

从表5-25对环境不确定性量表的修正后总相关系数（CITC）和克隆巴赫Alpha系数分析结果可以发现，环境不确定性整体量表的克隆巴赫Alpha值为0.854，满足标准水平（大于0.7）；环境不确定性6个题项中，题项1、2、3、5的修正后总相关系数（CITC）在0.673~0.790之间，达到标准水平（大于0.5），题项4“新老顾客产品需求的差异性很大”和题项6“本行业竞争者的行为越来越多样化”的修正后总相关系数（CITC）分别为0.411和0.496，低于0.5的标准水平；可能的原因是在外部危机事件带来的瞬时冲击，给企业带来巨大的时间压力，因此企业感知到的环境不确定性更侧重于变化速度，而非差异性，事实上，通过案例分析也可以发现，当危机发生时，行业竞争对手间的应对行为会有趋同的趋势，差异化并不显著。根据量表净化原则，需要删除题项4和6。

表5-25　**环境不确定性量表的CITC和信度分析**

测试条目	修正后总相关系数（CITC）	删除该条目后的克隆巴赫Alpha	变量的克隆巴赫Alpha
环境不确定性1	0.790	0.803	0.854
环境不确定性2	0.753	0.806	
环境不确定性3	0.771	0.803	
环境不确定性4	0.411	0.876	
环境不确定性5	0.673	0.824	
环境不确定性6	0.496	0.853	

资料来源 作者根据相关资料整理，N=35。

通过对环境不确定性的量表进行KMO取样适当性和Bartlett's球形检验发现，环境不确定性预调研量表满足进一步开展探索性因子分析的要求，见表5-26。环境不确定性的KMO值为0.792（>0.6），满足测试标准；Bartlett's球形检验卡方值的显著性水平为0.000（<0.05），满足测试标准。

表5-26 **环境不确定性量表的KMO值和Bartlett's球形检验**

KMO取样适当性		0.792
Bartlett's球形检验	近似卡方	90.031
	df	6
	Sig.	0.000

资料来源 作者根据相关资料整理，N=35。

环境不确定性量表探索性因子分析的结果见表5-27。从环境不确定性各个题项的因子载荷来看，环境不确定性题项1-3、5的因子载荷均大于0.7，满足测试标准。从累积方差解释率来看，满足测试标准（>50%），为78.104%。从组合信度来看，满足测试标准（>0.6），为0.934。从平均方差萃取率来看，满足测试标准（>0.5），为0.781。通过检验环境不确定性预调研量表的信度和效度，采用环境不确定题项1-3、5，确定环境不确定性变量的正式调研量表。

表5-27 **环境不确定性量表的探索性因子分析结果**

变量	题项	因子载荷	组合信度	平均方差萃取率
环境不确定性	环境不确定性1	0.933	0.934	0.781
	环境不确定性2	0.881		
	环境不确定性3	0.869		
	环境不确定性5	0.849		
特征值	3.124			
累积方差解释率	78.104%			

资料来源 作者根据相关资料整理，N=35。

B.组织的创造性氛围初始量表检验

从表5-28对组织的创造性氛围量表的修正后总相关系数（CITC）和克隆巴赫Alpha系数分析结果可以发现，组织的创造性氛围整体量表的克隆巴赫Alpha值为0.815，满足标准水平（大于0.7）；组织的创造性氛围4个题项（题项3、4、5、6）的修正后总相关系数（CITC）在0.577~0.744之间，达到标准水平（大于0.5）；但组织的创造性氛围的题项1“我觉得公司的氛围既注重任务的严肃性，又注重幽默”与题项2“我觉得公司里的人即使提出新的想法和意见也不会受到批评”的CITC值分别为0.470和0.409，低于0.5的标准水平，根据量表净化原则，该题项1与题项2应予以剔除。

表5-28　　**组织的创造性氛围量表的CITC和信度分析**

测试条目	修正后总相关系数（CITC）	删除该条目后的克隆巴赫Alpha	变量的克隆巴赫Alpha
组织的创造性氛围1	0.470	0.809	0.815
组织的创造性氛围2	0.409	0.824	
组织的创造性氛围3	0.577	0.788	
组织的创造性氛围4	0.744	0.747	
组织的创造性氛围5	0.602	0.781	
组织的创造性氛围6	0.696	0.761	

资料来源　作者根据相关资料整理，N=35。

通过对组织的创造性氛围的量表进行KMO取样适当性和Bartlett's球形检验发现，组织的创造性氛围预调研量表满足进一步开展探索性因子分析的要求，见表5-29。组织的创造性氛围的KMO值为0.772（>0.6），满足测试标准；Bartlett's球形检验卡方值的显著性水平为0.000（<0.05），满足测试标准。

组织的创造性氛围量表探索性因子分析的结果见表5-30。从组织的创造性氛围各个题项的因子载荷来看，组织的创造性氛围题项3-6的因子载荷均大于0.7，满足测试标准。从累积方差解释率来看，满足测试标准（>50%），为67.517%。从组合信度来看，满足测试标准（>0.6），为0.892。从平均方差萃取率来看，满足测试标准（>0.5），为0.676。通过检验组织的创造性氛围预0调研量表的信度和效度，采用题项3-6，确定组织的创造性氛围变量的正式调研量表。

表5-29　**组织的创造性氛围量表的KMO值和Bartlett's球形检验**

KMO取样适当性		0.772
Bartlett's球形检验	近似卡方	53.458
	df	6
	Sig.	0.000

资料来源 作者根据相关资料整理，N=35。

表5-30　**组织的创造性氛围量表的探索性因子分析结果**

变量	题项	因子载荷	组合信度	平均方差萃取率
组织的创造性氛围	组织的创造性氛围3	0.735	0.892	0.676
	组织的创造性氛围4	0.825		
	组织的创造性氛围5	0.849		
	组织的创造性氛围6	0.872		
特征值	2.701			
累积方差解释率	67.517%			

资料来源 作者根据相关资料整理，N=35。

5.2.3　**正式问卷的确定**

经过预调研与小样本测试，在与研究团队充分论证和反复讨论的基础上，对资源拼凑、危机学习、组织韧性、环境不确定性与组织的创造性氛围的量表题项进行净化和修正，并调整了题项的表述与措辞，提升问卷题项的清晰度，在此基础上形成本书核心变量的正式调研问卷，见表5-31。

表5-31　　**正式调研问卷中研究变量的测量题项**

变量	题项	题项内容
资源拼凑	资源拼凑1	面对新的挑战，我们公司很有信心通过利用现有资源找出可行的解决方案
	资源拼凑3	我们公司善于利用现有的资源来应对新问题或新机会
	资源拼凑4	我们公司能够通过对现有资源和廉价获得的新资源的整合利用来应对新的挑战
	资源拼凑5	当我们面对新问题或新机遇时，我们会采取行动，因为我们相信我们会找到一个可行的解决方案
	资源拼凑6	通过整合现有的资源，我们公司能够成功应对任何新的挑战
	资源拼凑7	面对新的挑战，公司通过对现有资源进行新组合得到解决方案
	资源拼凑8	我们公司能够改变资源现有用途来应对新挑战
危机学习	危机反思2	当危机发生时，我们公司会反思现有的产品、服务或管理实践
	危机反思3	当危机发生时，我们公司会反思对于市场和顾客的原有假设
	危机反思4	当危机发生时，我们公司会致力于分享对应对危机有效的信息

续表

变量	题项	题项内容
危机学习	危机反思5	当危机发生时，我们公司会总结经验并获取新知识
	快速修正1	当危机发生时，我们公司能够快速提出改进思路
	快速修正2	当危机发生时，我们公司会快速优化公司的流程或规范
	快速修正3	当危机发生时，我们公司会快速完善产品或服务
	快速修正4	当危机发生时，我们公司能够及时主动进行组织观念的变革
	重复实践1	当危机发生时，我们公司会重复练习新创意或新行动
	重复实践2	当危机发生时，我们公司会多次对新创意或新行动加以改进
	重复实践3	当危机发生时，我们公司会多次运用新创意或新行动来解决现有市场问题
	重复实践4	当危机发生时，我们公司会不断运用新创意或新行动来开发新产品或新服务
组织韧性	适应能力1	当在危机期间，我们公司能够灵活运用相应措施来承受意外事件造成的冲击，并维持组织运营的稳定性
	适应能力2	在危机期间，我们公司能够灵活运用相应措施坚持并保持市场地位

续表

变量	题项	题项内容
组织韧性	适应能力3	在危机期间，我们公司研制替代方案以在不利环境中获取更高的销售额
	适应能力4	在危机期间，我们公司灵活采取多样化的项目/产品/服务组合以利用意想不到的机会
	预警能力1	风险应对意识根植于我们公司的组织文化
	预警能力2	我们公司能够主动关注行业动态和趋势，并对可能出现的问题进行预警
	预警能力3	我们公司不仅能观察与识别环境变化中隐含的危机，还能够挖掘未来潜在发展机会
环境不确定性	环境不确定性1	本行业的产品和服务的更新速度快
	环境不确定性2	本行业新产品流程的创新速度快
	环境不确定性3	本行业客户对服务和产品需求的变化速度快
	环境不确定性5	本行业竞争对手行动的变化速度快
组织的创造性氛围	组织的创造性氛围3	我经历过可以在项目中讨论不同意见、想法、经验和知识的情况
	组织的创造性氛围4	我觉得公司的氛围基本上是鼓励新的想法
	组织的创造性氛围5	我觉得这个组织有一种充满活力的氛围
	组织的创造性氛围6	我觉得公司允许我采取我认为最适合特定情况的行动来解决问题

资料来源 作者根据相关资料整理。

6

研究数据与实证分析

基于预调研结果所确定的正式问卷，本章节将大范围发放调研问卷，针对危机情境下企业的资源拼凑、危机学习、组织韧性、环境不确定性与组织的创造性氛围等数据进行收集。主要内容如下：(1) 说明数据的收集过程，并对所回收的数据进行描述性统计分析；(2) 评估资源拼凑、危机学习、组织韧性、环境不确定性以及组织的创造性氛围的信度与效度；(3) 基于验证性因子分析、回归分析检验理论模型中的主效应、中介效应、调节效应，根据分析结果检验第4章所提出的各个变量之间的假设关系。

6.1 研究数据的收集与特征描述

6.1.1 数据收集

本章研究的研究对象为因外部危机事件冲击而影响正常活动开展的企业，或对生存产生重大干扰的企业。因此，在数据收集的过程中，通过在问卷中设置筛选题项（是否受到外部突发危机事件的影响）来筛选合适且有效的样本企业。为了保证本章研究的信度和效度，在调研对象的选择上主要以中层以上管理者为主。本次调研依托于大学的研究平台，对问卷设计、问卷发放以及样本选择等方面进行了深度的前期论证，保障了本章研究数据收集的科学性和有效性，同时也为数据收集提供了一定的便利性。从2022年11月至2023年1月，本章研究共经历了3轮问卷发放，利用问卷星平台，从线上对北京、天津、河北、上海、辽宁等地的企业应对危机事件冲击的实践活动进行调查。最终，本章研究通过广泛地发放问卷，基于问卷星平台共计回收了324份问卷，剔除不满足条件的样本以及各个题项连续填写同样答案的无效样本，最终得到有效问卷279份，有效率为86.1%，样本量符合实证检验的要求（Chin and Newsted，1999）。

6.1.2 大样本的统计描述

（1）企业特征描述

文章研究对回收的279份有效问卷进行了统计分析，可以发现：第一，所收集的问卷涉及餐饮、零售服务、制造企业、教育行业等多个行业的数据，行业分布性很强，能够在一定程度上降低行业属性差异对研究结论的影响，提升研究结论的可靠性与可推广性；第二，在企业性质上，本次调研涵盖多种不同所有制类型的企业，其中，国有企业85家，民营企业119家，外资企业44家，合资企业12家，其他类型19家，民营企业占比最高，达到42.65%；第三，在企业规模上，受访对象的企业规模以1 001~2 000人以下的中小型企业为主，占36.56%；第三，在成立时间上，大部分企业都成立了超过10年，占比74.55%；第四，在销售收入上，大部分企业都实现了超过1亿元的销售收入，占比64.52%（见表6-1）。

表6-1 **样本企业的特征**

特征	类别	样本数量	占比（%）
企业性质	国有企业	85	30.47%
	民营企业	119	42.65%
	外资企业	44	15.77%
	合资企业	12	4.30%
	其他	19	6.81%
企业规模（员工人数）	100人及以下	70	25.09%
	101～500人	39	13.98%

续表

特征	类别	样本数量	占比（%）
企业规模（员工人数）	501~1 000人	25	8.96%
	1 001~2 000人	102	36.56%
	2 000人以上	43	15.41%
成立时间	2年及以下	19	6.81%
	3~5年	29	10.39%
	6~10年	23	8.24%
	10年以上	208	74.55%
销售收入	500万元及以下	45	16.13%
	501万~2 000万元	26	9.32%
	2 001万~5 000万元	13	4.66%
	5 001万~1亿元	15	5.38%
	1亿元以上	180	64.52%

资料来源 作者根据相关资料整理，N=279。

（2）研究变量的描述性统计

关键核心变量资源拼凑、危机学习、组织韧性、环境不确定性以及组织的创造性氛围的描述性统计分析结果见表6-2，主要包括均值、标准差、偏度、峰度值。

表6-2　　研究变量的描述性统计

构念	变量	题项	均值	标准差	偏度	峰度	变量\维度均值
资源拼凑		资源拼凑1	5.55	1.361	-0.804	0.198	5.428
		资源拼凑2	5.48	1.359	-0.667	-0.198	
		资源拼凑3	5.25	1.375	-0.578	-0.071	

续表

构念	变量	题项	均值	标准差	偏度	峰度	变量\维度均值	
资源拼凑		资源拼凑4	5.69	1.223	−0.787	0.065	5.428	
		资源拼凑5	5.21	1.430	−0.593	−0.076		
		资源拼凑6	5.46	1.271	−0.627	0.030		
		资源拼凑7	5.35	1.362	−0.723	0.269		
危机学习	危机反思	危机反思1	5.67	1.278	−0.939	0.719	5.595	5.294
		危机反思2	5.69	1.269	−0.949	0.705		
		危机反思3	5.53	1.280	−0.739	0.179		
		危机反思4	5.50	1.346	−0.758	0.132		
	快速修正	快速修正1	5.36	1.323	−0.511	−0.444	5.365	
		快速修正2	5.34	1.395	−0.690	−0.039		
		快速修正3	5.41	1.266	−0.484	−0.351		
		快速修正4	5.35	1.343	−0.502	−0.485		
	重复实践	重复实践1	5.04	1.573	−0.596	−0.261	4.922	
		重复实践2	4.83	1.614	−0.375	−0.701		
		重复实践3	5.13	1.505	−0.668	−0.170		
		重复实践4	4.70	1.670	−0.349	−0.678		
组织韧性	适应能力	适应能力1	5.22	1.434	−0.714	0.153	5.389	5.273
		适应能力2	6.13	0.979	−1.319	1.608		
		适应能力3	4.99	1.531	−0.508	−0.307		
		适应能力4	5.23	1.448	−0.737	0.202		
	预警能力	预警能力1	5.87	1.007	−0.986	0.743	5.157	
		预警能力2	6.83	0.540	−0.255	0.966		
		预警能力3	4.49	1.343	−0.637	−0.275		

续表

构念	变量	题项	均值	标准差	偏度	峰度	变量\维度均值
环境不确定性		环境不确定性1	5.40	1.064	0.071	-1.235	4.941
		环境不确定性2	5.81	1.053	-0.403	-1.058	
		环境不确定性3	5.67	1.096	-0.209	-1.270	
		环境不确定性4	5.51	1.052	-0.070	-1.193	
组织的创造性氛围		组织的创造性氛围1	4.48	0.500	0.094	-2.006	4.459
		组织的创造性氛围2	4.51	0.522	0.361	-0.254	
		组织的创造性氛围3	4.39	0.490	0.435	-1.824	
		组织的创造性氛围4	4.46	0.520	0.552	-0.065	

资料来源 作者根据相关资料整理，N=279。

通过对表6-2主要变量的描述性统计可以发现，各变量相关的数据分布符合正态分布的标准。具体来看，本章研究的各指标统计分布的偏度绝对值都低于2，满足数据正态检验标准（<3），而且峰度的绝对值均小于3，满足数据正态检验标准（<10）。因此，本章研究的调研数据可以进行下一步的数据分析。进 步，通过表6-2我们可以发现危机学习的变量中危机反思、快速修正、重复实践三个维度存在差异，其中危机反思和快速修正的得分相对较高，说明对危机学习而言，危机反思（5.595）和快速修正（5.365）可能更为重要，需要进一步地验证；组织韧性中的适应能力和预警能力两个维度也存在一定的差异。

6.2 数据质量评估

本节将应用统计分析软件SPSS 22.0和AMOS 26.0检验本章研究所收集的问卷数据质量，评估数据信度与效度。

6.2.1 数据信度评估

评估李克特量表的数据信度主要采用克隆巴赫Alpha系数，评估标准为>0.7。本章研究各个研究变量的克隆巴赫Alpha系数见表6-3。根据评估结果，所有变量的克隆巴赫Alpha系数介于0.733~0.943之间，满足标准。说明本章研究所获取的数据通过内部一致性检验，能够开展进一步的检验。

表6-3 **数据信度评估结果汇总表**

<table>
<tr><th colspan="2">变量及维度</th><th>问项条目</th><th colspan="2">克隆巴赫Alpha</th></tr>
<tr><td colspan="2">资源拼凑</td><td>资源拼凑1、资源拼凑2、资源拼凑3、资源拼凑4、资源拼凑5、资源拼凑6、资源拼凑7</td><td colspan="2">0.943</td></tr>
<tr><td rowspan="3">危机学习</td><td>危机反思</td><td>危机反思1、危机反思2、危机反思3、危机反思4</td><td>0.926</td><td rowspan="3">0.820</td></tr>
<tr><td>快速修正</td><td>快速修正1、快速修正2、快速修正3、快速修正4</td><td>0.917</td></tr>
<tr><td>重复实践</td><td>重复实践1、重复实践2、重复实践3、重复实践4</td><td>0.892</td></tr>
</table>

续表

<table>
<tr><th colspan="2">变量及维度</th><th>问项条目</th><th colspan="2">克隆巴赫 Alpha</th></tr>
<tr><td rowspan="2">组织韧性</td><td>适应能力</td><td>适应能力1、适应能力2、适应能力3、适应能力4</td><td>0.877</td><td rowspan="2">0.746</td></tr>
<tr><td>预警能力</td><td>预警能力1、预警能力2、预警能力3</td><td>0.733</td></tr>
<tr><td colspan="2">环境不确定性</td><td>环境不确定性1、环境不确定性2、环境不确定性3、环境不确定性4</td><td colspan="2">0.884</td></tr>
<tr><td colspan="2">组织的创造性氛围</td><td>组织的创造性氛围1、组织的创造性氛围2、组织的创造性氛围3、组织的创造性氛围4</td><td colspan="2">0.760</td></tr>
</table>

资料来源 作者根据相关资料整理，N=279。

6.2.2 数据效度评估

关于数据效度评估，本章研究主要从收敛效度和区分效度两个方面进行评估。在收敛效度方面，主要测量资源拼凑、危机学习、组织韧性、环境不确定性、组织的创造性氛围的组成信度和平均方差萃取率。根据Hair（1994）、Fornell和Larcker（1981），收敛效度检验应该满足三个标准："因素负荷量>0.5""组织信度（CR）>0.6""平均方差萃取率（AVE）>0.5"。在区别效度方面，根据Fornell和Larcker（1981）的建议，模型的区别效度检验应该满足每个潜变量的AVE值平方根应该大于该变量与其他变量之间的相关系数。

（1）数据收敛效度

A.资源拼凑的收敛效度评估

资源拼凑变量的数据收敛效度评估结果见表6-4。从资源拼凑变量的因素负荷量来看，资源拼凑题项1-7的因素负荷量均大于0.5，满足评估标准。从组合信度来看，满足测试标准（>0.6），为0.944。

从平均方差萃取率来看，满足标准（>0.5），为0.706。综上，资源拼凑量表满足标准，具有收敛效度。

表6-4 资源拼凑收敛效度评估结果

变量	题项	参数显著性估计				因素负荷量	组成信度	收敛效度
		Unstd.	S.E.	t-value	P	Std.	CR	AVE
资源拼凑	资源拼凑1	1.000				0.860	0.944	0.706
	资源拼凑2	0.995	0.053	18.911	***	0.856		
	资源拼凑3	0.952	0.056	17.135	***	0.810		
	资源拼凑4	0.865	0.049	17.773	***	0.827		
	资源拼凑5	1.052	0.055	19.095	***	0.861		
	资源拼凑6	0.957	0.048	19.925	***	0.881		
	资源拼凑7	0.912	0.056	16.209	***	0.783		

资料来源 作者根据相关资料整理，N=279。

B.危机学习的收敛效度评估

危机学习变量的数据收敛效度评估结果见表6-5。①危机反思的结果。从危机反思的因素负荷量来看，题项1-4的因素负荷量均大于0.5，满足评估标准。从组合信度来看，满足测试标准（>0.6），为0.928。从平均方差萃取率来看，满足测试标准（>0.5），为0.763。②快速修正的结果。从快速修正的因素负荷量来看，题项1-4的因素负荷量均大于0.5，满足评估标准。从组合信度来看，满足测试标准（>0.6），为0.918。从平均方差萃取率来看，满足测试标准（>0.5），为0.738。③重复实践的结果。从重复实践的因素负荷量来看，题项1-4的因素负荷量均大于0.5，满足评估标准。从组合信度来看，满足测试标准（>0.6），为0.899。从平均方差萃取率来看，满足测试标准

(>0.5)，为0.694。综上，危机学习量表满足标准，具有收敛效度。

表6-5　　　　　　　　**危机学习收敛效度评估结果**

变量	题项	参数显著性估计				因素负荷量	组成信度	收敛效度
		Unstd.	S.E.	t-value	P	Std.	CR	AVE
危机反思	危机反思1	1.000				0.866	0.928	0.763
	危机反思2	1.097	0.047	23.272	***	0.956		
	危机反思3	0.984	0.052	18.950	***	0.850		
	危机反思4	0.991	0.057	17.543	***	0.815		
快速修正	快速修正1	1.000				0.855	0.918	0.738
	快速修正2	1.067	0.058	18.535	***	0.865		
	快速修正3	1.020	0.051	20.058	***	0.911		
	快速修正4	0.951	0.058	16.320	***	0.801		
重复实践	重复实践1	1.000				0.932	0.899	0.694
	重复实践2	0.984	0.043	22.810	***	0.894		
	重复实践3	0.861	0.043	20.044	***	0.839		
	重复实践4	0.725	0.058	12.410	***	0.636		

资料来源　作者根据相关资料整理，N=279。

C.组织韧性的收敛效度评估

组织韧性变量的数据收敛效度评估结果见表6-6。(a)适应能力的结果。从适应能力的因素负荷量来看，题项1-4的因素负荷量均大于0.5，满足评估标准。从组合信度来看，满足测试标准(>0.6)，为0.883。从平均方差萃取率来看，满足测试标准(>0.5)，为0.658。(b)预警能力的结果。从预警能力的因素负荷量来看，题项1 3的因素负荷量均大于0.5，满足评估标准。从组合信度来看，满足测试标准（>0.6），为0.788。从平均方差萃取率来看，满足测试标准（>0.5），为0.557。综上，组织韧性量表满足标准，具有收敛效度。

表6-6 **组织韧性收敛效度评估结果**

变量	题项	参数显著性估计				因素负荷量	组成信度	收敛效度
		Unstd.	S.E.	t-value	P	Std.	CR	AVE
适应能力	适应能力1	1.000				0.806	0.883	0.658
	适应能力2	0.528	0.049	10.884	—	0.623		
	适应能力3	1.218	0.070	17.492	—	0.920		
	适应能力4	1.082	0.065	16.526	—	0.864		
预警能力	预警能力1	1.000				0.715	0.788	0.557
	预警能力2	0.491	0.052	9.422	—	0.655		
	预警能力3	1.596	0.168	9.486	—	0.855		

资料来源 作者根据相关资料整理，N=279。

D.环境不确定性的收敛效度评估

环境不确定性变量的数据收敛效度评估结果见表6-7。从环境不确定性变量的因素负荷量来看，环境不确定性题项1-4的因素负荷量均大于0.5，满足评估标准。从组合信度来看，满足测试标准（>0.6），为0.886。从平均方差萃取率来看，满足测试标准（>0.5），为0.661。综上，环境不确定性量表满足标准，具有收敛效度。

E.组织的创造性氛围的收敛效度评估

组织的创造性氛围变量的数据收敛效度评估结果见表6-8。从组织的创造性氛围的因素负荷量来看，组织的创造性氛围题项1-4的因素负荷量均大于0.5，满足评估标准。从组合信度来看，满足测试标准（>0.6），为0.878。从平均方差萃取率来看，满足测试标准

(>0.5)，为0.647。综上，组织的创造性氛围量表满足标准，具有收敛效度。

表6-7　环境不确定性收敛效度评估结果

变量	题项	参数显著性估计				因素负荷量	组成信度	收敛效度
		Unstd.	S.E.	t-value	P	Std.	CR	AVE
环境不确定性	环境不确定性1	1				0.75	0.886	0.661
	环境不确定性2	1.015	0.079	12.817	***	0.77		
	环境不确定性3	1.237	0.083	14.846	***	0.902		
	环境不确定性4	1.082	0.079	13.736	***	0.821		

资料来源 作者根据相关资料整理，N=279。

表6-8　组织的创造性氛围收敛效度评估结果

变量	题项	参数显著性估计				因素负荷量	组成信度	收敛效度
		Unstd.	S.E.	t-value	P	Std.	CR	AVE
组织的创造性氛围	组织的创造性氛围1	1				0.65	0.878	0.647
	组织的创造性氛围2	1.322	0.105	12.585	***	0.842		
	组织的创造性氛围3	1.334	0.102	13.074	***	0.904		
	组织的创造性氛围4	1.178	0.097	12.112	***	0.799		

资料来源 作者根据相关资料整理，N=279。

（2）区别效度

区别效度检验是评估不同变量在统计上是否有差异，本章研究对资源拼凑、危机学习、组织韧性、环境不确定性和组织的创造性氛围5个变量之间的区别效度进行了分析，见表6-9。从表中可以看出，资源拼凑、危机学习、组织韧性、环境不确定性和组织的创造性氛围的AVE值平方根（表6-9中加粗）大于该变量与其他各个变量之间的相关系数，各测量变量之间具有较好的区别效度。

表6-9 变量区别效度评估结果

变量	8	7	6	5	4	3	2	1
8组织的创造性氛围	0.804							
7环境不确定性	-0.052	0.813						
6预警能力	-0.014	-0.593	0.746					
5适应能力	-0.024	-0.775	0.728	0.811				
4重复实践	0.005	-0.641	0.637	0.684	0.833			
3快速修正	0.060	-0.731	0.728	0.757	0.671	0.859		
2危机反思	0.097	-0.573	0.698	0.610	0.540	0.745	0.873	
1资源拼凑	0.113	-0.587	0.730	0.591	0.524	0.668	0.651	0.840

资料来源 作者根据相关资料整理，N=279。

6.3 实证分析

本节主要对本章研究模型中的主效应、中介效应与调节效应进行实证分析，检验第4章提出的研究假设，并在此基础上对假设关系进行汇总。

6.3.1 研究模型分析

（1）相关性分析

A.整体模型中变量间相关性分析

本章研究采用皮尔逊相关性分析方法对所获取的样本数据进行分析，初步检验资源拼凑、危机学习、组织韧性、环境不确定性、组织的创造性氛围等变量间的相关关系（见表6-10）。具体来看，第一，危机情境下企业资源拼凑显著正向影响组织韧性中的适应能力（β=0.540，P<0.01）与预警能力（β=0.532，P<0.01），初步验证了H1。第二，危机情境下企业资源拼凑显著正向影响危机学习中的危机反思（β=0.514，P<0.01）、快速修正（β=0.524，P<0.01）、重复实践（β=0.473，P<0.01），初步验证了H2。第三，危机情境下企业危机反思显著正向影响组织韧性中的适应能力（β=0.578，P<0.01）与预警能力（β=0.504，P<0.01）；快速修正显著正向影响组织韧性中的适应能力（β=0.497，P<0.01）与预警能力（β=0.604，P<0.01）；重复实践显著正向影响组织韧性中的适应能力（β=0.515，P<0.01）与预警能力（β=0.460，P<0.01），初步验证了H3。

表6-10　　　　　　**变量间相关性检验**

	1	2	3	4	5	6	7	8	9	10	11
1.资源拼凑	1										
2.危机反思	0.514**	1									
3.快速修正	0.524**	0.517**	1								
4.重复实践	0.473**	0.508**	0.517**	1							
5.适应能力	0.540**	0.578**	0.497**	0.515**	1						
6.预警能力	0.532**	0.504**	0.604**	0.460**	0.531**	1					
7.环境不确定性	0.183**	0.112	0.179**	0.054	0.057	-0.101	1				
8.组织的创造性氛围	0.089	0.087	0.052	0.021	-0.031	-0.018	0.089	1			
9.成立时间	0.274**	0.07	0.098	0.028	-0.079	0.132*	0.099	0.013	1		
10.企业性质	0.016	0.062	0.047	-0.009	0.046	-0.005	0.002	-0.093	-0.056	1	
11.员工规模	0.399**	0.145*	0.247**	0.197**	0.068	0.277**	0.1	0.044	0.533**	0.052	1

注：N=279，**表示P<0.01，*表示P<0.05（双尾检验）。

B.各变量间的相关性分析

本章研究中资源拼凑、危机学习与组织韧性变量间的相关关系主要采用AMOS 26.0统计分析软件来检验。遵循Thomopson（2007）、Byrne（2010）的建议，本章研究首先针对测量模型进行验证性因子分析来检验模型配适度，以确定是否能够开展进一步的结构方程分析。配适度越高代表模型矩阵与样本矩阵越接近，进而可以进行结构方程模型（SEM）分析。基于Jackson等（2009）和Schreiber（2008）的研究，模型适配度评估指标包括：卡方与自由度比（χ^2/df）、配适度指标（GFI）、比较配适度指标（CFI）、平均近似误差均方根（RMSEA）和调整后的配适度指标（AGFI）。

a.资源拼凑对组织韧性影响的分析

表6-11为资源拼凑与组织韧性关系模型的验证性拟合度检验结果。统计分析结果显示“资源拼凑—组织韧性”模型达到了良好拟合的配适度标准。具体来看，(1)“资源拼凑—适应能力”（模型1）的配适度结果如下：χ^2/df=1.692，GFI=0.956，CFI=0.987，RMSEA=0.050，AGFI=0.933；“资源拼凑—预警能力”（模型2）的配适度结果如下：χ^2/df=2.190，GFI=0.953，CFI=0.980，RMSEA=0.065，AGFI=0.924。基于此，本章研究检验了资源拼凑对组织韧性中的适应能力与预警能力的影响（见表6-12，如图6-1、图6-2所示）。具体而言：第一，危机情境下企业资源拼凑正向影响适应能力（β=0.591，P<0.001），H1a能够得到支持；第二，危机情境下企业资源拼凑正向影响预警能力（β=0.726，P<0.001），H1b能够得到支持。

表6-11　　资源拼凑影响组织韧性模型的配适度结果

拟合指数	χ^2	df	χ^2/ df	GFI	CFI	RMSEA	AGFI
良好拟合	–	–	(0，2]	>0.95	>0.95	<0.05	>0.90

续表

拟合指数	χ^2	df	χ^2/ df	GFI	CFI	RMSEA	AGFI
可以接受	-	-	(2, 3]	>0.90	>0.90	<0.08	>0.85
模型1	72.743	43	1.692	0.956	0.987	0.050	0.933
模型2	74.472	34	2.190	0.953	0.980	0.065	0.924

注：N=279。

表6-12　**资源拼凑-组织韧性结构方程模型标准化估计结果**

假设路径	标准化路径系数	t-value	假设结果
H1a（资源拼凑→适应能力）	0.591***	9.393	支持
H1b（资源拼凑→预警能力）	0.726***	9.351	支持

注：　*表示P<0.05，**表示P<0.01，***表示P<0.001。

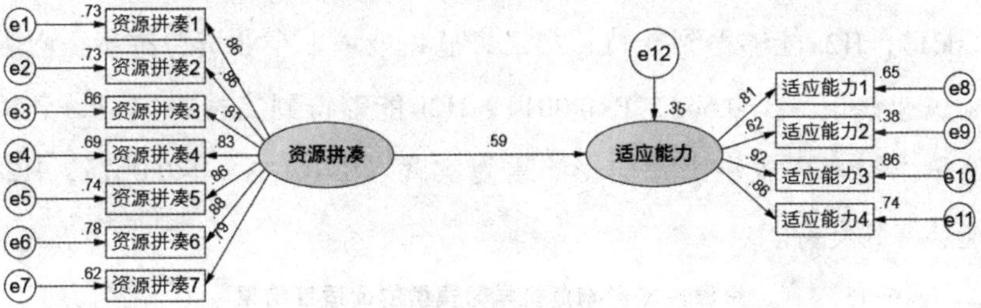

图6-1　资源拼凑影响适应能力的结构方程模型图（模型1）

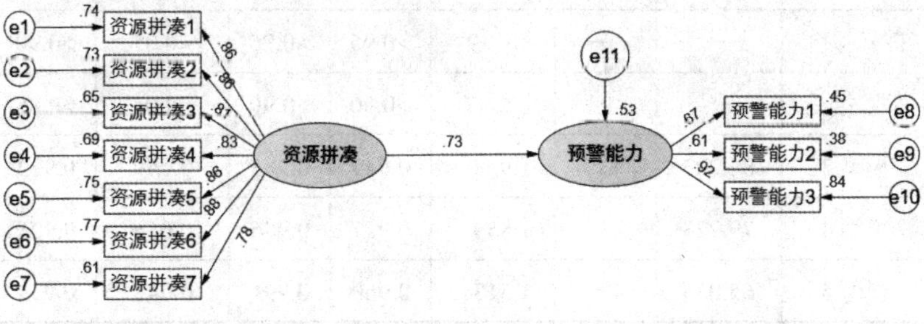

图6-2　资源拼凑影响预警能力的结构方程模型图（模型2）

b.资源拼凑对危机学习影响的分析

表6-13为资源拼凑与危机学习关系模型的验证性拟合度检验结果。统计分析结果显示“资源拼凑—危机学习”模型达到了良好拟合的配适度标准。具体来看，“资源拼凑—危机反思”（模型3）的配适度结果如下：$\chi^2/df=1.958$，GFI=0.949，CFI=0.985，RMSEA=0.059，AGFI=0.922；“资源拼凑—快速修正”（模型4）的配适度结果如下：$\chi^2/df=1.859$，GFI=0.951，CFI=0.986，RMSEA=0.056，AGFI=0.925；“资源拼凑—重复实践”（模型5）的配适度结果如下：$\chi^2/df=1.513$，GFI=0.960，CFI=0.991，RMSEA=0.043，AGFI=0.939。基于此，本章研究检验了资源拼凑对危机学习中的危机反思、快速修正、重复实践的影响（见表6-14，如图6-3、图6-4、图6-5所示）。具体而言：第一，危机情境下企业资源拼凑正向影响危机反思（$\beta=0.646$，$P<0.001$），H2a能够得到支持；第二，危机情境下企业资源拼凑正向影响快速修正（$\beta=0.665$，$P<0.001$），H2b能够得到支持；第三，危机情境下企业资源拼凑正向影响重复实践（$\beta=0.173$，$P<0.001$），H2c能够得到支持。

表6-13　**资源拼凑影响危机学习模型的配适度结果**

拟合指数	χ^2	df	χ^2/df	GFI	CFI	RMSEA	AGFI
良好拟合	—	—	（0，2]	>0.95	>0.95	<0.05	>0.90
可以接受	—	—	（2，3]	>0.90	>0.90	<0.08	>0.85
模型3	84.203	43	1.958	0.949	0.985	0.059	0.922
模型4	79.923	43	1.859	0.951	0.986	0.056	0.925
模型5	65.055	43	1.513	0.960	0.991	0.043	0.939

注：N=279。

表 6-14　资源拼凑—危机学习结构方程模型标准化估计结果

假设路径	标准化路径系数	t-value	假设结果
H2a（资源拼凑—危机反思）	0.646***	10.319	支持
H2b（资源拼凑—快速修正）	0.665***	10.481	支持
H2c（资源拼凑—重复实践）	0.521***	8.414	支持

注：*表示 P<0.05，**表示 P<0.01，***表示 P<0.001。

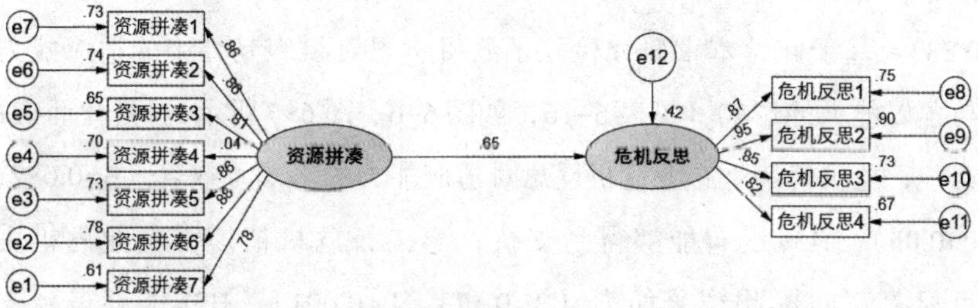

图 6-3　资源拼凑—危机反思的结构方程模型图（模型 3）

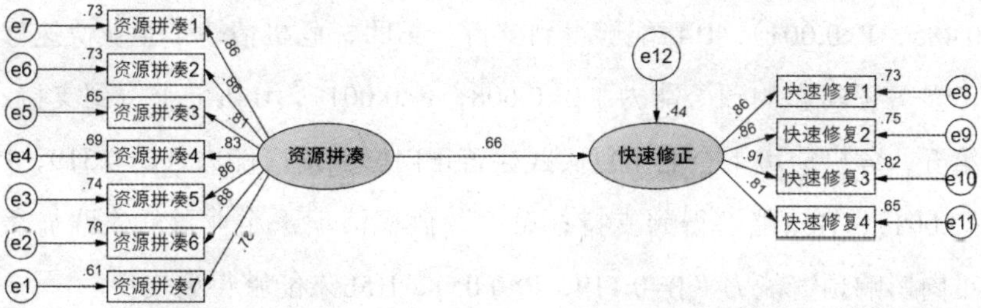

图 6-4　资源拼凑—快速修正的结构方程模型图（模型 4）

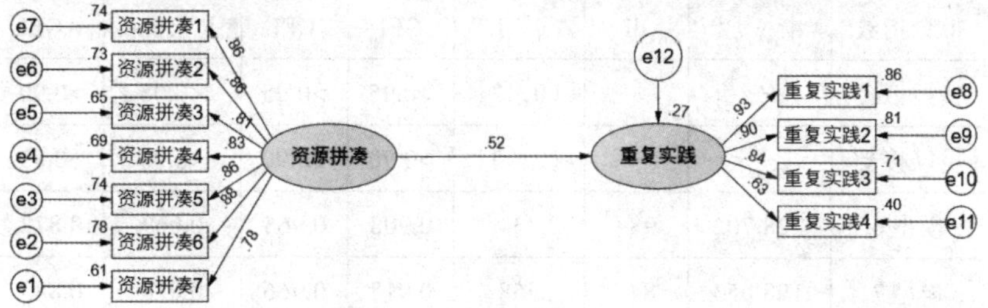

图 6-5　资源拼凑—重复实践的结构方程模型图（模型 5）

c.危机学习对组织韧性影响的分析

表6-15为危机学习与组织韧性关系模型的验证性拟合度检验结果。统计分析结果显示“危机学习—组织韧性”模型达到了可以被接受的配适度标准。具体来看，(1)“危机学习—适应能力”(模型6)的配适度结果如下：χ^2/df=2.334，GFI=0.908，CFI=0.965，RMSEA=0.069，AGFI=0.872；“危机学习—预警能力”(模型7)的配适度结果如下：χ^2/df=2.358，GFI=0.918，CFI=0.966，RMSEA=0.070，AGFI=0.883。基于此，本章研究检验了危机学习对组织韧性中的适应能力与预警能力的影响(见表6-16，如图6-6、图6-7所示)。具体而言：第一，危机情境下企业危机反思对适应能力的影响不显著(β=0.082，P>0.05)，H3a没有能够得到支持；第二，危机情境下企业危机反思显著正向影响预警能力(β=0.173，P<0.001)，H3b能够得到支持；第三，危机情境下企业快速修正显著正向影响适应能力(β=0.485，P<0.001)，H4a能够得到支持；第四，危机情境下企业快速修正显著正向影响预警能力(β=0.608，P<0.001)，H4b能够得到支持；第五，危机情境下企业重复实践显著正向影响适应能力(β=0.319，P<0.001)，H5a能够得到支持；第六，危机情境下企业重复实践显著正向影响预警能力(β=0.119，P>0.05)，H5b未能够得到支持。

表6-15　**危机学习影响组织韧性模型的配适度结果**

拟合指数	χ^2	df	χ^2/ df	GFI	CFI	RMSEA	AGFI
良好拟合	—	—	(0，2]	>0.95	>0.95	<0.05	>0.90
可以接受	—	—	(2，3]	>0.90	>0.90	<0.08	>0.85
模型6	228.702	98	2.334	0.908	0.965	0.069	0.872
模型7	198.053	84	2.358	0.918	0.966	0.070	0.883

注：N=279。

表6-16　　危机学习影响组织韧性模型的配适度结果

假设路径	标准化路径系数	t-value	假设结果
H3a（危机反思—适应能力）	0.082	1.169	不支持
H4a（快速修正—适应能力）	0.485^{***}	5.614	支持
H5a（重复实践—适应能力）	0.319^{***}	5.010	支持
H3b（危机反思—预警能力）	0.173^{***}	2.476	支持
H4b（快速修正—预警能力）	0.608^{***}	6.396	支持
H5b（重复实践—预警能力）	0.119	1.947	不支持

注 *表示P<0.05，**表示P<0.01，***表示P<0.001。

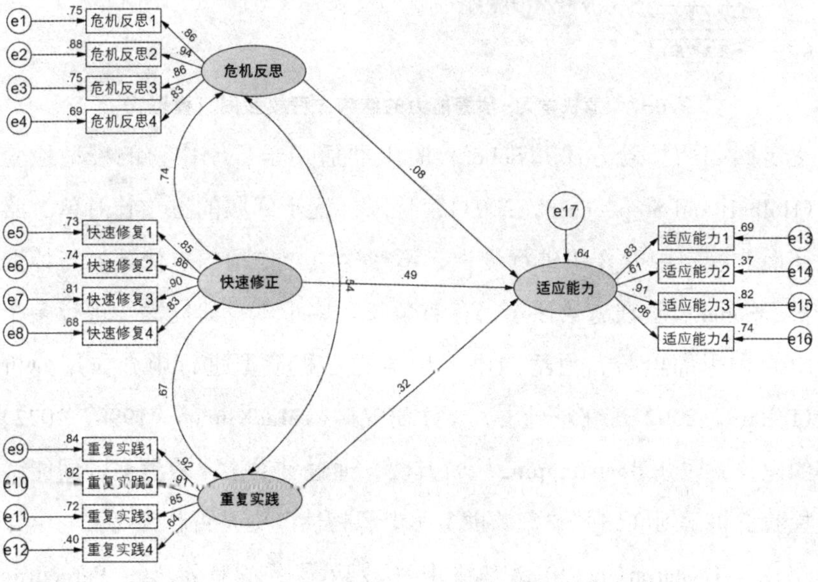

图6-6　危机学习—适应能力的结构方程模型图（模型6）

（2）危机学习的中介作用分析

中介作用检验主要是评估中介变量特定的间接效果（Brown，1997）。在中介作用检验方法的选取上，主要涉及因果逐步回归的检验方法、Sobel检验、通过结构方程模型进行中介效应检验三类。因果

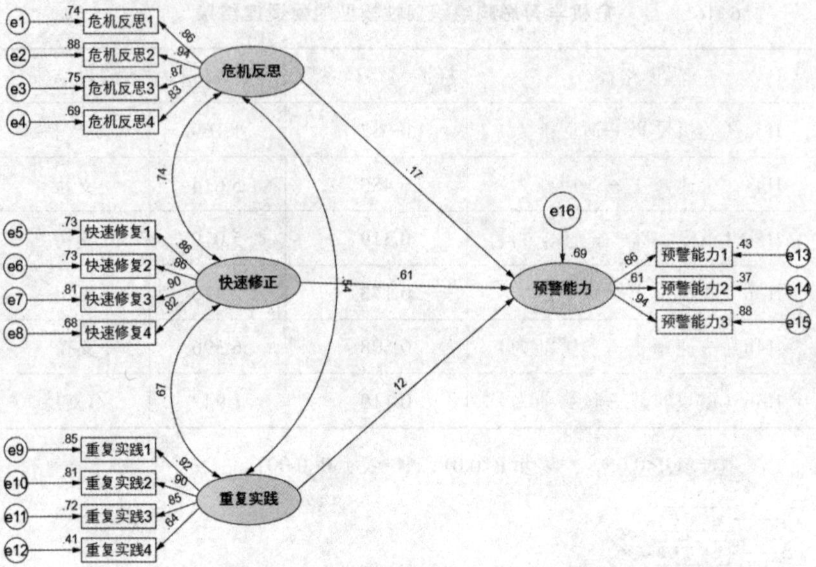

图6-7 危机学习-预警能力的结构方程模型图（模型7）

逐步回归的检验方法和Sobel检验主要适用于一个中介的模型检验（Holbert and Stephenson，2003），且因果逐步回归的方法针对单个路径而非特定中介作用进行测试，不产生中介作用的点估计值与标准误，Sobel检验在有效性上仍存有争议。鉴于本章研究需要进行多个中介作用的检验，更适用于采用结构方程模型进行中介作用分析（Dillard，2002）。在基础上，本章研究遵循MacKinnon（1998，2022）的建议，采用Bootstrapping检验方法，通过计算上下界置信区间能够检验危机学习在路径“资源拼凑—组织韧性”中是否起到显著的中介作用。Bootstrapping检验方法中介效应显著的标准为：Percentile Method和Bias-corrected Percentile Method在95%置信度下间接效应信赖区间均不包含零。

表6-17为资源拼凑、危机学习和组织韧性的关系模型验证性因子分析的配适度检验结果。统计分析结果显示“资源拼凑—危机学

习—组织韧性”达到了可以被接受的配适度标准。具体来看，①“资源拼凑—危机学习—适应能力”（模型8）的配适度结果如下：χ^2/df=1.800，GFI=0.891，CFI=0.968，RMSEA=0.054，AGFI=0.863；②“资源拼凑—危机学习—预警能力”（模型9）的配适度结果如下：χ^2/df=1.997，GFI=0.890，CFI=0.962，RMSEA=0.060，AGFI=0.861。

表6-17　　危机学习中介作用模型的配适度结果

拟合指数	χ^2	df	χ^2/ df	GFI	CFI	RMSEA	AGFI
良好拟合	—	—	（0，2]	>0.95	>0.95	<0.05	>0.90
可以接受	—	—	（2，3]	>0.90	>0.90	<0.08	>0.85
模型8	397.723	221	1.800	0.891	0.968	0.054	0.863
模型9	399.345	200	1.997	0.890	0.962	0.060	0.861

注：N=279。

A.危机学习对资源拼凑与适应能力的中介作用检验

危机学习的三个维度危机反思、快速修正、重复实践在资源拼凑与适应能力之间的中介作用检验结果如表6-18和图6-8所示。

表6-18　　危机学习对资源拼凑与适应能力的中介效应检验报告表

路径	点估计	Product of Coefficients		Bootstraping				P
				BC95%CI		Percentile95%CI		
		SE	Z	Lower	Upper	Lower	Upper	
中介效果								
资源拼凑—危机反思—适应能力	0.054	0.089	0.607	-0.113	0.231	-0.127	0.220	0.272
资源拼凑—快速修正—适应能力	0.339	0.099	3.424	0.181	0.569	0.179	0.567	0.000

续表

路径	点估计	Product of Coefficients		Bootstraping				P
				BC95%CI		Percentile95%CI		
		SE	Z	Lower	Upper	Lower	Upper	
资源拼凑—重复实践—适应能力	0.171	0.054	3.167	0.081	0.294	0.080	0.292	0.000
Total IE	0.563	0.082	6.866	0.408	0.728	0.414	0.738	0.000
差异性比较								
危机反思—快速修正	-0.285	0.172	-1.657	-0.659	0.005	-0.665	0.002	0.951
快速修正—重复实践	0.167	0.116	1.440	-0.042	0.412	-0.041	0.413	0.075
重复实践—危机反思	0.118	0.110	1.073	-0.088	0.336	-0.072	0.354	0.142

注： 5 000次 Bootstraping；BC为Bias-corrected的缩写；N=279。

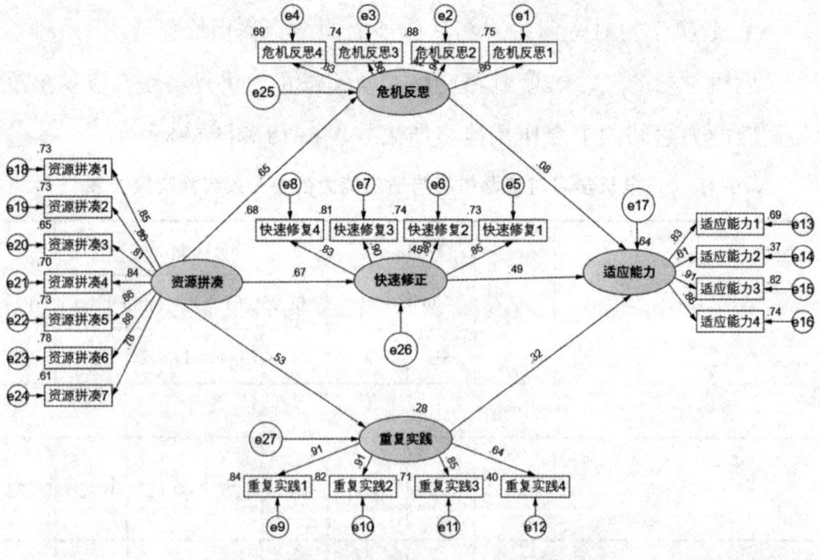

图6-8 危机学习对资源拼凑与适应能力的中介效应分析（模型8）

具体而言：危机反思的中介作用。资源拼凑通过危机反思影响适应能力的路径中，资源拼凑对适应能力的间接效应点估计值的Z值为0.607，小于1.96，Percentile Method和Bias-corrected Percentile Method在95%置信度下间接效应信赖区间包含零，表明危机反思在资源拼凑与适应能力间的中介作用不显著。

快速修正的中介作用。资源拼凑通过快速修正影响适应能力的路径中，资源拼凑对适应能力的间接效应点估计值的Z值为3.424，大于1.96，Percentile Method和Bias-corrected Percentile Method在95%置信度下间接效应信赖区间均不包含零，表明快速修正在资源拼凑与适应能力间的中介作用显著。因资源拼凑直接影响适应能力，故快速修正在资源拼凑与适应能力之间起到部分中介效应。

重复实践的中介作用。资源拼凑通过重复实践影响适应能力的路径中，资源拼凑对适应能力的间接效应点估计值的Z值为3.164，大于1.96，Percentile Method和Bias-corrected Percentile Method在95%置信度下间接效应信赖区间均不包含零，表明重复实践在资源拼凑与适应能力间的中介作用显著。因资源拼凑对适应能力具有显著的直接效应，故重复实践对资源拼凑与适应能力有部分中介效应。

综上，H4a得到部分支持。进一步，本章研究还比较了快速修正和重复实践中介效应的差异性，快速修正与重复实践的点估计值的Z值为1.440，小于1.96，Percentile Method和Bias-corrected Percentile Method在95%置信度下间接效应信赖区间包含零，表明快速修正和重复实践中介效应不存在差异性。

B.危机学习对资源拼凑与预警能力的中介效应检验

危机学习的三个维度危机反思、快速修正、重复实践在资源拼凑与预警能力之间的中介作用检验结果如表6-19和图6-9所示。

具体而言：危机反思的中介作用。资源拼凑通过危机反思影响预警能力的路径中，资源拼凑对预警能力的间接效应点估计值的Z值为

1.069，小于1.96，Percentile Method和Bias-corrected Percentile Method在95%置信度下间接效应信赖区间包含零，表明危机反思在资源拼凑与预警能力间的中介作用不显著。

表6-19　**危机学习对资源拼凑与预警能力间的中介效应检验报告表**

<table>
<tr><th rowspan="3">路径</th><th rowspan="3">点估计</th><th colspan="2" rowspan="2">Product of Coefficients</th><th colspan="4">Bootstraping</th><th rowspan="3">P</th></tr>
<tr><th colspan="2">BC95%CI</th><th colspan="2">Percentile95%CI</th></tr>
<tr><th>SE</th><th>Z</th><th>Lower</th><th>Upper</th><th>Lower</th><th>Upper</th></tr>
<tr><td colspan="9">中介效果</td></tr>
<tr><td>资源拼凑—危机反思—预警能力</td><td>0.062</td><td>0.058</td><td>1.069</td><td>-0.038</td><td>0.194</td><td>-0.047</td><td>0.185</td><td>0.142</td></tr>
<tr><td>资源拼凑—快速修正—预警能力</td><td>0.243</td><td>0.07</td><td>3.471</td><td>0.128</td><td>0.405</td><td>0.126</td><td>0.4</td><td>0.000</td></tr>
<tr><td>资源拼凑—重复实践—预警能力</td><td>0.033</td><td>0.032</td><td>1.031</td><td>-0.024</td><td>0.101</td><td>-0.021</td><td>0.104</td><td>0.151</td></tr>
<tr><td>Total IE</td><td>0.338</td><td>0.055</td><td>6.145</td><td>0.229</td><td>0.442</td><td>0.239</td><td>0.456</td><td>0.000</td></tr>
<tr><td colspan="9">差异性比较</td></tr>
<tr><td>危机反思—快速修正</td><td>-0.181</td><td>0.115</td><td>-1.574</td><td>-0.432</td><td>0.032</td><td>-0.435</td><td>0.03</td><td>0.942</td></tr>
<tr><td>快速修正—重复实践</td><td>0.21</td><td>0.082</td><td>2.561</td><td>0.069</td><td>0.399</td><td>0.062</td><td>0.39</td><td>0.005</td></tr>
<tr><td>重复实践—危机反思</td><td>-0.029</td><td>0.069</td><td>-0.420</td><td>-0.172</td><td>0.104</td><td>-0.161</td><td>0.113</td><td>0.663</td></tr>
</table>

注：5 000次Bootstraping；BC为Bias-corrected的缩写；N=279。

快速修正的中介作用。资源拼凑通过快速修正影响预警能力的路径中，资源拼凑对预警能力的间接效应点估计值的Z值为3.471，大于1.96，Percentile Method和Bias-corrected Percentile Method在95%置信度下间接效应信赖区间均不包含零，表明快速修正在资源拼凑与预警能力间的中介作用显著。因资源拼凑直接影响预警能力，故快速修正在资源拼凑与预警能力之间起到部分中介效应。

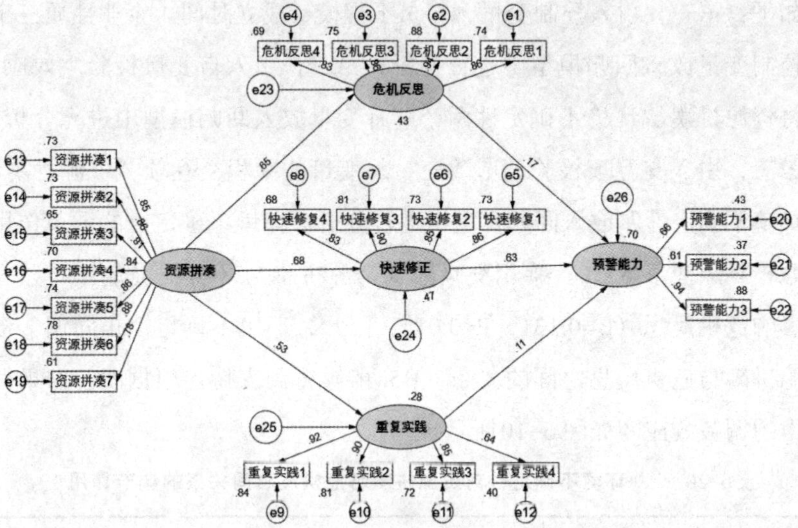

图6-9　危机学习对资源拼凑与预警能力间的中介效应分析（模型9）

重复实践的中介作用。资源拼凑通过重复实践影响预警能力的路径中，资源拼凑对预警能力的间接效应点估计值的Z值为1.031，小于1.96，Percentile Method和Bias-corrected Percentile Method在95%置信度下间接效应信赖区间均包含零，表明重复实践在资源拼凑与预警能力间的中介作用不显著。综上，H4b得到部分支持。

（3）环境不确定性的调节作用分析

本章研究采取阶层式的调节回归分析方法检验环境不确定对资源拼凑与危机学习间关系的调节作用。为了降低调节作用分析过程中的多重共线性的影响，遵循Cohen等（2014）的建议，将资源拼凑、危机学习和环境不确定性的所有变量进行标准化处理，之后依次将自变量、因变量和变量的乘积交互项放入分析模型中，检验各变量间的作用关系。

A.环境不确定性对资源拼凑与危机反思之间关系的调节作用

环境不确定性对资源拼凑与危机反思间关系的调节作用检验步骤

如下：第一，引入控制变量，将员工规模、成立时间、企业性质三个控制变量放入回归模型中进行分析；第二，引入自变量检验主效应，将资源拼凑、环境不确定性两个解释变量放入回归模型中进行分析；第三，引入交互项检验调节效应，将变量的乘积交互项“资源拼凑×环境不确定性”放入回归模型中进行分析。环境不确定性的调节作用分析结果见表6-20。乘积交互项（资源拼凑与环境不确定性）显著影响危机反思（β=0.131，P<0.01），因此，环境不确定性正向调节资源拼凑与危机反思之间的关系，H5a能够得到支持。根据回归结果得出的调节效应图如图6-10所示。

表6-20　**环境不确定性对资源拼凑与危机反思间关系的调节作用**

因变量	因变量：危机反思					
	步骤1：控制变量		步骤2：主效应		步骤3：调节效应	
	β	t	β	t	β	t
控制变量						
员工规模	0.145	2.047*	−0.091	−1.541	−0.093	−1.600
成立时间	−0.005	−0.066	−0.062	−1.107	−0.047	−0.849
企业性质	0.054	0.908	0.052	1.106	0.037	0.786
解释变量						
资源拼凑			0.665	12.759***	0.632	11.913***
环境不确定性			0.006	0.127	−0.001	−0.022
交互项						
资源拼凑×环境不确定性					0.131	2.678**
R^2	0.024		0.395		0.410	
调整后 R^2	0.013		0.384		0.397	
F	2.263		83.597***		7.172**	

注：N=279；*表示P<0.05，**表示<P<0.01，***表示P<0.001。

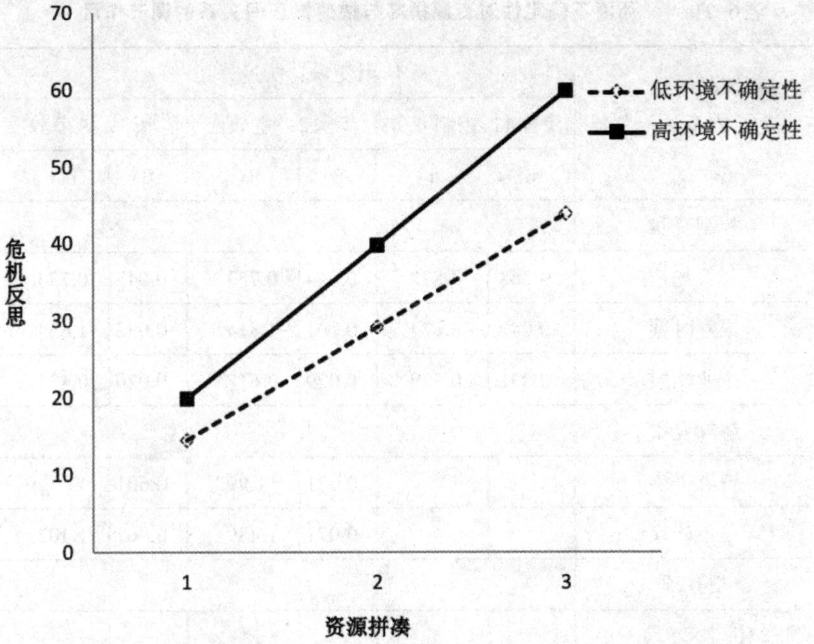

图6-10　环境不确定性对资源拼凑与危机反思关系的调节效应

B.环境不确定性对资源拼凑与快速修正之间关系的调节作用

环境不确定性对资源拼凑与快速修正间关系的调节作用检验步骤如下：第一，引入控制变量，将员工规模、成立时间、企业性质三个控制变量放入回归模型中进行分析；第二，引入自变量检验主效应，将资源拼凑、环境不确定性两个解释变量放入回归模型中进行分析；第三，引入交互项检验调节效应，将变量的乘积交互项"资源拼凑×环境不确定性"放入回归模型中进行分析。环境不确定性的调节作用分析结果见表6-21。乘积交互项（资源拼凑与环境不确定性）不影响快速修正（$\beta=0.077$，$P>0.05$），因此，环境不确定性不能够调节资源拼凑与快速修正之间的关系，H5b没有能够得到支持。

表6-21　**环境不确定性对资源拼凑与快速修正间关系的调节作用**

因变量	因变量：快速修正					
	步骤1：控制变量		步骤2：主效应		步骤3：调节效应	
	β	t	β	t	β	t
控制变量						
员工规模	0.268	3.872***	0.044	0.757	0.043	0.734
成立时间	−0.043	−0.624	−0.101	−1.814	−0.092	−1.654
企业性质	0.031	0.529	0.029	0.617	0.020	0.423
解释变量						
资源拼凑			0.621	11.993***	0.601	11.320***
环境不确定性			0.071	1.489	0.067	1.402
交互项						
资源拼凑×环境不确定性					0.077	1.576
R^2	0.064		0.403		0.408	
调整后 R^2	0.053		0.392		0.395	
F	6.216***		77.566***		2.484	

注：N=279；*表示P<0.05，**表示<P<0.01，***表示P<0.001。

C.环境不确定性对资源拼凑与重复实践之间关系的调节作用

环境不确定性对资源拼凑与重复实践间关系的调节作用检验步骤如下：第一，引入控制变量，将员工规模、成立时间、企业性质三个控制变量放入回归模型中进行分析；第二，引入自变量检验主效应，将资源拼凑、环境不确定性两个解释变量放入回归模型中进行分析；第三，引入交互项检验调节效应，将变量的乘积交互项“资源拼凑×环境不确定性”放入回归模型中进行分析。环境不确定性的调节作用分析结果见表6-22。乘积交互项（资源拼凑与环境不确定性）显著影响重复实践（β=0.156，P<0.01），因此，环境不确定性正向调节资源拼凑与重复实践之间的关系，H5c能够得到支持。根据回归结果得出的调节效应图如图6-11所示。

表6-22　**环境不确定性对资源拼凑与重复实践间关系的调节作用**

因变量	因变量：重复实践					
	步骤1：控制变量		步骤2：主效应		步骤3：调节效应	
	β	t	β	t	β	t
控制变量						
员工规模	0.257	3.684***	0.088	1.335	0.085	1.308
成立时间	-0.111	-1.588	-0.151	-2.399*	-0.133	-2.135*
企业性质	-0.028	-0.474	-0.029	-0.556	-0.048	-0.905
解释变量						
资源拼凑			0.485	8.311***	0.445	7.514***
环境不确定性			-0.029	-0.537	-0.037	0.703
交互项						
资源拼凑×环境不确定性					0.156	2.857**
R^2	0.048		0.241		0.263	
调整后R^2	0.037		0.227		0.247	
F	4.603**		34.810***		8.160**	

注：N=279；*表示P<0.05，**表示<P<0.01，***表示P<0.001。

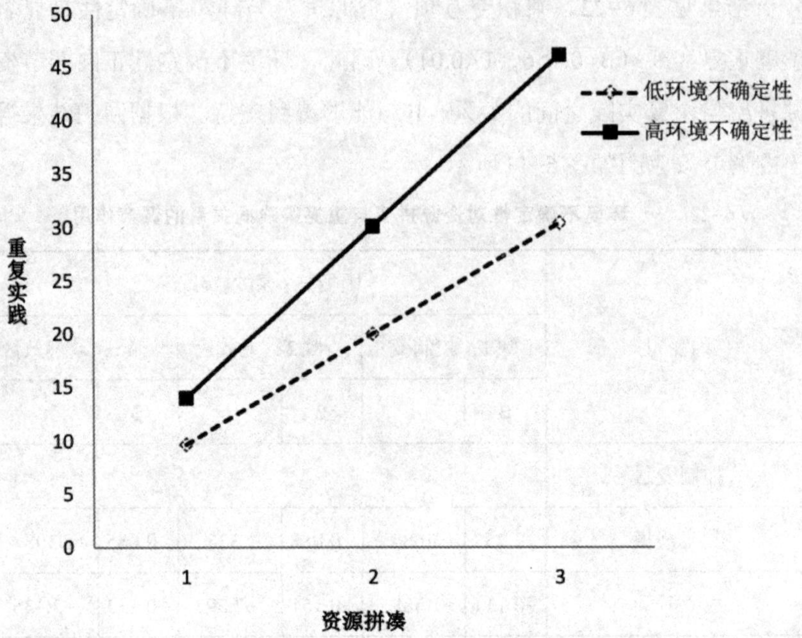

图6-11　环境不确定性对资源拼凑与重复实践关系的调节效应

(4) 组织的创造性氛围的调节作用分析

本章研究采取阶层式的调节回归分析方法检验组织的创造性氛围对危机学习与组织韧性间关系的调节作用。为了降低调节作用分析过程中的多重共线性的影响，遵循Cohen等（2003）的建议，将组织的创造性氛围、危机学习和组织韧性的所有变量进行标准化处理，之后依次将自变量、因变量和变量的乘积交互项放入分析模型中，检验各变量间的作用关系。

A.组织的创造性氛围对危机学习与适应能力的调节效应检验

组织的创造性氛围对危机学习与适应能力间关系的调节作用检验步骤如下：第一，引入控制变量，将员工规模、成立时间、企业性质三个控制变量放入回归模型中进行分析；第二，引入自变量检验主效应，将危机反思、快速修工、重复实践与组织的创造性氛围四个解释变量放入回归模型中进行分析；第三，引入交互项检验调节效应，将变量的乘积交互项“危机反思×组织的创造性氛围”“快速修正×组织的创造性氛围”“重复实践×组织的创造性氛围”放入回归模型中进行分析。组织的创造性氛围的调节作用分析结果见表6-23。乘积交互项（危机反思×组织的创造性氛围）显著影响适应能力（β=−0.136，P<0.05），因此，组织的创造性氛围负向调节危机反思与适应能力之间的关系，H6a能够得到支持。乘积交互项（快速修正×组织的创造性氛围）显著影响适应能力（β=0.160，P<0.01），因此，组织的创造性氛围正向调节快速修正与适应能力之间的关系，H6c能够得到支持。乘积交互项（重复实践×组织的创造性氛围）不影响适应能力（β=0.006，P>0.05），因此，组织的创造性氛围未能调节重复实践与适应能力之间的关系，H6e未能得到支持。根据回归结果得出的调节效应图如图6-12、图6-13所示。

表6-23　**组织的创造性氛围对危机学习与适应能力间关系的调节作用**

因变量	因变量：适应能力					
	步骤1：控制变量		步骤2：主效应		步骤3：调节效应	
	β	t	β	t	β	t
控制变量						
成立时间	−0.157	−2.223*	−0.107	−2.260*	−0.106	−2.245*
企业性质	0.030	0.496	0.010	0.252	0.014	0.352
员工规模	0.150	2.125*	−0.060	−1.240	−0.050	−1.022
解释变量						
危机反思			0.124	2.150*	0.089	1.486
快速修正			0.462	7.278***	0.480	7.585***
重复实践			0.284	5.552***	0.292	5.545***
组织的创造性氛围			−0.066	−1.661	−0.058	−1.434

续表

因变量	因变量：适应能力					
	步骤1：控制变量		步骤2：主效应		步骤3：调节效应	
	β	t	β	t	β	t
交互项						
危机反思×组织的创造性氛围					−0.136	−2.181*
快速修正×组织的创造性氛围					0.160	2.673**
重复实践×组织的创造性氛围					0.006	0.110
R^2	0.024		0.575		0.587	
调整后 R^2	0.013		0.564		0.572	
F	2.254		87.836***		2.6650*	

注：N=279；*表示P<0.05，**表示<P<0.01，***表示P<0.001。

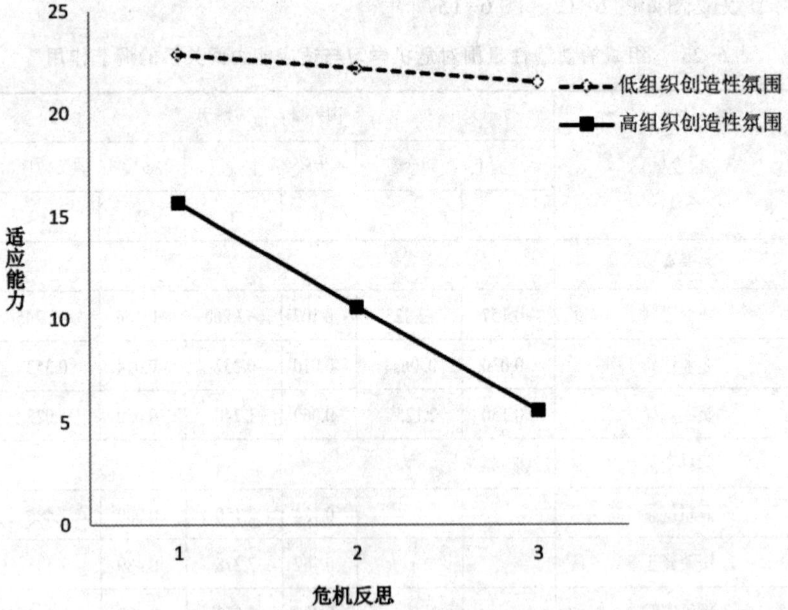

图6-12 组织的创造性氛围对危机反思与适应能力关系的调节效应

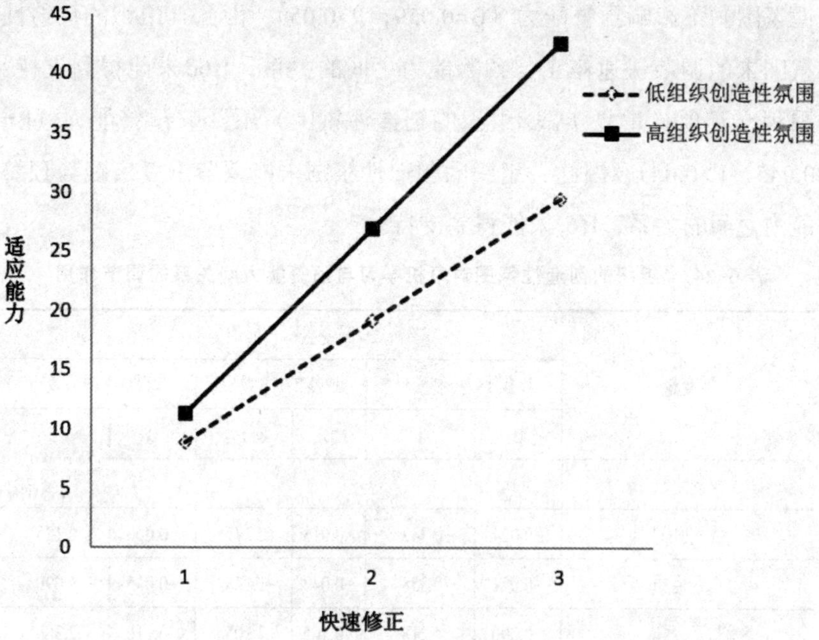

图6-13　组织的创造性氛围对快速修正与适应能力关系的调节效应

B.组织的创造性氛围对危机学习与预警能力的调节效应检验

组织的创造性氛围对危机学习与预警能力间关系的调节作用检验步骤如下：第一，引入控制变量，将员工规模、成立时间、企业性质三个控制变量放入回归模型中进行分析；第二，引入自变量检验主效应，将危机反思、快速修正、重复实践与组织的创造性氛围四个解释变量放入回归模型中进行分析；第三，引入交互项检验调节效应，将变量的乘积交互项“危机反思×组织的创造性氛围”“快速修正×组织的创造性氛围”“重复实践×组织的创造性氛围”放入回归模型中进行分析。组织的创造性氛围的调节作用分析结果见表6-24。乘积交互项（危机反思×组织的创造性氛围）不影响预警能力（$\beta=-0.045$，$P>0.05$），因此，组织的创造性氛围未能调节危机反思与预警能力之间的关系，H6b未能得到支持。乘积交互项（快速修正×组织的创造性氛围）不影响预警能力（β=0.059，P>0.05），因此，组织的创造性氛围未能调节快速修正与预警能力之间的关系，H6d未能得到支持。乘积交互项（重复实践×组织的创造性氛围）不影响预警能力（β=0.045，P>0.05），因此，组织的创造性氛围未能调节重复实践与预警能力之间的关系，H6f未能得到支持。

表 6-24　**组织的创造性氛围对危机学习与预警能力间关系的调节作用**

因变量	因变量：预警能力					
	步骤1：控制变量		步骤2：主效应		步骤3：调节效应	
	β	t	β	t	β	t
控制变量						
成立时间	-0.024	-0.342	0.013	0.277	0.006	0.125
企业性质	-0.021	-0.358	-0.047	-1.148	-0.045	-1.090
员工规模	0.290	4.218***	0.105	2.105*	0.116	2.306*
解释变量						
危机反思			0.198	3.353**	0.170	2.750**
快速修正			0.436	6.706***	0.440	6.725***
重复实践			0.171	3.270**	0.181	3.318**
组织的创造性氛围			-0.071	-1.735	-0.073	-1.765
交互项						
危机反思×组织的创造性氛围					-0.066	-1.022
快速修正×组织的创造性氛围					0.038	0.617
重复实践×组织的创造性氛围					0.070	1.297
R^2	0.077		0.555		0.559	
调整后 R^2	0.067		0.543		0.543	
F	7.674***		72.586***		0.900	

注：N=279；*表示P<0.05，**表示<P<0.01，***表示P<0.001。

6.3.2 研究假设总结

本节通过实证分析对第4章所发展的研究假设进行了检验，研究结果表明大部分假设得到了验证性支持（见表6-25）。

表6-25 研究假设结果归纳表

假设	假设内容	结论
H1	危机情境下企业资源拼凑正向影响组织韧性	
H1a	危机情境下资源拼凑对组织韧性中的适应能力具有正向影响	支持
H1b	危机情境下资源拼凑对组织韧性中的预警能力具有正向影响	支持
H2	危机情境下企业资源拼凑正向影响危机学习	
H2a	危机情境下资源拼凑对危机学习过程中的危机反思具有正向影响	支持
H2b	危机情境下资源拼凑对危机学习过程中的快速修正具有正向影响	支持
H2c	危机情境下资源拼凑对危机学习过程中的重复实践具有正向影响	支持
H3	危机情境下企业危机学习正向影响组织韧性	
H3a	危机情境下企业危机反思对组织韧性的适应能力具有正向影响	不支持
H3b	危机情境下企业危机反思对组织韧性的预警能力具有正向影响	支持
H3c	危机情境下企业快速修正对组织韧性的适应能力具有正向影响	支持
H3d	危机情境下企业快速修正对组织韧性的预警能力具有正向影响	支持
H3e	危机情境下企业重复实践对组织韧性的适应能力具有正向影响	支持
H3f	危机情境下企业重复实践对组织韧性的预警能力具有正向影响	不支持
H4	危机情境下企业危机学习在资源拼凑与组织韧性之间存在中介作用	

续表

假设	假设内容	结论
H4a	危机学习在资源拼凑与适应能力之间存在中介作用	部分支持
H4b	危机学习在资源拼凑与预警能力之间存在中介作用	部分支持
H5	环境不确定性对危机情境下企业资源拼凑与危机学习之间存在调节作用	
H5a	环境不确定性正向调节资源拼凑与危机反思之间的关系	支持
H5b	环境不确定性正向调节资源拼凑与快速修正之间的关系	不支持
H5c	环境不确定性正向调节资源拼凑与重复实践之间的关系	支持
H6	组织的创造性氛围对危机学习与组织韧性之间存在调节作用	
H6a	组织的创造性氛围负向调节危机反思与适应能力之间的关系	支持
H6b	组织的创造性氛围负向调节危机反思与预警能力之间的关系	不支持
H6c	组织的创造性氛围正向调节快速修正与适应能力之间的关系	支持
H6d	组织的创造性氛围正向调节快速修正与预警能力之间的关系	不支持
H6e	组织的创造性氛围正向调节重复实践与适应能力之间的关系	不支持
H6f	组织的创造性氛围正向调节重复实践与预警能力之间的关系	不支持

资料来源 作者根据相关资料整理。

第一，危机情境下企业资源拼凑与组织韧性的关系。通过实证分析，本章研究发现危机情境下企业资源拼凑对于组织韧性的适应能力和预警能力的影响得到验证支持（H1a和1b），说明资源拼凑是企业在危机发生时选择应对危机的一种快速响应行动，企业通过资源拼凑灵活且快速地重组手头资源，快速创建应对危机的解决方案，促进组织响应意外干扰，塑造组织韧性。

第二，危机情境下企业资源拼凑与危机学习的关系。通过实证分析，本章研究发现危机情境下企业资源拼凑对于危机学习过程中危机反思之间的关系得到验证性支持（H2a）；危机情境下企业资源拼凑对于危机学习过程中快速修正之间的关系得到验证性支持（H2b）；危机情境下企业资源拼凑对于危机学习过程中重复实践之间的关系得到验证性支持（H2c），证实了危机情境下企业资源拼凑与危机学习之间的紧密联系，当危机发生时，企业的资源拼凑响应行为会激发特定的企业危机学习内在机制，具体表现为危机反思、快速修正和重复实践这三个动作。

第三，危机情境下企业危机学习与组织韧性的关系。通过实证分析，本章研究发现企业危机学习的危机反思对于适应能力的作用关系没有得到验证性支持（H3a），可能的原因是危机反思过程伴随着深度且理性的洞察，更倾向于筛选有效的行为，而非具体行为的实施，所以难以直接对适应能力产生影响，危机反思对于预警能力的作用关系得到验证性支持（H3b）；企业危机学习的快速修正对于适应能力和预警能力的作用关系得到验证支持（H3c和H3d）；企业危机学习的重复实践对于适应能力的作用关系得到验证性支持（H3e），但重复实践对于预警能力的作用关系没有得到验证支持（H3f），可能的原因是重复实践的过程虽然涉及对环境的洞察，但是这种洞察局限于对知识体系的小幅改进，不足以支撑企业对行业大环境与大背景的充分研判。

第四，危机学习对于资源拼凑与组织韧性的中介作用。通过实证分析，本章研究发现危机学习的快速修正和重复实践在资源拼凑与适应能力的相互作用关系中具有部分中介效应，危机反思对于资源拼凑与适应能力之间的中介作用不显著，H4a得到部分支持；危机学习的快速修正在资源拼凑与预警能力的相互作用关系中具有部分中介效应，危机反思和重复实践对于资源拼凑与预警能力之间的中介作用不显著，H4b得到部分支持。通过对危机学习中介效应的检验，我们可以发现危机学习对于资源拼凑与组织韧性的中介作用影响呈现差异性特点。

第五，环境不确定性对于资源拼凑与危机学习的调节作用。通过实证分析，本章研究发现环境不确定性对于资源拼凑与危机学习的危机反思和重复实践之间关系的调节作用得到验证性支持（H5a和H5c），但环境不确定性对于资源拼凑与危机学习的快速修正之间关系的调节作用没有得到验证性支持（H5b），一方面，说明了环境不确定性对于资源拼凑与危机学习之间关系的影响存在一定差异性；另一方面，可以发现危机情境下企业快速修正并不受到环境不确定性的影响，可能的原因是快速修正是企业应对危机的必要手段。因此，无论外部环境变化的强弱，企业都会在危机发生时通过快速修正塑造组织应对危机的韧性。

第六，组织的创造性氛围对于危机学习与组织韧性的调节作用。通过实证分析，本章研究发现组织的创造性氛围对于危机学习的危机反思和快速修正与适应能力之间关系的调节作用得到验证性支持（H6a和H6c），但组织的创造性氛围对于危机学习的重复实践与适应能力之间关系的调节作用不显著（H6e），可能的原因是重复实践虽然需要整合多个应用场景中发现的新知识，持续迭代和创新选定的危机应对模式，但是重复实践涉及的迭代是一种在既有模式下的小幅改进，因此，重复实践过程对创造性和创造力的需求较少，导致组织的创造性氛围对于危机学习的重复实践与适应能力之间关系的调节作用不显著。组织的创造性氛围对于危机学习与预警能力之间关系的调节作用没有得到验证性支持（H6b、H6d、H6f），可能的原因是组织的创造性氛围更倾向于推动企业在特定时刻产生有效的新想法，为新想法实际行动层面提供支持，而非对前瞻思维的培育。综上，组织的创造性氛围对危机情境下组织韧性的实现有着差异性的影响。

7

研究结论与展望

本书基于对实践情境的观察，通过系统搜集、整理组织韧性、资源拼凑、危机学习的相关理论后，提出本书的研究问题并将其细分为四个方面的子问题，对危机情境下企业资源拼凑、危机学习与组织韧性的关系，以及环境不确定性和组织的创造性氛围的调节作用进行了深入的探讨。在理论基础与文献综述部分，本书梳理了已有研究中组织韧性、资源拼凑、危机学习的研究现状，归纳提炼了现有研究中的不足或空白，为之后的案例与实证研究奠定理论基础。在案例研究中，本书采用探索性案例研究方法，基于多案例设计，提炼了“资源拼凑—危机学习—组织韧性”的理论分析框架。在实证研究中，本书考虑到重大公共灾害等危机事件的发生同时伴随着企业外部环境的变化与企业内部环境的激活，引入了两个关键调节因素：环境不确定性和组织的创造性氛围。基于已有理论研究，阐述整体模型的理论逻辑，并提出变量间的假设关系。最后通过收集大样本数据进行实证研究，检验变量间的主效应、中介效应、调节效应，基于统计分析数据检验假设关系，以提炼研究结论。本章节将从整体对上述研究的结论进行总结，阐述本书的理论贡献与实践启示，最后提出本书的研究不足及未来研究方向。

7.1 研究结论与管理启示

本节主要就案例分析和实证分析所得到的结论进行系统性的梳理和阐述，并就研究结论针对性地提炼理论贡献与实践启示。

7.1.1 研究结论

通过案例分析与实证检验，本书的研究结论主要包含以下四个方面。

结论一：资源拼凑能够帮助企业在危机情境下快速创建解决方案，是组织韧性塑造的重要驱动因素。

当危机发生时，企业表现出接受危机现实，并迅速做出反应，企业通过资源拼凑快速创建应对危机的解决方案。通过案例分析，本书发现与目前仅有的关于危机情境下资源拼凑的研究一致，重大公共灾害导致企业遭遇了明显的资源短缺危机，资源拼凑能够帮助企业应对资源匮乏的制约，解决他们本来无法应对的新挑战（苏芳等，2016；Santos et al.，2020），从而在面对危机事件的冲击时，推动组织韧性的塑造，实现快速恢复。

然而，与现有研究不同的是，在危机中，资源拼凑作为快速响应策略并不局限于资源匮乏这一具体情境，还包括企业原本配置完善的资源难以发挥原有优势。突发性的重大公共灾害造成企业原本配置完善的资源难以发挥原有的优势，扰乱和挑战组织运行的秩序，对企业内部的管理、经营、品牌、业绩等方面造成负面影响，威胁组织的生存能力。面对危机情境下的时间压力与资源压力，企业不会拖延至找到最优资源才行动，而是接受危机，通过资源拼凑以低成本的方式快速创造能够有效应对危机的解决方案，解决企业在危机情境下遇到的突发问题，继续或重新启动业务，有助于企业应对威胁和回应机会，从而提高组织韧性。

具体而言，危机情境下企业通过资源拼凑能够以低成本的方式快速及时调动企业原本丰富的资源储备，连接企业内外部可以触达的物质、人力、技能、网络等有形和无形资源，并对上述资源进行创造性重组。这能够为企业在应对危机过程中塑造丰富的资源解决方案，针对具体情况快速实施响应措施，迅速调整产品服务，以适应和应对不断变化的商业环境，有效地将危机带来的负面影响降至最低。在这个过程中，企业能够打破先前资源组合中固有的认知、惯性或流程等，为企业创造新的资源组合以回应危机中蕴含的机会。同时，及时的资源拼凑促使企业现有市场环境的变化保持敏锐的感知，始终监控危机情境下行业内的机会和威胁，以便在外部危机的冲击下生存并持续繁荣发展。在此基础上，本书通过大样本的实证检验进一步证实上述结论，危机情境下企业资源拼凑对于组织韧性的适应能力和预警能力具有显著的正向影响。基于此，资源拼凑为组织韧性的塑造提供了必要的资源基础与保障。

结论二：当危机发生时，企业的资源拼凑响应行为会激发特定的企业危机学习内在机制，具体表现为危机反思、快速修正和重复实践这三个动作的贯序循环，在资源拼凑与组织韧性之间起着重要的中介作用。

危机中既包含威胁，又包含机遇，企业通过资源拼凑获得响应威胁与机遇的经验，但由于企业为应对危机所采取的资源拼凑行动通常被视为一种临时性的资源解决方案（Duchek，2020），危机响应经验会随着时间的推移而减弱，从企业的长期发展考虑，需要及时推动学习行为，整合资源拼凑过程获得的应对危机的知识（Vakilzadeh and Haase，2021；李平和竺家哲，2021），持续优化和改进企业的行动才能有利于企业在危机情境下长期应对威胁并回应机会（Barkema，2021）。因此，企业需要在危机发生时及时推动危机学习将资源拼凑产生的经验或知识快速内化到企业原有知识体系中，以促进组织韧性的形成。通过案例分析，当危机发生时，企业的资源拼凑响应行为会激发特定的企业危机学习内在机制，基于过程视角，表现为危机反思、快速修正和重复实践这三个动作的贯序循环。在危机学习的过程中，危机反思使企业系统分析和思考应对危机的经验，归纳总结有利于指导企业未来行动的知识；快速修正使企业在最短的时间内改进企业经营流程、规范，甚至调整发展战略的行为，将有效的知识整合进原有知识体系；而重复实践强调以应用为导向的持续学习和持续改进，通过在更多的场景中复制和练习相关技能，能够对快速修正过程中所确定的知识体系、流程和方案予以验证和优化，并回馈于新一轮的危机反思，在危机反思、快速修正和重复实践的动态迭代中完成危机学习知识的沉淀和固化。

通过大样本的实证分析，本书进一步检验了危机学习对于资源拼凑与组织韧性之间具体的中介作用关系，发现危机学习过程中的危机反思、快速修正和重复实践对于资源拼凑与组织韧性之间的中介效应具有较大的差异性。具体而言：一方面，危机学习中的危机反思在资源拼凑与适应能力之间的中介效应不显著，但快速修正与重复实践具有部分中介效应。这进一步验证了危机学习对于资源拼凑所生成的经验和知识的固化作用，以适应能力为基准，对于资源拼凑所创造的新的资源组合和资源应用知识，通过危机学习的快速修正与重复实践能够提升组织韧性。另一方面，危机学习中的快速修正对于资源拼凑与预警能力的关系具有部分中介效应，但危机反思与重复实践的中介效应不显著。因此，当以预警能力为基准时，只有通过危机学习过程中的快速修正转化资源拼凑所创造的新的资源组合和资源应用知识，并最终作用于预警能力。

结论三：环境不确定性是危机发生时企业生存和发展的外生性情境，在资源拼凑与危机学习之间具有重要的调节作用且呈现出一定的差异性。

环境是企业生存和发展的场所，企业需要密切监控和分析环境的变化及其所传递的信息才能在不确定的环境中规避风险或捕获机会，以实现生存和发展。面对环境不确定性，传统的研究认为企业所处的环境可能比其他因素对战略决策、组织结构、流程规范、企业成长等方面的影响更大（Afshar Jahanshahi and Brem，2020；Temouri et al.，2022）。通过实证检验，本书发现环境不确定性对于资源拼凑与危机学习之间的调节作用具有一定的差异。具体而言，环境不确定性对于资源拼凑与危机反思之间的关系具有正向调节作用，对于资源拼凑与重复实践之间的关系具有正向调节作用，即当环境不确定性越强，越会增强资源拼凑与危机反思、重复实践之间的正向关系。环境不确定性越强，企业预测环境变化和信息的难度越大，预测突发的危机事件给市场、行业竞争等带来的影响越难，面临的挑战越多，越需要资源来抓住机会或防御潜在风险（Bradley et al.，2011），通过资源拼凑能够在时间压力下以低成本的方式快速连接更多的资源组合。其中，知识资源作为企业获取竞争优势的重要资源，当环境不确定性较高时，企业会更倾向于能够主动连接到新知识的学习环节，以更好地感知市场需求、产品技术或行业竞争形式的变化（Shrivastava et al.，2015），因此，会增强资源拼凑与危机反思、重复实践之间的正向关系。但环境不确定性对于资源拼凑与快速修正之间关系的调节效应不显著，说明快速修正行为是企业在危机发生时的基础性学习行为，并不受企业感知到环境不确定性高低的影响。

结论四：组织的创造性氛围是危机发生时企业生存和发展的内生性情境，在危机学习与组织韧性之间具有重要的调节效应且呈现出一定的差异性。

组织的创造性氛围根植于组织工作环境中，可能影响组织的动机和行为（Shirahada and Kazuma，2013），被认为是在挑战面前为组织适应和转型提供有利环境的必要条件（Mafabi et al.，2013；Stephenson et al.，2010），因此，传统研究大多数提出，当组织具有创造性氛围时，组织能够为新想法的提出提供时间和资源，支持危机情境下的创新与转型，支撑组织韧性的塑造。但是，通过实证检验，本书发现组织的创造性氛围对于危机学习不同维度与组织韧性的适应能力、预警能力之间的影响存在一定的差异，在危机发生时组织的创造性氛围并不是一直发挥积极的作用。

具体而言，第一，组织的创造性氛围对于危机反思与适应能力之间的关系有负向调节作用，即当组织的创造性氛围越强，反而会弱化危机反思与适应能力之间的正向关系，企业面临较强的时间约束，此时组织的创造性氛围较高，企业可能更专注于在有限的时间内创造新的有价值的想法，反而忽略了对既有的响应行为进行复盘和反思。

第二，组织的创造性氛围对于快速修正与适应能力之间的关系有正向调节作用，即当组织的创造性氛围越强，越会增强快速修正与适应能力之间的正向关系，高度创造性的组织氛围能够激发组织的创造性思维，能够在组织中讨论、发展和启动产生既新颖又适应于环境变化的想法（Moultrie and Young，2009；Shah and Ali，2011），在新举措上承担风险并将想法付诸行动，以捕获环境中潜藏的机会，从而提高组织的适应能力。但组织的创造性氛围对重复实践与适应能力之间的正向关系没有影响，对危机学习与预警能力之间的正向关系没有影响。

7.1.2 理论贡献

基于研究结论，本书的理论贡献主要体现在以下四个方面。

理论贡献一：对于危机发生时资源拼凑与危机学习对组织韧性的影响研究，整合资源与学习因素揭示了组织韧性形成的内在机制，丰富并修正了现有组织韧性的研究。

本书根据企业面对危机事件带来的瞬时冲击所实施的快速响应行动，以及在危机情境中逐步恢复并抓住机会逆势反弹的过程中所表现出来的特点，基于资源拼凑、危机学习与组织韧性的理论研究，构建并检验了“资源拼凑—危机学习—组织韧性”的理论框架，揭示了组织韧性实现的内在机制，揭示了危机发生时企业转危为机背后的理论逻辑，对现有研究中关于资源的快速响应作用于组织韧性的假设和共识提供了进一步的补充，弥补了现有关于组织韧性的研究单一考量资源或学习因素所导致的解释力不足。

随着新冠肺炎疫情的暴发、全球政治和经济格局重塑等给企业生存带来的冲击，企业能否建立或提高组织韧性成为自身存活，甚至撬动未来发展机会的关键（Williams et al.，2017；单宇等，2021），战略管理领域对组织韧性的关注与探讨与日俱增，相关研究从组织韧性的界定、组织韧性的内外部影响因素、组织韧性的形成路径三个方面对组织韧性进行了广泛的探讨。上述研究初步形成了一个共识，即企业面对危机时通过灵活的资源配置来快速响应是形成组织韧性的关键（彭新敏等 2022；Duchek et al.，2020），但是资源快速响应行为在组织韧性形成过程中扮演何种角色，产生影响的内在机制仍然缺少进一步细化的探讨。本书认为面对危机事件的不可预测性和突发性会给企业带来较大的时间压力和资源压力（Tognazzo et al.，2016），对组织内部的稳定运营带来扰动。资源拼凑是企业临时实施的，能够快速起效的关键资源管理手段。不但能够帮助企业以低成本的方式快速创造应对危机局势的资源解决方案，继续或重新启动业务（Duchek，2020），还能挑战传统的资源行动，打破既往的认知、惯例和流程，开发新的机会。

进一步，本书验证了 Hoegl 和 Hartmann（2021）提出的组织学习对组织韧性的重要作用，并在此基础上发现，危机学习是决定危机情境下企业资源拼凑对组织韧性作用的关键因素。危机中包含威胁与机遇双重属性，资源拼凑有助于企业在危机中识别新机会，通过资源拼凑所获得的危机响应经验有助于企业发现新的知识来抓住危机中的机会。但企业为应对危机所采取的资源拼凑行动通常被视为一种临时性的资源解决方案（Duchek，2020），这种经验会随着时间的推移而减弱，企业需要在危机发生时及时推动危机学习，将上述经验内化到原有知识体系中，推动组织的优化和变革，才能在危机情境中抓住机会以保持长期竞争优势。本书的理论观点响应了国内外研究学者对于关注组织韧性在企业应对VCUA环境上重要性的呼吁（Williams et al.，2017；单宇等，2021），对现有研究中关于资源快速响应行动影响组织韧性的假设和共识提供了进一步的补充和修正（彭新敏等2022；Duchek，2020）。在此基础上，本书对于组织韧性形成内在机制的探讨，解释了当危机发生时，企业应如何通过危机学习沉淀和创造性吸收资源拼凑过程中所形成的有效应对经验，并最终作用于组织韧性的重要作用，弥补了现有关于组织韧性的研究单一考量资源或学习因素所导致的解释力不足（李平、竺家哲，2021；Hoegl and Hartmann，2021）。

理论贡献二：基于危机发生时企业资源行动的快速响应倾向，探讨了资源拼凑在危机情境下创造危机解决方案并对组织韧性形成的关键作用，拓展了资源拼凑理论在危机情境下的应用和解释边界。

拼凑理论起源于人类学研究，认为对手头可以利用的一切资源进行解构、认知和重新组合，能够创造新规则、新方法或新手段（Lévi-Strauss，1967）。资源拼凑涉及手头资源、将就利用、资源重组三个核心概念（Baker和Nelson，2005），本质上是一种“巧创”行为，承认异质性资源的价值，强调资源的构建逻辑（陆亚东，2015）。现有研究主要关注常规情境下资源拼凑的应用，遵循资源匮乏假设或开发冗余资源价值的目标，认为企业通过资源拼凑，创造性重组现有资源，挖掘资源的新价值与新用途，能够帮助企业参与本来无法应对的新挑战，以提高企业的能力或绩效（Baker and Nelson，2005；

Senyard et al.，2014；冯文娜等，2020；于晓宇和陈颖颖，2020）；但也有研究认为资源拼凑所形成的创造性的资源解决方案通常被视为一种暂时过渡的方法，随着时间的推移可能会限制企业成长（Baker and Nelson，2005；Sonenshein，2014；Steffens et al.，2023）。

然而，与常规情境下资源拼凑丰富的研究相比，对危机情境下资源拼凑的探讨十分有限（苏芳等，2016；Santos et al.，2020），且相关研究仍然遵循常规情境下的资源匮乏假设。本书对于危机情境下企业资源拼凑对组织韧性影响的探讨发现，在危机中，资源拼凑作为快速响应策略并不局限于资源匮乏这一具体情境，还包括企业原本配置完善的资源难以发挥原有优势。也就是说企业原本具备完善的资源基础和配置，但是在危机事件的冲击下短期内失去作用，无法发挥其原有的作用和优势。面对危机带来的时间压力和资源压力，企业不会拖延到找到最优资源才行动，而是通过资源拼凑重组手头资源快速寻找新的有效的资源组合。资源拼凑的低成本和及时性有助于企业在危机情境中以低成本的方式快速打破原有资源惯例，创建危机解决方案，帮助企业应对威胁或回应机会。这在一定程度上弥补了资源拼凑理论对危机情境关注的不足所造成的研究缺口，拓展了资源拼凑的解释边界和应用范围。

理论贡献三：基于过程视角提炼了危机发生时企业危机学习的内在表现（危机反思—快速修正—重复实践），解释了危机发生时企业如何快速固化和迁移通过资源拼凑获取的有效但临时的危机应对知识和经验，并作用于组织韧性，进一步丰富了危机学习理论的研究。

关于危机学习的理论研究，起源于组织危机管理中的认知主义学习观点（Antonacopoulou and Sheaffer，2014），该观点认为更好地评估危机，通过对危机进行学习并根据这种理解采取补救行动可以有效预防组织将来遭受相同或类似的危机，或是应对（当前或未来的）危机事件带来的负面影响，并尽量减少上述负面影响（Deverell，2009；Kovoor-Misra et al.，2000；Boin et al.，2016）。相关研究从政治学和组织研究的角度对危机事件的解释、经验的重视、政策框架的变化、组织学习的类型、组织学习的障碍等方面进行了探讨（DeLeo et al.，2021；Kuipers and Boin，2015；Lampel et al.，2009），部分学者将研究拓展到战略管理领域，发现先前的负面或危机事件的经验会影响公司的管理行动和决策过程（Preble，1997；Min，2019）；但是，上述经验研究更关注在危机结束之后，向之前某个危机学习并做出改善的过程，鲜有文献对危机发生时危机学习的内在机制做出有益的解释。

本书检验了危机学习对于危机情境下资源拼凑与组织韧性之间重要的中介作用，面对危机事件的不可预测性和突发性所带来的时间压力，危机学习能够促进企业快速对资源拼凑过程中有效的危机应对经验进行筛选、优化和沉淀，帮助企业最大程度地降低危机事件带来的负面影响，使企业的运营活动在受到干扰后快速恢复至原有状态，并积极推动企业变化，以抓住危机中潜藏的机遇，从而实现更好的成长。本书对于危机发生时企业危机学习的研究，打开了企业危机学习的“黑箱”，识别危机发生时危机学习的贯序循环行为（危机反思—快速修正—重复实践），能够贡献于现有研究对危机学习内在机制考量不足所形成的研究缺口。此外，基于常规情境下组织学习的研究，本书进一步探讨了危机学习理论，识别出组织在特定危机情境中的学习行为，并为后续战略管理研究中的危机管理与组织学习的融合提供了具有启发性的经验借鉴。

理论贡献四：将环境不确定性和组织的创造性氛围作为调节变量纳入“资源拼凑—危机学习—组织韧性”的研究框架中，围绕抽象的危机从更为微观的层面引入可以量化的情境变量，丰富了组织韧性形成的边界条件研究。

现有关于组织韧性的研究，将危机情境视为一种难以测量的宏观背景导入条件，忽略了从微观层面更为细致地探讨危机发生时影响组织韧性形成的情境因素。本书紧密围绕危机，基于企业外部和企业内部，引入环境不确定性和组织的创造性氛围两个情境变量。重大公共灾害等危机事件的发生同时伴随着企业外部环境的变化与企业内部环境的激活。一方面，从企业外部看，当重大公共灾害发生时，通常都伴随着企业外部环境的迅速改变，比如消费行为、竞争结构或行业业态改变等，这会进一步加剧企业预测外部环境变化的难度，在经验研究层面反映在环境不确定性上；另一方面，从企业内部看，重大公共灾害等危机发生后，企业内部的环境也会伴随着危机事件的出现发生改变，通过调整组织的整体氛围以鼓励和支持员工积极的或创造性地应对危机，而非坐以待毙，这种对积极或创造性行动的支持氛围在经验研究层面反映在组织的创造性氛围。

环境不确定性是企业必须面对的重要权变因素之一（Tashman and Rivera，2015；Afshar Jahanshahi and Brem，2020），组织的创造性氛围能够推动企业在特定时刻讨论、发展和启动新想法，承担风险并将新想法付诸行动（Cirella et al.，2016；Shirahada and Kazuma，2013）。危机情境下逆境事件的冲击诱发企业感知的环境不确定性增加，组织的创造性氛围则是在挑战面前为组织适应和转型提供有利环境的必要条件（Stephenson et al.，2010；Mafabi et al.，2013），因此，环境不确定性和组织的创造性氛围可能影响危机事件发生时企业的资源行动和学习行为。但对于环境不确定性和组织的创造性氛围在企业资源拼凑、危机学习、组织韧性之间的关系所发挥的调节作用，现有研究还未进行充分探讨。

基于此，本书检验了环境不确定性在“资源拼凑—危机学习”之间所发挥的调节作用，组织的创造性氛围在“危机学习—组织韧性”

之间所发挥的调节作用，解释了环境不确定性和组织的创造性氛围在资源拼凑、危机学习、组织韧性三者之间关系的差异性影响，丰富了组织韧性形成研究的边界条件。对于环境不确定性所发挥的差异性调节作用的探讨，本书回应了现有研究的基本假设，即环境不确定性会影响企业的资源与学习行为（Afshar Jahanshahi and Brem，2020；Temouri et al.，2022），但也修正了现有研究的理论偏视，当组织的学习行为倾向于在短时间内快速纠正企业内部错误时，环境不确定性不会对其产生影响。对于组织的创造性氛围所发挥的差异性调节作用的探讨，验证了组织的创造性氛围积极推动组织适应的观点（Mafabi et al.，2013；Stephenson et al.，2010），但本书也发现了组织的创造性氛围对于企业适应行为的负向抑制作用，即当组织的创造性氛围越高的时候，反而会抑制危机反思对组织韧性的正向影响，这突破了传统对组织的创造性氛围的认知。

7.1.3 实践启示

针对研究结论，本书的实践启示主要包括以下四个方面。

实践启示一：审视企业内外部资源环境，在应对外部突发危机事件时发挥资源拼凑的“巧配”作用，为企业生存和发展塑造新的资源解决方案。

随着市场环境的多变性、不确定性、复杂性、模糊性特征日益明显，竞争环境日趋激烈，企业的经营活动正在或将长期遭遇更高强度的扰动或威胁，企业需要通过不断重新审视自身的资源禀赋来创造新的有价值的、性价比高、能够快速响应环境剧变的资源组合。值得注意的是，在环境剧变的过程中，企业面临的挑战增加，原有赖以生存的资源组合模式或路径遭到破坏，需要更多的资源来抵御风险或抓住机会，但环境剧变加剧了企业获取资源的难度与成本。面对市场环境剧变带来的时间压力与资源压力，这就要求企业具备能够快速以低成本的方式重组手边资源的能力，以减缓环境剧变给企业生存发展带来的危机与挑战，从而帮助企业打破原有的资源惯例并创造新的机会。企业可以主动识别并开发在现有资源中尚未被充分利用的潜在价值，这些资源可能包括仅发挥单一功能的资源、冗余资源，或一度被企业忽视的资源。在这个过程中，企业利用资源拼凑创造性地重组上述资源，对可利用的资源模块进行“巧”配，实现新的资源组合或连接，激活资源潜藏的新价值，以提高现有资源的利用效率。此外，企业也可以注意外部能够低成本连接到有效资源，由于对资源惯性的依赖，企业内部资源的重组可能难以打破既有资源刚性，因此，积极发挥拼凑的巧配作用，创造性组合企业外部资源，激发内外部资源模块的协同效应，有助于企业突破既有资源惯例，创造全新的资源解决方案。

实践启示二：深化组织危机管理与组织学习的融合，在应对环境剧变过程中及时激发危机学习对经验沉淀和企业变革的关键作用。

面对“黑天鹅”与“灰犀牛”等高影响力/低概率的危机事件的频发，加之国际经济秩序重塑、世界经济增速放缓、中国经济转型导致新老矛盾交织等各类风险大量叠加并加速传导，行业竞争格局与消费结构都在发生巨大变化，企业的经营活动受到剧烈的干扰和威胁。在此背景下，企业要想在环境剧变过程中占据优势，并不能仅仅依赖于保障现有业务的稳定，而是要跟随外部环境的变化达成自身学习能力的进化，尤其是要深化组织危机管理与组织学习的融合，巧用危机学习的方式完成知识的吸收与转化。首先，要对快速响应危机过程中的行动，特别是关键的资源行动进行持续的反思和系统的评估，以筛选有效的危机应对经验和流程，识别关键优势和劣势；其次，企业立足于识别到的经验、流程或优势等，通过快速重新设计其产品、目标、规范、流程等将上述知识整合进企业原有的知识体系中，在短时间内快速固化有效的危机应对经验，并根据这些知识采取行动，推动企业建立新的发展路径；最后，要通过重复实践的方式在多个应用场景中重复运用推动新经验的扩散，整合多个应用场景中发现的新知识进而巩固优化企业新的发展路径，通过危机学习内在行动机制的迭代循环推动企业在应对环境剧变过程中及时实现经验的积累与路径的升级。

实践启示三：重视环境不确定性所带来的风险，在积极应对的过程中充分识别环境不确定性下所掩藏的机遇，动态调整组织的创造性氛围，优化组织的创造性氛围对捕获机会的积极作用。

逆全球现象、中美贸易脱钩、新冠肺炎疫情等各类风险叠加冲击了全球经济和贸易格局，市场运营环境的不确定性急剧增加，导致企业原有模式的价值降低，给企业带来更强的潜在风险，表现在市场需求变化变得更加难以预测，现有产品和竞争对手行为的变化速度越来越快，企业所面临的生存和发展压力越来越大。因此，面对不确定性的环境，企业要积极地通过资源拼凑，重新整合手头能够以低成本的方式快速连接的内外部资源，探索现有资源的新价值，建立有效的资源应对策略，提升企业经营中快速响应环境不确定性的能力，以控制常规甚至是非常规或突变的风险。此外，环境不确定性是企业调整战略的重要推动力，为了避免市场竞争地位下降，这时企业不应再仅仅将不确定性的环境视为危机，应该将其视为推动企业能力升级的良机，提升对机会的警觉性。因此，企业需要更加积极地通过危机学习的方式快速解构环境不确定性下所掩藏的机会，尤其要注意快速修正和重复实践对于提升企业感知外部环境变化的能力、灵活适应的能力以及资源调配的能力，主动识别和把握市场机会。在这个过程中，管理者要适时、动态地调整组织内的创造性氛围，优化组织的创造性氛围对捕获机会的积极作用。

7.2 研究局限与未来展望

本节主要对研究过程中存在的不足进行阐述，提炼本书的局限之处，并对未来研究提供可供参考的方向。

7.2.1 研究的局限性

本书的局限性主要包括如下三个方面：

第一，本书对于影响组织韧性形成因素的考量范围仍然有限。本书对组织韧性形成机制的探讨，主要关注了危机发生时企业在资源和学习层面的响应行动对组织韧性的作用，但组织韧性的形成不是一蹴而就的，危机发生前，在常规情境下企业对网络关系的搭建、企业社会责任、资源储备的属性等方面的组织因素对组织韧性的形成亦存在重要影响。此外，本书探讨了环境不确定性和组织的创造性氛围两个变量的调节作用，忽视了团队、领导力、文化等因素的调节效应，上述因素会影响企业在危机情境下对环境的认知，对战略变化的执行等，对组织韧性的形成也具有显著影响。为了保证研究问题的清晰性，本书并未将上述内容涵盖进来，未来研究有待将更多因素纳入组织韧性形成机制的考量中来，以更好地揭示组织韧性的形成。

第二，本书没有就企业自身的特征展开进一步的细分。本书选取的研究对象主要为在发展过程中受到外部危机事件冲击的企业（例如，受新冠肺炎疫情影响的企业），但是在数据分析中并未对企业自身的特征进行分组，例如，企业规模的大小，企业所属行业类型，是否为民营企业、国有企业或外资企业等，不同特征的企业在资源拼凑或危机学习行为上可能存在差异。事实上，为了保证研究数据的真实性和准确性，本书耗费了大量的精力并通过多种途径来收集调研问卷，并将上述信息纳入问卷收集的题项中。虽然本书的样本量已经达到了实证研究的要求，但是通过基本的统计分析发现，现有的样本企业里小企业数量较少、行业比较分散，而且大部分集中于民营企业，这限制了本书基于企业特征对总体样本进行分组检验的合理性。此外，本书没有考虑在危机情境中失败的企业，未来研究需要选择失败的案例企业进行对比。未来研究需要将成功和失败的企业在资源与学习行为上的差异性涵盖进来，进行系统的理论推演与实证检验。

第三，本书没有考虑时间因素，基于纵向数据展开时间序列分析。在企业应对外部危机事件的实践中，随着时间的演进，企业基于资源和学习的行动可能发生变化。由于本书采用了多案例研究设计并使用了截面数据进行分析，虽然在一定程度上有利于本书的结论向不同行业不同层次的推广，但是忽视了在纵向时间视角下，对企业资源和学习行动随时间变化而呈现出的动态发展与演化特征进行探讨。未来研究需要从更为动态的时间视角考量情境变化与企业行为调整的共演关系。

7.2.2 未来研究方向与展望

针对上述局限，本书的未来研究方向与展望主要包括以下三个方面。

第一，充分考量不同调节因素对企业资源拼凑、危机学习和组织韧性的影响。未来研究可以进一步分析团队、领导力、文化等组织层面的变量以及环境动荡性、制度情境等环境层面的变量对“资源拼凑—危机学习—组织韧性”理论框架的调节效应。此外，也可以进一步将研究的关注点扩大至危机发生前，企业在常规情境下的行为对组织韧性的影响，以进一步优化和丰富组织韧性形成的内在机理。

第二，充分考量不同特征的成功或失败的企业在危机情境下资源拼凑、危机学习与组织韧性的差异性。在案例研究设计和分析上，可以丰富案例企业样本，扩大调研范围，采用对比案例研究的设计来分析不同特征的企业资源拼凑的类型或重点是否存在差异，在危机学习行为的方式和流程上是否存在不同。在大样本实证检验上，继续扩大样本的收集范围，对不同特征的样本企业进行分组检验，在更大范围内进一步验证不同企业在资源拼凑与危机学习行为上的差异性表现，夯实构建理论构建的基础。

第三，充分考量时间因素，分析资源拼凑、危机学习与组织韧性关系的演化。在案例设计和分析上，可以对具有极端性和启发性的案例企业进行多轮次的深度访谈，采用探索性单案例研究设计，基于纵向时间视角深入分析案例企业资源拼凑、危机学习与组织韧性的渐进演化。此外，在研究条件许可的前提下，可以进一步收集纵向的时间序列数据，整合危机发生时以及危机结束后的全过程，检验不同时间点资源拼凑、危机学习及其对组织韧性关系的影响作用，以进一步完善相关研究。

参考文献

[1] 宝贡敏，龙思颖.企业动态能力研究：最新述评与展望［J］. 外国经济与管理，2015，37（7）：74-87.

[2] 鲍明旭.变革领导力对团队资源拼凑的影响——基于个体和团队层面的研究［D］. 长春：吉林大学，2017.

[3] 陈逢文，冯媛.新创企业社会网络、风险承担与企业绩效——环境不确定性的调节作用［J］. 研究与发展管理，2019，31（2）：20-33.

[4] 陈逢文，付龙望，张露，等.创业者个体学习、组织学习如何交互影响企业创新行为？——基于整合视角的纵向单案例研究［J］. 管理世界，2020，36（3）：142-164.

[5] 陈国权，孙锐，赵慧群.个人、团队与组织的跨层级学习转化机制模型与案例研究［J］. 管理工程学报，2013，27（2）：23-31.

[6] 陈国权.学习型组织的过程模型、本质特征和设计原则［J］. 中国管理科学，2002（4）：87-95.

[7] 陈国权.组织学习和学习型组织：概念、能力模型、测量及对绩效的影响［J］. 管理评论，2009，21（1）：107-116.

[8] 迟冬梅，段升森，张玉明.和谐的力量：劳动关系氛围对组织韧性的影响［J］. 外国经济与管理，2023，45（1）：88-103.

[9] 单标安，蒲怡，闫双慧，等.不确定性情境下即兴能力对科技型新企业绩效的影响研究［J］. 管理学报，2021，18（7）：1032-1039.

[10] 单宇，许晖，周连喜，等.数智赋能：危机情境下组织韧性如何形成？——基于林清轩转危为机的探索性案例研究［J］. 管理世界，2021，37（3）：84-104.

[11] 德里达.多重立场［M］. 余碧平，译.北京：三联书店，2004.

[12] 段升森，迟冬梅，张玉明.信念的力量：工匠精神对组织韧性的影响研究［J］. 外国经济与管理，2021，43（3）：57-71.

[13] 冯文娜，陈晗.二元式创新对高技术企业组织韧性的影响——知识范围与知识平衡的调节作用［J］. 科学学与科学技术管理，2022，43（4）：117-135.

[14] 冯文娜，姜梦娜，孙梦婷.市场响应、资源拼凑与制造企业服务化转型绩效［J］. 南开管理评论，2020，23（4）：84-95.

[15] 高洋，葛宝山，蒋大可.组织学习、惯例更新与竞争优势之间的关系——基于不同环境不确定水平的研究［J］. 科学学研究，2017，35（9）：1386-1395.

[16] 何一清，崔连广，张敬伟.互动导向对创新过程的影响：创新能力的中介作用与资源拼凑的调节作用［J］. 南开管理评论，2015，18（4）：96-105.

[17] 侯曼，王倩楠，弓嘉悦.企业家精神、组织韧性与中小企业可持续发展——环境不确定性的调节作用［J］. 华东经济管理，2022，36（12）：120-128.

[18] 黄江明，李亮，王伟.案例研究：从好的故事到好的理论——中国企业管理案例与理论构建研究论坛（2010）综述［J］. 管理世界，2011（2）：118-126.

[19] 简兆权，王晨，陈键宏.战略导向、动态能力与技术创新：环境不确定性的调节作用［J］. 研究与发展管理，2015，27（2）：65-76.

[20] 李玎玎，李雪灵.环境动态性、资源拼凑与中小企业创新［J］. 财经问题

研究，2021（4）：123-129.

[21] 李兰，仲为国，彭泗清，等.新冠肺炎疫情危机下的企业韧性与企业家精神——2021·中国企业家成长与发展专题调查报告［J］. 南开管理评论，2022，25（1）：50-64.

[22] 李亮，刘洋，冯永春.管理案例研究：方法与应用［M］. 北京：北京大学出版社，2020.

[23] 李平，竺家哲.组织韧性：最新文献评述［J］. 外国经济与管理，2021，43（3）：25-41.

[24] 李平.VUCA条件下的组织韧性：分析框架与实践启示［J］. 清华管理评论，2020（6）：72-83.

[25] 李雪灵，刘源，樊镁汐，等 平台型组织如何从新冠疫情事件中激活韧性？——基于事件系统理论的案例研究［J］. 研究与发展管理，2022，34（5）：149-163.

[26] 李雪灵，龙玉洁，刘晶.资源约束情境下创业拼凑手边资源要素识别的扎根研究［J］. 管理学报，2022，19（1）：56-64.

[27] 李宇，王竣鹤.学习和忘却、组织韧性与企业数字化能力获取研究［J］. 科研管理，2022，43（6）：74-83.

[28] 刘书博.组织韧性：在危机中成长的能力［J］. 清华管理评论，2020（6）：90-95.

[29] 刘振，丁飞，肖应钊，等.资源拼凑视角下社会创业机会识别与开发的机制研究［J］. 管理学报，2019，16（7）：1006-1015.

[30] 路江涌，相佩蓉.危机过程管理：如何提升组织韧性？［J］. 外国经济与管理，2021，43（3）：3-24.

[31] 罗胜强，姜嬿.管理学问卷调查研究方法［M］. 重庆：重庆大学出版社，2014.

[32] 马奔，程海漫.危机学习的困境：基于特别重大事故调查报告的分析［J］. 公共行政评论，2017，10（2）：118-139；195-196.

[33] 马浩.组织韧性的机制与过程［J］. 清华管理评论，2020（6）：84-89.

[34] 毛基业，陈诚.案例研究的理论构建：艾森哈特的新洞见——第十届“中国企业管理案例与质性研究论坛（2016）”会议综述［J］. 管理世界，2017（2）：135-141.

[35] 毛蕴诗，刘富先.双重网络嵌入、组织学习与企业升级［J］. 东南大学学报（哲学社会科学版），2019，21（1）：54-65；144.

[36] 欧绍华，查君君.创业拼凑对新企业资源获取的动态影响研究——基于创业学习的中介效应［J］. 经济经纬，2020，37（3）：125-133.

[37] 彭新敏，慈建栋，刘电光.危机情境下组织韧性形成过程研究：基于注意力配置视角［J］. 科学学与科学技术管理，2022，43（6）：145-160.

[38] 秦剑.基于创业管理视角的创业拼凑理论发展及其实证应用研究［J］. 管理评论，2012，24（9）：94-102.

[39] 宋晶，陈劲.创业者社会网络、组织合法性与创业企业资源拼凑［J］. 科学学研究，2019，37（1）：86-94.

[40] 宋耘，王婕，陈浩泽.逆全球化情境下企业的组织韧性形成机制——基于华为公司的案例研究［J］. 外国经济与管理，2021，43（5）：3-19.

[41] 苏芳，毛基业，谢卫红.资源贫乏企业应对环境剧变的拼凑过程研究［J］. 管理世界，2016（8）：137-149；188.

[42] 王凤彬，张雪.用纵向案例研究讲好中国故事：过程研究范式、过程理论化与中西对话前景［J］. 管理世界，2022，38（6）：191-213.

[43] 王涛，占小军，杨维.VUCA时代的韧性领导：研究述评与展望［J］. 外国经济与管理，2023，45（2）：3-21.

[44] 王勇.组织韧性，战略能力与新创企业成长关系研究［J］. 中国社会科学院研究生院学报，2019（1）：68-77.

[45] 王兆群，胡海青，张丹，等.环境动态性下创业拼凑与新创企业合法性研究［J］. 华东经济管理，2017，31（10）：36-42.

[46] 魏江，焦豪.基于企业家学习的中小企业动态能力作用机理研究［J］. 商业经济与管理，2007（10）：27-31.

[47] 薛红志，牛芳.国外创业计划研究前沿探析［J］. 外国经济与管理，

2009，31（2）：1-7.

［48］ 野中郁次郎，竹内弘高.创造知识的企业：日美企业持续创新的动力［M］.李萌，高飞，译.北京：知识产权出版社，2006.

［49］ 于晓宇，陈颖颖，蔺楠，等.冗余资源、创业拼凑和企业绩效［J］.东南大学学报（哲学社会科学版），2017，19（4）：52-62；147.

［50］ 于晓宇，陈颖颖.冗余资源、创业拼凑与瞬时竞争优势［J］.管理科学学报，2020，23（4）：1-21.

［51］ 于晓宇，李雅洁，陶向明.创业拼凑研究综述与未来展望［J］.管理学报，2017，14（2）：306-316.

［52］ 俞仁智，何洁芳，刘志迎.基于组织层面的公司企业家精神与新产品创新绩效——环境不确定性的调节效应［J］.管理评论，2015，27（9）：85-94.

［53］ 张公一，张畅，刘晚晴.化危为安：组织韧性研究述评与展望［J］.经济管理，2020，42（10）：192-208.

［54］ 张建琦，吴亮，赵兴庐.企业拼凑模式选择对创新结果的影响——基于领域双元的研究视角［J］.科技进步与对策，2015，32（11）：61-66.

［55］ 张梦桃，张生太.关系网络对组织韧性的影响——双元创新的中介作用［J］.科研管理，2022，43（7）：163-170.

［56］ 张敏.资源拼凑会抑制企业家精神吗？——基于环境不确定及政商关系的调节效应检验［J］.科学学研究，2020，38（5）：886-894.

［57］ 张秀娥，滕欣宇.组织韧性内涵、维度及测量［J］.科技进步与对策，2021，38（10）：9-17.

［58］ 赵兴庐，张建琦，刘衡.能力建构视角下资源拼凑对新创企业绩效的影响过程研究［J］.管理学报，2016，13（10）：1518-1524.

［59］ 赵兴庐，张建琦.以创业拼凑为过程的新创企业的新颖性形成机制研究［J］.科技管理研究，2016，36（20）：183-189.

［60］ 甄珍，王凤彬.逆境事件冲击下全球价值链系统韧性的动态演化——基于嵌入性多案例的纵向研究［J］.中国工业经济，2022（10）：174-192.

[61] 周晓雪，崔淼.应对外部环境挑战的企业数字韧性塑造机理研究：基于数字化战略更新的视角［J］. 南开管理评论，2024，27（2）：4-17.

[62] 朱秀梅，鲍明旭，方琦.变革领导力与创业拼凑：员工建言与刻意练习的权变作用研究［J］. 南方经济，2018（6）：102-119.

[63] 祝振铎，李非.创业拼凑、关系信任与新企业绩效实证研究［J］. 科研管理，2017，38（7）：108-116.

[64] 祝振铎，李新春.新创企业成长战略：资源拼凑的研究综述与展望［J］. 外国经济与管理，2016，38（11）：71-82.

[65] AFSHAR JAHANSHAHI A，BREM A. Entrepreneurs in post-sanctions Iran：Innovation or imitation under conditions of perceived environmental uncertainty?［J］. Asia Pacific Journal of Management，2020，37（2）：531-551.

[66] AKGÜN A E，KESKIN H. Organisational resilience capacity and firm product innovativeness and performance［J］. International Journal of Production Research，2014，52（23）：6918-6937.

[67] ALDRICH H，RUEF M. Organizations evolving［M］. 2nd ed. London：Sage，2006.

[68] ALEKSIĆ A，STEFANOVIĆ M，ARSOVSKI S，et al. An assessment of organizational resilience potential in SMEs of the process industry，a fuzzy approach［J］. Journal of Loss Prevention in the Process Industries，2013，26（6）：1238-1245.

[69] ALEXANDER D E. Resilience and disaster risk reduction：an etymological journey［J］. Natural Hazards and Earth System Sciences，2013，13（11）：2707-2716.

[70] AL-GHATTAS H，MARJANOVIC O. Business analytics capabilities for organisational resilience［C］//Proceedings of the 54th Hawaii International Conference on System Sciences. Hawaii：IEEE Computer Society，2021.

[71] AN W，ZHAO X，CAO Z，et al. How bricolage drives corporate

entrepreneurship: The roles of opportunity identification and learning orientation [J]. Journal of Product Innovation Management, 2018, 35 (1): 49-65.

[72] ANDERSEN O J. A bottom-up perspective on innovations: Mobilizing knowledge and social capital through innovative processes of bricolage [J]. Administration & Society, 2008, 40 (1): 54-78.

[73] ANDERSSON S, EVERS N. International opportunity recognition in international new ventures—a dynamic managerial capabilities perspective [J]. Journal of International Entrepreneurship, 2015, 13 (3): 260-276.

[74] ANTIKAINEN M, MÄKIPÄÄ M, AHONEN M. Motivating and supporting collaboration in open innovation [J]. European Journal of Innovation Management, 2010, 13 (1): 100-119.

[75] ANTONACOPOULOU E. P. Practice. In Clegg S., Bailey J. (Eds.), International encyclopedia of organization studies [M]. London, England: SAGE, 2007.

[76] ANTONACOPOULOU E. P. On the practise of practice: In-tensions and ex-tensions in the ongoing reconfiguration of practice. In Barry D., Hansen H. (Eds.), Handbook of new approaches to organization studies [M]. London, England: SAGE, 2008.

[77] ANTONACOPOULOU E P, SHEAFFER Z. Learning in crisis: Rethinking the relationship between organizational learning and crisis management [J]. Journal of Management Inquiry, 2014, 23 (1): 5-21.

[78] ARGOTE L, LEE S, PARK J. Organizational learning processes and outcomes: Major findings and future research directions [J]. Management Science, 2020, 67 (9): 5399-5429.

[79] ATES A, BITITCI U. Change process: a key enabler for building resilient SMEs [J]. International Journal of Production Research, 2011, 49 (18): 5601-5618.

[80] BAKER T, MINER A S, EESLEY D T. Improvising firms: Bricolage, account giving and improvisational competencies in the founding process [J]. Research Policy, 2003, 32 (2): 255-276.

[81] BAKER T, NELSON R E. Creating something from nothing: Resource construction through entrepreneurial bricolage [J]. Administrative Science Quarterly, 2005, 50 (3): 329-366.

[82] BAKER T. Resources in play: Bricolage in the Toy Store (y) [J]. Journal of Business Venturing, 2006, 22 (5): 694-711.

[83] BAKER W E, SINKULA J M. The synergistic effect of market orientation and learning orientation on organizational performance [J]. Journal of the Academy of Marketing Science, 1999, 27 (4): 411-427.

[84] BARASA E, MBAU R, GILSON L. What is resilience and how can it be nurtured? A systematic review of empirical literature on organizational resilience [J]. International Journal of Health Policy and Management, 2018, 7 (6): 491-503.

[85] Barney J. Firm resources and sustained competitive advantage [J]. Journal of Management, 1991, 17 (1): 99-120.

[86] BARTON M A, KAHN W A. Group resilience: The place and meaning of relational pauses [J]. Organization Studies, 2019, 40 (9): 1409-1429.

[87] BARTUSEVICIENE I, BUTKUS M, SCHIUMA G. Modelling organizational resilience structure: insights to assess resilience integrating bounce-back and bounce-forward [J]. European Journal of Innovation Management, 2024, 27 (1): 153-169.

[88] BAUM J A C, DAHLIN K B. Aspiration performance and railroads' patterns of learning from train wrecks and crashes [J]. Organization Science, 2007, 18 (3): 368-385.

[89] BIRKIE S E, TRUCCO P, FERNANDEZ CAMPOS P. Effectiveness of resilience capabilities in mitigating disruptions: leveraging on supply chain

structural complexity [J]. Supply Chain Management: An International Journal, 2017, 22 (6): 506-521.

[90] BIRKLAND T A. Disasters, lessons learned, and fantasy documents [J]. Journal of Contingencies and Crisis Management, 2009, 17 (3): 146-156.

[91] BIRKLAND T A. Lessons of disaster: Policy change after catastrophic events [M]. Washington, D.C.: Georgetown University Press, 2006.

[92] BOIN A, LODGE M. Designing resilient institutions for transboundary crisis management: A time for public administration [J]. Public Administration, 2016, 94 (2): 289-298.

[93] BOIN A. Disaster research and future crises: Broadening the research agenda [J]. International Journal of Mass Emergencies & Disasters, 2005, 23 (3): 199-214.

[94] BOIN A. The new world of crises and crisis management: Implications for policymaking and research [J]. Review of Policy Research, 2009, 26 (4): 367-377.

[95] BOTHELLO J, SALLES-DJELIC M L. Evolving conceptualizations of organizational environmentalism: A path generation account [J]. Organization Studies, 2018, 39 (1): 93-119.

[96] BOUAZIZ F, SMAOUI HACHICHA Z. Strategic human resource management practices and organizational resilience [J]. Journal of Management Development, 2018, 37 (7): 537-551.

[97] BOXENBAUM E, ROULEAU L. New knowledge products as bricolage: Metaphors and scripts in organizational theory [J]. Academy of Management Review, 2011, 36 (2): 272-296.

[98] BRADLEY S W, SHEPHERD D A, WIKLUND J. The importance of slack for new organizations facing 'tough' environments [J]. Journal of Management Studies, 2011, 48 (5): 1071-1097.

[99] BROEKEMA W, VAN KLEEF D, STEEN T. What factors drive

organizational learning from crisis? Insights from the Dutch food safety services' response to four veterinary crises [J]. Journal of Contingencies and Crisis Management, 2017, 25 (4): 326-340.

[100] BURGERS H, STUETZER M, SENYARD J M. Antecedents, consequences, and the mediating role of bricolage in corporate entrepreneurship [C] //Academy of Management Proceedings. Briarcliff Manor, NY: Academy of Management, 2014: 13473.

[101] BURNARD K, BHAMRA R, TSINOPOULOS C. Building organizational resilience: Four configurations [J]. IEEE Transactions on Engineering Management, 2018, 65 (3): 351-362.

[102] BUSCH C, BARKEMA H. From necessity to opportunity: Scaling bricolage across resource - constrained environments [J]. Strategic Management Journal, 2020, 42 (4): 741-773.

[103] BUSTINZA O F, VENDRELL-HERRERO F, PEREZ-AROSTEGUI M N, et al. Technological capabilities, resilience capabilities and organizational effectiveness [J]. The International Journal of Human Resource Management, 2019, 30 (8): 1370-1392.

[104] BUTTERICK M, CHARLWOOD A. HRM and the COVID - 19 pandemic: How can we stop making a bad situation worse? [J]. Human Resource Management Journal, 2021, 31 (4): 847-856.

[105] BUYL T, BOONE C, WADE J B. CEO narcissism, risk-taking, and resilience: An empirical analysis in US commercial banks [J]. Journal of Management, 2019, 45 (4): 1372-1400.

[106] BYRNE B B. Structural equation modeling using AMOS. Basic concepts, applications, and programming [M]. New York: Routledge, 2010.

[107] CAMPBELL D T. Variation and selective retention in socio-cultural evolution. In Barringer, H.R., Blanksten, G.I. and Mack, R. (eds), Social Change in Developing Areas [M]. Cambridge, MA: Schenkman, 1965.

[108] CARLEY K M, HARRALD J R. Organizational learning under fire: Theory and practice [J]. American Behavioral Scientist, 1997, 40 (3): 310-332.

[109] CARMELI A, SCHAUBROECK J. Organisational crisis-preparedness: The importance of learning from failures [J]. Long Range Planning, 2008, 41 (2): 177-196.

[110] CHAKRAVARTHY B S. Adaptation: A promising metaphor for strategic management [J]. Academy of Management Review, 1982, 7 (1): 35-44.

[111] CHANDLER G N, DETIENNE D R, MCKELVIE A, et al. Causation and effectuation processes: A validation study [J]. Journal of Business Venturing, 2009, 26 (3): 375-390.

[112] CHIN W W, NEWSTED P R. Structural equation modeling analysis with small samples using partial least squares [J]. Statistical Strategies for Small Sample Research, 1999, 1 (1): 307-341.

[113] CHOWDHURY M M H, QUADDUS M. Supply chain resilience: Conceptualization and scale development using dynamic capability theory [J]. International Journal of Production Economics, 2017, 188: 185-204.

[114] CHRISTIANSON M K, FARKAS M T, SUTCLIFFE K M, et al. Learning through rare events: Significant interruptions at the Baltimore & Ohio Railroad Museum [J]. Organization Science, 2009, 20 (5): 846-860.

[115] CHRISTOPHER M, PECK H. Building the resilient supply chain [J]. International Journal of Logistics Management, 2004, 15 (12): 1-14.

[116] CHURCHILL JR G A. A paradigm for developing better measures of marketing constructs [J]. Journal of Marketing Research, 1979, 16 (1): 64-73.

[117] CIRELLA S, CANTERINO F, GUERCI M, et al. Organizational learning mechanisms and creative climate: insights from an Italian fashion design company [J]. Creativity and Innovation Management, 2016, 25 (2): 211-222.

[118] COHEN P, WEST S G, AIKEN L S. Applied multiple regression/correlation

analysis for the behavioral sciences [M]. Hove: Psychology Press, 2014.

[119] COREYNEN W, MATTHYSSENS P, VAN BOCKHAVEN W. Boosting servitization through digitization: Pathways and dynamic resource configurations for manufacturers [J]. Industrial Marketing Management, 2017, 60 (0): 42-53.

[120] COUTU D L. How resilience works [J]. Harvard Business Review, 2002, 80 (5): 46-56.

[121] CROSSAN M M, LANE H W, WHITE R E. An organizational learning framework: From intuition to institution [J]. Academy of Management Review, 1999, 24 (3): 522-537.

[122] CUCCULELLI M, BETTINELLI C. Corporate governance in family firms, learning and reaction to recession: Evidence from Italy [J]. Futures, 2016, 75 (0): 92-103.

[123] CUCCULELLI M, PERUZZI V. Post-crisis firm survival, business model changes, and learning: evidence from the Italian manufacturing industry [J]. Small Business Economics, 2020, 54 (2): 459-474.

[124] CUNHA M P, REGO A, OLIVEIRA P, et al. Product innovation in resource - poor environments: Three research streams [J]. Journal of Product Innovation Management, 2014, 31 (2): 202-210.

[125] DAI L, EDEN L, BEAMISH P W. Caught in the crossfire: Dimensions of vulnerability and foreign multinationals' exit from war-afflicted countries [J]. Strategic Management Journal, 2017, 38 (7): 1478-1498.

[126] DALZIELL E P, MCMANUS S T. Resilience, vulnerability, and adaptive capacity: implications for system performance [R]. Christchurch: University of Canterbury, 2004.

[127] DAVIDSSON P, BAKER T, SENYARD J M. A measure of entrepreneurial bricolage behavior [J]. International Journal of Entrepreneurial Behavior & Research, 2017, 23 (1): 114-135.

[128] DAVIS W D, DIBRELL C, CRAIG J B, et al. The effects of goal orientation and client feedback on the adaptive behaviors of family enterprise advisors [J]. Family Business Review, 2013, 26 (3): 215-234.

[129] DE CARVALHO A O, RIBEIRO I, CIRANI C B S, et al. Organizational resilience: A comparative study between innovative and non-innovative companies based on financial performance analysis [J]. International Journal of Innovation, 2016, 4 (2): 58-69.

[130] DEAKINS D, BENSEMANN J O. Achieving innovation in a lean environment: how innovative small firms overcome resource constraints [J]. International Journal of Innovation Management, 2019, 23 (4): 1950037.

[131] DEKKER S, HANSÉN D. Learning under pressure: The effects of politicization on organizational learning in public bureaucracies [J]. Journal of Public Administration Research and Theory, 2004, 14 (2): 211-230.

[132] DEKKER S, HOLLNAGEL E, WOODS D, et al. Resilience Engineering: New directions for measuring and maintaining safety in complex systems [C]. Lund University School of Aviation, 2008, 1: 1-6.

[133] DELEO R A, TAYLOR K, CROW D A, et al. During disaster: refining the concept of focusing events to better explain long-duration crises [J]. International Review of Public Policy, 2021, 3 (1): 5-28.

[134] DELMAR F, SHANE S. Legitimating first: Organizing activities and the survival of new ventures [J]. Journal of Business Venturing, 2004, 19 (3): 385-410.

[135] DEMMER W A, VICKERY S K, CALANTONE R. Engendering resilience in small-and medium-sized enterprises (SMEs): a case study of Demmer Corporation [J]. International Journal of Production Research, 2011, 49 (18): 5395.

[136] DESA G, BASU S. Optimization or bricolage? Overcoming resource constraints in global social entrepreneurship [J]. Strategic Entrepreneurship

Journal, 2013, 7 (1): 26-49.

[137] DESAI P. Financial crisis, contagion, and containment [M]. Princeton: Princeton University Press, 2014.

[138] DESJARDINE M, BANSAL P, YANG Y. Bouncing back: Building resilience through social and environmental practices in the context of the 2008 global financial crisis [J]. Journal of Management, 2019, 45 (4): 1434-1460.

[139] DEVERELL E. Crises as learning triggers: Exploring a conceptual framework of crisis - induced learning [J]. Journal of Contingencies and Crisis Management, 2009, 17 (3): 179-188.

[140] DEVERELL E. Flexibility and rigidity in crisis management and learning at Swedish public organizations [J]. Public Management Review, 2010, 12 (5): 679-700.

[141] DEWALD J, BOWEN F. Storm clouds and silver linings: Responding to disruptive innovations through cognitive resilience [J]. Entrepreneurship Theory and Practice, 2010, 34 (1): 197-218.

[142] DI DOMENICO M L, HAUGH H, TRACEY P. Social bricolage: Theorizing social value creation in social enterprises [J]. Entrepreneurship theory and practice, 2010, 34 (4): 681-703.

[143] WEICK K E. The collapse of sensemaking in organizations: The Mann Gulch disaster [J]. Administrative Science Quarterly, 1993, 38 (4): 628-652.

[144] DO H, BUDHWAR P, SHIPTON H, et al. Building organizational resilience, innovation through resource-based management initiatives, organizational learning and environmental dynamism [J]. Journal of Business Research, 2022, 141 (Suppl C): 808-821.

[145] DUCHEK S. Organizational resilience: a capability-based conceptualization [J]. Business Research, 2020, 13 (1): 215-246.

[146] DUCHEK S, RAETZE S, SCHEUCH I. The role of diversity in organizational

resilience: a theoretical framework [J]. Business Research, 2020, 13 (2): 387-423.

[147] DUYMEDJIAN R, RÜLING C C. Towards a foundation of bricolage in organization and management theory [J]. Organization Studies, 2010, 31 (2): 133-151.

[148] EISENHARDT K M, GRAEBNER M E. Theory building from cases: Opportunities and challenges [J]. Academy of Management journal, 2007, 50 (1): 25-32.

[149] EISENHARDT K M, MARTIN J A. Dynamic capabilities: what are they? [J]. Strategic Management Journal, 2000, 21 (10-11): 1105-1121.

[150] EISENHARDT K M. Agency theory: An assessment and review [J]. Academy of Management Review, 1989, 14 (1): 57.

[151] EISENHARDT K M. Better stories and better constructs: The case for rigor and comparative logic [J]. The Academy of Management Review, 1991, 16 (3): 620-627.

[152] EISENHARDT K M. Building theories from case study research [J]. Academy of Management Review, 1989a, 14 (4): 532-550.

[153] EISMANN K, POSEGGA O, FISCHBACH K. Opening organizational learning in crisis management: On the affordances of social media [J]. The Journal of Strategic Information Systems, 2021, 30 (4): 101692.

[154] EKVALL G, RYHAMMAR L. The creative climate: Its determinants and effects at a Swedish university [J]. Creativity Research Journal, 1999, 12 (4): 303.

[155] EKVALL G. Organizational climate for creativity and innovation [J]. European Journal of Work and Organizational Psychology, 1996, 5 (1): 105-123.

[156] EL NAYAL O, SLANGEN A, VAN OOSTERHOUT J, et al. Towards a Democratic New Normal? Investor Reactions to Interim-Regime Dominance

during Violent Events [J]. Journal of Management Studies, 2020, 57 (3): 505-536.

[157] ELLIOTT D, MACPHERSON A. Policy and practice: Recursive learning from crisis [J]. Group & Organization Management, 2010, 35 (5): 572-605.

[158] EOM T, WOO C, CHUN D. Predicting an ICT business process innovation as a digital transformation with machine learning techniques [J]. Technology Analysis & Strategic Management, 2024, 36 (9): 2271-2283.

[159] ERIKSSON P, HALLBERG N. Crisis management as a learning system: Understanding the dynamics of adaptation and transformation in-between crises [J]. Safety Science, 2022, 151 (Suppl C): 105735.

[160] EROL O, SAUSER B J, MANSOURI M. A framework for investigation into extended enterprise resilience [J]. Enterprise Information Systems, 2010, 4 (2): 111-136.

[161] FERNELEY E, BELL F. Using bricolage to integrate business and information technology innovation in SMEs [J]. Technovation, 2006, 26 (2): 232-241.

[162] FISHER G, AGUINIS H. Using theory elaboration to make theoretical advancements [J]. Organizational Research Methods, 2017, 20 (3): 438-464.

[163] FLOETGEN R J, STRAUSS J, WEKING J, et al. Introducing platform ecosystem resilience: leveraging mobility platforms and their ecosystems for the new normal during COVID-19 [J]. European Journal of Information Systems, 2021, 30 (3): 304-321.

[164] FLORES L G, ZHENG W, RAU D, et al. Organizational learning: Subprocess identification, construct validation, and an empirical test of cultural antecedents [J]. Journal of Management, 2012, 38 (2): 640-667.

[165] FORNELL C, LARCKER D F. Evaluating structural equation models with unobservable variables and measurement error: A Comment [J]. Journal of Marketing Research, 1981, 18 (3): 375-381.

[166] FRENCH S L, HOLDEN T Q. Positive organizational behavior: A buffer for bad news [J]. Business and Professional Communication Quarterly, 2012, 75 (2): 208-220.

[167] GAO C, ZUZUL T, JONES G, et al. Overcoming institutional voids: A reputation - based view of long - run survival [J]. Strategic Management Journal, 2017, 38 (11): 2147-2167.

[168] GARCÍA-MORALES V J, JIMÉNEZ-BARRIONUEVO M M, GUTIÉRREZ-CUTIÉRREZ L. Transformational leadership influence on organizational performance through organizational learning and innovation [J]. Journal of Business Research, 2012, 65 (7): 1040-1050.

[169] GEIGER D, ANTONACOPOULOU E. Narratives and organizational dynamics: Exploring blind spots and organizational inertia [J]. Journal of Applied Behavioral Science, 2009, 45 (3): 411-436.

[170] GEORGE G, MCGAHAN A M, PRABHU J. Innovation for inclusive growth: Towards a theoretical framework and a research agenda [J]. Journal of Management Studies, 2012, 49 (4): 661-683.

[171] GEORGE J M. Creativity in Organizations [M]. London: Routledge, 2007.

[172] GILBERT C G. Unbundling the structure of inertia: Resource versus routine rigidity [J]. Academy of Management Journal, 2005, 48 (5): 741-763.

[173] GILBERT-SAAD A, SIEDLOK F, MCNAUGHTON R B. Decision and design heuristics in the context of entrepreneurial uncertainties [J]. Journal of Business Venturing Insights, 2018, 9: 75-80.

[174] GIOIA D A, CHITTIPEDDI K. Sensemaking and sensegiving in strategic change initiation [J]. Strategic Management Journal, 1991, 12 (6): 433-448.

[175] GRØGAARD B, COLMAN H L, STENSAKER I G. Legitimizing, leveraging, and launching: Developing dynamic capabilities in the MNE [J]. Journal of International Business Studies, 2022, 53 (4): 636-656.

[176] GUO Z, ZHANG J, GAO L. It is not a panacea! The conditional effect of bricolage in SME opportunity exploitation [J]. R&D Management, 2018, 48 (5): 603-614.

[177] HAIR JOSEPH F, ANDERSON ROLPH E, TATHAM RONALD L, et al. Multivariate data analysis with readings [M]. New York: Macmillan Publishing Company, 1994.

[178] HALME M, LINDEMAN S, LINNA P. Innovation for inclusive business: Intrapreneurial bricolage in multinational corporations [J]. Journal of Management Studies, 2012, 49 (4): 743-784.

[179] HAMEL G, VALIKANGAS L. The quest for resilience [J]. Harvard Business Review, 2003, (81): 52-63.

[180] HAUNSCHILD P R, POLIDORO JR F, CHANDLER D. Organizational oscillation between learning and forgetting: The dual role of serious errors [J]. Organization Science, 2015, 26 (6): 1682-1701.

[181] HELFAT CE, FINKELSTEIN S, MITCHELL W, et al. Dynamic Capabilities: Understanding Strategic Change in Organizations [M]. Blackwell Publishing: Malden, MA, 2007.

[182] HENRYSSON S. Correction of item-total correlations in item analysis [J]. Psychometrika, 1963, 28 (2): 211-218.

[183] HILLMANN J, GUENTHER E. Organizational resilience: A valuable construct for management research? [J]. International Journal of Management Reviews, 2021, 23 (1): 7-44.

[184] HILLMANN J. Disciplines of organizational resilience: contributions, critiques, and future research avenues [J]. Review of Managerial Science, 2021, 15 (4): 879-936.

[185] HOLLING C S. Resilience and stability of ecological systems [J]. Annual review of ecology and systematics, 1973, 4 (1): 1-23.

[186] HUANG H H, KERSTEIN J, WANG C. The impact of climate risk on firm performance and financing choices: An international comparison [J]. Journal of International Business Studies, 2018, 49 (5): 633-656.

[187] HUBER G P. Organizational learning: The contributing processes and the literatures [J]. Organization Science, 1991, 2 (1): 88-115.

[188] IMAMOGLU S, KOCOGLU I, INCE H, et al. The relationship between learning from failures and crisis preparedness: the determinants of organizational change [J]. Amme Idaresi Dergisi, 2013, 46 (3): 167-189.

[189] ISHAK A W, WILLIAMS E A. A dynamic model of organizational resilience: Adaptive and anchored approaches [J]. Corporate Communications: An International Journal, 2018, 23 (2): 180-196.

[190] ISMAIL H S, POOLTON J, SHARIFI H. The role of agile strategic capabilities in achieving resilience in manufacturing-based small companies [J]. International Journal of Production Research, 2011, 49 (18): 5469.

[191] JACKSON D L, GILLASPY JR J A, PURC-STEPHENSON R. Reporting practices in confirmatory factor analysis: an overview and some recommendations [J]. Psychological methods, 2009, 14 (1): 6-23.

[192] KAHN W A, BARTON M A, FELLOWS S. Organizational crises and the disturbance of relational systems [J]. Academy of Management Review, 2013, 38 (3): 377-396.

[193] KAHN W A, BARTON M A, FISHER C M, et al. The geography of strain: Organizational resilience as a function of intergroup relations [J]. Academy of Management Review, 2018, 43 (3): 509-529.

[194] KAISER H F. An index of factorial simplicity [J]. Psychometrika, 1974, 39 (1): 31-36.

[195] KALINA P. Resilient and inclusive healthcare leadership: Black Swans, COVID-19, and beyond [J]. The International journal of health planning and management, 2020, 35 (6): 1611-1613.

[196] KAMKHAJI J C, RADAELLI C M. Crisis, learning and policy change in the European Union [J]. Journal of European public policy, 2017, 24 (5): 714-734.

[197] KANTUR D, Say A I. Measuring organizational resilience: A scale development [J]. Journal of Business Economics and Finance, 2015, 4 (3): 456-472.

[198] KETCHEN JR D J, CRAIGHEAD C W. Research at the intersection of entrepreneurship, supply chain management, and strategic management: Opportunities highlighted by COVID-19 [J]. Journal of Management, 2020, 46 (8): 1330-1341.

[199] KEUM D D. Cog in the wheel: Resource release and the scope of interdependencies in corporate adjustment activities [J]. Strategic Management Journal, 2020, 41 (2): 175-197.

[200] KIM H, MACDONALD R H, ANDERSEN D F. Simulation and managerial decision making: a double - loop learning framework [J]. Public Administration Review, 2013, 73 (2): 291-300.

[201] KORSGAARD S, MÜLLER S, WELTER F. It's right nearby: how entrepreneurs use spatial bricolage to overcome resource constraints [J]. Entrepreneurship & Regional Development, 2021, 33 (1-2): 147-173.

[202] KOVOOR-MISRA S, ZAMMUTO R F, MITROFF I I. Crisis preparation in organizations: prescription versus reality [J]. Technological Forecasting and Social Change, 2000, 63 (1): 43-62.

[203] KRISTOFFERSEN E, BLOMSMA F, MIKALEF P, et al. The smart circular economy: A digital-enabled circular strategies framework for manufacturing companies [J]. Journal of business research, 2020 (120): 241-261.

[204] KUIPERS S, BOIN A. Exploring the EU's role as transboundary crisis manager: The facilitation of sense-making during the ash crisis [C] // Olsson S, Rhinard M. European civil security governance: Diversity and cooperation in crisis and disaster management. London: Palgrave Macmillan, 2015: 191-210.

[205] LAMPEL J, SHAMSIE J, SHAPIRA Z. Experiencing the improbable: Rare events and organizational learning [J]. Organization science, 2009, 20 (5): 835-845.

[206] LEE A V, VARGO J, SEVILLE E. Developing a tool to measure and compare organizations' resilience [J]. Natural hazards review, 2013, 14 (1): 29-41.

[207] LEE C Y, HUANG Y C. Knowledge stock, ambidextrous learning, and firm performance: Evidence from technologically intensive industries [J]. Management Decision, 2012, 50 (6): 1096-1116.

[208] LEE G K, LAMPEL J, SHAPIRA Z. After the storm has passed: Translating crisis experience into useful knowledge [J]. Organization Science, 2020, 31 (4): 1037-1051.

[209] LENGNICK-HALL C A, BECK T E, LENGNICK-HALL M L. Developing a capacity for organizational resilience through strategic human resource management [J]. Human resource management review, 2011, 21 (3): 243-255.

[210] LENGNICK-HALL C A, BECK T E. Adaptive fit versus robust transformation: How organizations respond to environmental change [J]. Journal of Management, 2005, 31 (5): 738-757.

[211] LÉVI-STRAUSS C. The savage mind [M]. Chicago: University of Chicago Press, 1965: 17-18.

[212] LIMNIOS E A M, MAZZAROL T, GHADOUANI A, et al. The resilience architecture framework: Four organizational archetypes [J]. European

Management Journal, 2014, 32 (1): 104-116.

[213] LINNENLUECKE M K. Resilience in business and management research: A review of influential publications and a research agenda [J]. International Journal of Management Reviews, 2017, 19 (1): 4-30.

[214] LINNENLUECKE M K, GRIFFITHS A, WINN M. Extreme weather events and the critical importance of anticipatory adaptation and organizational resilience in responding to impacts [J]. Business strategy and the Environment, 2012, 21 (1): 17-32.

[215] LIU J, GUO H, XIONG J, et al. Smart and resilient EV charging in SDN-enhanced vehicular edge computing networks [J]. IEEE Journal on Selected Areas in Communications, 2020, 38 (1): 217-228.

[216] LÓPEZ-GAMERO M D, MOLINA-AZORIN J F, CLAVER-CORTÉS E. Environmental uncertainty and environmental management perception: A multiple case study [J]. Journal of Business Research, 2011, 64 (4): 427-435.

[217] LUSCHER L S, LEWIS M, INGRAM A. The social construction of organizational change paradoxes [J]. Journal of Organizational Change Management, 2006, 19 (4): 491-502.

[218] LUTHANS F. Positive organizational behavior: Developing and managing psychological strengths [J]. Academy of Management Perspectives, 2002, 16 (1): 57-72.

[219] LUTHANS F. The need for and meaning of positive organizational behavior [J]. Journal of Organizational Behavior, 2002, 23 (6): 695-706.

[220] MA Z, XIAO L, YIN J. Toward a dynamic model of organizational resilience [J]. Nankai Business Review International, 2018, 9 (3): 246-263.

[221] MADSEN P M, DESAI V. Failing to learn? The effects of failure and success on organizational learning in the global orbital launch vehicle industry [J]. Academy of Management Journal, 2010, 53 (3): 451-476.

[222] MADSEN P M. These lives will not be lost in vain: Organizational learning from disaster in U. S. coal mining [J]. Organization Science, 2009, 20 (5): 861-875.

[223] MAFABI S, MUNENE J C, AHIAUZU A. Organisational resilience: Testing the interaction effect of knowledge management and creative climate [J]. Journal of Organizational Psychology, 2013, 13 (1-2): 70-82.

[224] MAFABI S, MUNENE J, NTAYI J. Knowledge management and organisational resilience: Organisational innovation as a mediator in Uganda parastatals [J]. Journal of Strategy and Management, 2012, 5 (1): 57-80.

[225] MARCH J G, SIMON H A. Organizations [M]. New York: John Wiley & Sons, 1958.

[226] MARCH J G. Exploration and exploitation in organizational learning [J]. Organization science, 1991, 2 (1): 71-87.

[227] MARWA S M, MILNER C D. Underwriting corporate resilience via creativity: the pliability model [J]. Total Quality Management & Business Excellence, 2013, 24 (7-8): 835-846.

[228] MASSA F G. Guardians of the Internet: Building and sustaining the anonymous online community [J]. Organization Studies, 2017, 38 (7): 959-988.

[229] MCCOY J, ELWOOD A Human factors in organisational resilience: Implications of breaking the psychological contract [J]. Journal of Business Continuity & Emergency Planning, 2009, 3 (4): 368-375.

[230] MCKELVIE A, HAYNIE J M, GUSTAVSSON V. Unpacking the uncertainty construct: Implications for entrepreneurial action [J]. Journal of Business Venturing, 2011, 26 (3): 273-292.

[231] MCMANUS S, SEVILLE E, VARGO J, et al. Facilitated process for improving organizational resilience [J]. Natural hazards review, 2008, 9

(2): 81-90.

[232] MEISIEK S, STANWAY B R. Power, politics and improvisation: Learning during a prolonged crisis [J]. Management Learning, 2023, 54 (1): 14-34.

[233] MELLAHI K, WILKINSON A. Managing and coping with organizational failure: Introduction to the special issue [J]. Group & Organization Management, 2010, 35 (5): 531-541.

[234] MEYER A D. Adapting to environmental jolts [J]. Administrative science quarterly, 1982: 515-537.

[235] MILLER D, FRIESEN P H. Strategy-making and environment: the third link [J]. Strategic management journal, 1983, 4 (3): 221-235.

[236] MILLIKEN F J. Three types of perceived uncertainty about the environment: State, effect, and response uncertainty [J]. Academy of Management review, 1987, 12 (1): 133-143.

[237] MIN J. No pain, yet gain? Learning from vicarious crises in an international context [J]. Journal of Business Research, 2019, 97 (C): 227-234.

[238] MITROFF I I, KILMANN R H. Corporate tragedies: Product tampering, sabotage, and other catastrophes [M]. Westport: Greenwood, 1984.

[239] MITROFF I I. Crisis learning: The lessons of failure [J]. The Futurist, 2002, 36 (5): 19.

[240] MOULTRIE J, YOUNG A. Exploratory study of organizational creativity in creative organizations [J]. Creativity and innovation Management, 2009, 18 (4): 299-314.

[241] MOYNIHAN D P. The network governance of crisis response: Case studies of incident command systems [J]. Journal of Public Administration Research and Theory, 2009, 19 (4): 895-915.

[242] MÜLLER-SEITZ G, MACPHERSON A. Learning during crisis as a 'war for meaning': The case of the German Escherichia coli outbreak in 2011 [J].

Management Learning, 2014, 45 (5): 593-608.

[243] NG D W L, DUARTE ALONSO A, BRESSAN A, et al. Impacts, lessons learnt and envisioning the future of firms under COVID-19 - implications for knowledge management [J]. Journal of Knowledge Management, 2022, 26 (10): 2784-2804.

[244] NYSTROM P C, STARBUCK W H. Managing beliefs in organizations [J]. The Journal of Applied Behavioral Science, 1984, 20 (3): 277-287.

[245] OKSENBERG L, KALTON G. New strategies for pretesting survey questions [J]. Journal of official statistics, 1991, 7 (3): 349-365.

[246] OMIDVAR M, MAZLOUMI A, MOHAMMAD FAM I, et al. Development of a framework for resilience measurement: Suggestion of fuzzy Resilience Grade (RG) and fuzzy Resilience Early Warning Grade (REWG) [J]. Work, 2017, 56 (3): 463-474.

[247] ORTIZ - DE - MANDOJANA N, BANSAL P. The long - term benefits of organizational resilience through sustainable business practices [J]. Strategic Management Journal, 2016, 37 (8): 1615-1631.

[248] OZANNE L K, CHOWDHURY M, PRAYAG G, et al. SMEs navigating COVID-19: The influence of social capital and dynamic capabilities on organizational resilience [J]. Industrial Marketing Management, 2022 (104): 116-135.

[249] PEARSON C M, CLAIR J A. Reframing crisis management [J]. Academy of management review, 1998, 23 (1): 59-76.

[250] PERROW C. Normal accidents: Living with high risk technologies [M]. Princeton: Princeton University Press, 1999.

[251] PERROW C. Normal Accidents: Living with High-risk Technologies [M]. New York: Basic Books, 1984.

[252] PERROW C. The limits of safety: the enhancement of a theory of accidents [J]. Journal of contingencies and crisis management, 1994, 2 (4):

212-220.

[253] PETERSON R A. A meta-analysis of Cronbach's coefficient alpha [J]. Journal of consumer research, 1994, 21 (2): 381-391.

[254] PETRICEVIC O, TEECE D J. The structural reshaping of globalization: Implications for strategic sectors, profiting from innovation, and the multinational enterprise [J]. Journal of International Business Studies, 2019, 50 (9): 1487-1512.

[255] PETTIT T J, CROXTON K L, FIKSEL J. Ensuring supply chain resilience: development and implementation of an assessment tool [J]. Journal of business logistics, 2013, 34 (1): 46-76.

[256] PETTIT T J, FIKSEL J, CROXTON K L. Ensuring supply chain resilience: development of a conceptual framework [J]. Journal of business logistics, 2010, 31 (1): 1-21.

[257] PREBLE J F. Integrating the crisis management perspective into the strategic management process [J]. Journal of Management Studies, 1997, 34 (5): 769-791.

[258] QUAGLIA L, VERDUN A. Explaining the response of the ECB to the COVID-19 related economic crisis: Inter-crisis and intra-crisis learning [J]. Journal of European Public Policy, 2023, 30 (4): 1-20.

[259] CHEKKAR-MANSOURI R, ONNEE S. Towards a Theoretical Understanding of the Recurrence of Crises Embracing the Issue of Organizational Learning: An Illustration with the Case of Two Hostile Takeover Bids Faced by Société Générale (1988, 1999) [J]. Journal of Contingencies and Crisis Management, 2013, 21 (1): 56-68.

[260] RAGATZ G L, HANDFIELD R B, PETERSEN K J. Benefits associated with supplier integration into new product development under conditions of technology uncertainty [J]. Journal of business research, 2002, 55 (5): 389-400.

[261] RATTRAY J, JONES M C. Essential elements of questionnaire design and development [J]. Journal of clinical nursing, 2007, 16 (2): 234-243.

[262] RAVISHANKAR M N, GURCA A. A bricolage perspective on technological innovation in emerging markets [J]. IEEE Transactions on Engineering Management, 2016, 63 (1): 53-66.

[263] REEVES M, DEIMLER M S. Strategies for winning in the current and post-recession environment [J]. Strategy & Leadership, 2009, 37 (6): 10-17.

[264] RENÅ H, CHRISTENSEN J. Learning from crisis: The role of enquiry commissions [J]. Journal of contingencies and crisis management, 2020, 28 (1): 41-49.

[265] RERUP C, FELDMAN M S. Routines as a source of change in organizational schemata: The role of trial-and-error learning [J]. Academy of Management Journal, 2011, 54 (3): 577-610.

[266] HOLLNAGEL E, WOODS D D, LEVESON N. Resilience engineering: Concepts and precepts [M]. Farnham: Ashgate Publishing, 2006.

[267] REYPENS L, BACQ S, MILANOV H. Beyond bricolage: Early-stage technology venture resource mobilization in resource-scarce contexts [J]. Journal of Business Venturing, 2021, 36 (4): 106110.

[268] RICHARDSON J L. Crisis diplomacy: The great powers since the mid-nineteenth century [M]. Cambridge: Cambridge University Press, 1994.

[269] RICHTNÉR A, LÖFSTEN H. Managing in turbulence: how the capacity for resilience influences creativity [J]. R&d Management, 2014, 44 (2): 137-151.

[270] ROBERTS K H, BEA R. Must accidents happen? Lessons from high-reliability organizations [J]. Academy of Management Perspectives, 2001, 15 (3): 70-78.

[271] ROBERT B, PINEL W, PAIRET J Y, et al. Organizational Resilience - Concepts and Evaluation Method [M]. Quebec: Presses Internationales

Polytechnique, 2010.

[272] Rosenthal U, Boin R A, Comfort L K. Managing Crises: Threats, Dilemmas and Opportunities M]. Springfield: Charles C Thomas Publisher, 2001.

[273] SAHEBJAMNIA N, TORABI S A, MANSOURI S A. Building organizational resilience in the face of multiple disruptions [J]. International Journal of Production Economics, 2018, 197 (9): 63-83.

[274] SAJKO M, BOONE C, BUYL T. CEO greed, corporate social responsibility, and organizational resilience to systemic shocks [J]. Journal of Management, 2021, 47 (4): 957-992.

[275] SAMAD S. The Role of Creative Organizational Climate on Learning Organization - A Key Component of Knowledge Management [C] // International Conference on Computer Engineering & Applications. IEEE Computer Society, 2010.

[276] SAMUEL A, LOBO C, ZADE D, et al. Watershed development, resilience and livelihood security: an empirical analysis [R]. Pune: Wotr, 2015.

[277] SANTOS L L, BORINI F M, DE MIRANDA OLIVEIRA M, et al. Bricolage as capability for frugal innovation in emerging markets in times of crisis [J]. European Journal of Innovation Management, 2020, 25 (2): 413-432.

[278] SANTOS L L, BORINI F M, PEREIRA R M. Bricolage as a path towards organizational innovativeness in times of market and technological turbulence [J]. Journal of Entrepreneurship in Emerging Economies, 2021, 13 (2): 282-299.

[279] SCHIFFINO N, TASKIN L, DONIS C, et al. Post-crisis learning in public agencies: what do we learn from both actors and institutions? [J]. Policy Studies, 2017, 38 (1): 59-75.

[280] SCHOLTEN K, SCHILDER S. The role of collaboration in supply chain resilience [J]. Supply Chain Management: An International Journal, 2015,

20 (4): 471-484.

[281] SCHREIBER J B. Core reporting practices in structural equation modeling [J]. Research in social and administrative pharmacy, 2007, 4 (2): 83-97.

[282] SEEGER M W, SELLNOW T L, ULMER R R. Communication, organization, and crisis [J]. Annals of the International Communication Association, 1998, 21 (1): 231-276.

[283] SENYARD J, BAKER T, STEFFENS P, et al. Bricolage as a path to innovativeness for resource-constrained new firms [J]. Journal of Product Innovation Management, 2014, 31 (2): 211-230.

[284] SHAH J, ALI B. Organizational climate: Stimulating creativity and idea generation for discovery of innovative solutions [J]. Interdisciplinary Journal of Contemporary Research in Business, 2011, 3 (1): 429-447.

[285] SHAHEEN I, AZADEGAN A, DAVIS D F. Resource scarcity and humanitarian social innovation: observations from hunger relief in the context of the COVID-19 pandemic [J]. Journal of Business Ethics, 2023, 182 (3): 597-617.

[286] SHARMA A, IYER G R. Resource-constrained product development: Implications for green marketing and green supply chains [J]. Industrial Marketing Management, 2012, 41 (4): 599-608.

[287] SHAW D, HALL M, EDWARDS J S, et al. Responding to crisis through strategic knowledge management [J]. Journal of Organizational Change Management, 2007, 20 (4): 559-578.

[288] SHEFFI Y, RICE JR J B. A supply chain view of the resilient enterprise [J]. MIT Sloan management review, 2005, 46 (1): 41-48.

[289] SHIRAHADA K, HAMAZAKI K. Trial and error mindset of R&D personnel and its relationship to organizational creative climate [J]. Technological Forecasting and Social Change, 2013, 80 (6): 1108-1118.

[290] SHRIVASTAVA P. Ecocentric management for a risk society [J]. Academy of management review, 1995, 20 (1): 118-137.

[291] SHRIVASTAVA S, PAZZAGLIA F, SONPAR K, et al. Unpacking the effect of exploration during environmental uncertainty: Evidence from the information technology sector [J]. Canadian Journal of Administrative Sciences/Revue Canadienne des Sciences de l' Administration, 2016, 33 (1): 36-49.

[292] SIGGELKOW N. Persuasion with case studies [J]. Academy of management journal, 2007, 50 (1): 20-24.

[293] SITKIN S B. Learning through failure: The strategy of small losses [J]. Research in organizational behavior, 1992, 14: 231.

[294] SMITH D, ELLIOTT D. Key readings in crisis management: Systems and structures for prevention and recovery [M]. New York: Routledge, 2006.

[295] SMITH D. Not by error, but by design-Harold Shipman and the regulatory crisis for health care [J]. Public Policy and Administration, 2002, 17 (4): 55-74.

[296] SMITH W K, LEWIS M W. Toward a theory of paradox: A dynamic equilibrium model of organizing [J]. Academy of management Review, 2011, 36 (2): 381-403.

[297] SOBAIH A E E, ELSHAER I, HASANEIN A M, et al. Responses to COVID-19: The role of performance in the relationship between small hospitality enterprises' resilience and sustainable tourism development [J]. International Journal of Hospitality Management, 2021 (94): 102824.

[298] SOMERS S. Measuring resilience potential: An adaptive strategy for organizational crisis planning [J]. Journal of contingencies and crisis management, 2009, 17 (1): 12-23.

[299] SONENSHEIN S. How organizations foster the creative use of resources [J]. Academy of Management Journal, 2014, 57 (3): 814-848.

[300] STAW B M, SANDELANDS L E, DUTTON J E. Threat rigidity effects in organizational behavior: A multilevel analysis [J]. Administrative science quarterly, 1981, 26 (4): 501-524.

[301] STEEN R, RØNNINGSBAKK B. Emergent learning during crisis: A case study of the arctic circle border crossing at Storskog in Norway [J]. Risk, Hazards & Crisis in Public Policy, 2020, 12 (2): 158-180.

[302] STEFFENS P R, BAKER T, DAVIDSSON P, et al. When is less more? Boundary conditions of effective entrepreneurial bricolage [J]. Journal of Management, 2023, 49 (4): 1277-1311.

[303] STEIN B. Community reactions to disaster: An emerging role for the school psychologist [J]. School Psychology International, 1997, 18 (2): 99-118.

[304] STEPHENSON A, SEVILLE E, VARGO J, et al. Benchmark resilience: A study of the resilience of organisations in the Auckland region [R]. Auckland: Resilient Organizations Research Group (ResOrgs), 2010.

[305] STERN E, SUNDELIUS B. Sweden's twin monetary crises of 1992: Rigidity and learning in crisis decision making [J]. Journal of Contingencies and Crisis Management, 1997, 5 (1): 32-48.

[306] STOVERINK A C, KIRKMAN B L, MISTRY S, et al. Bouncing back together: Toward a theoretical model of work team resilience [J]. Academy of Management Review, 2020, 45 (2): 395-422.

[307] SUN Y, DU S, DING Y. The relationship between slack resources, resource bricolage, and entrepreneurial opportunity identification—Based on resource opportunity perspective [J]. Sustainability, 2020, 12 (3): 1199.

[308] SUTCLIFFE KM, VOGUS TJ. Organizing for resilience [M]. San Francisco: Berrett-Koehler, 2003.

[309] T HART P, TINDALL K, BROWN C. Crisis leadership of the Bush presidency: Advisory capacity and presidential performance in the acute

stages of the 9/11 and Katrina crises [J]. Presidential Studies Quarterly, 2009, 39 (3): 473-493.

[310] TABACHNICK B G, FIDELL L S, ULLMAN J B. Using multivariate statistics [M]. Boston: Pearson, 2013.

[311] TASHMAN P, RIVERA J. Ecological uncertainty, adaptation, and mitigation in the US ski resort industry: Managing resource dependence and institutional pressures [J]. Strategic Management Journal, 2016, 37 (7): 1507-1525.

[312] TEMOURI Y, SHEN K, PEREIRA V, et al. How do emerging market SMEs utilize resources in the face of environmental uncertainty? [J]. BRQ Business Research Quarterly, 2022, 25 (3): 212-223.

[313] THOMPSON B. Exploratory and confirmatory factor analysis: understanding concepts and applications [J]. Applied Psychological measurement, 2007, 31 (3): 245-248.

[314] TIERNEY K. Structure and process in the study of disaster resilience [C] // 14th world conference on earthquake engineering, Beijing, China. 2008.

[315] TOGNAZZO A, GUBITTA P, FAVARON S D. Does slack always affect resilience? A study of quasi-medium-sized Italian firms [J]. Entrepreneurship & Regional Development, 2016, 28 (9-10): 768-790.

[316] VAKILZADEH K, HAASE A. The building blocks of organizational resilience: A review of the empirical literature [J]. Continuity & Resilience Review, 2021, 3 (1): 1-21.

[317] VALAEI N, REZAEI S, EMAMI M. Impact of exploitative learning strategy on Malaysian SMEs' creativity and innovation capabilities [J]. International Journal of Management and Enterprise Development, 2016, 15 (4): 328-354.

[318] VALERO J N, JUNG K, ANDREW S A. Does transformational leadership build resilient public and nonprofit organizations? [J]. Disaster Prevention

and Management, 2015, 24 (1): 4-20.

[319] VÄLIKANGAS L, ROMME A G L. How to design for strategic resilience: a case study in retailing [J]. Journal of VOrganization Design, 2013, 2 (2): 44-53.

[320] VAN DEN BERG J, ALBLAS A, BLANC P L, et al. How structural empowerment boosts organizational resilience: A case study in the Dutch home care industry [J]. Organization Studies, 2022, 43 (9): 1425-1451.

[321] VAN DEN EEDE G, VAN DE WALLE B, RUTKOWSKI A. Dealing with risk in incident management: an application of high reliability theory [C] // Proceedings of the 39th Annual Hawaii International Conference on System Sciences (HICSS' 06) . IEEE, 2006, 2: 37c-37c.

[322] VAN DER VEGT G S, ESSENS P, WAHLSTRÖM M, et al. Managing risk and resilience [J]. Academy of Management Journal, 2015, 58 (4): 971-980.

[323] VAN WOERKUM C M J, AARTS M N C, DE GRIP K. Creativity, planning and organizational change [J]. Journal of Organizational Change Management, 2007, 20 (6): 847-865.

[324] VANEVENHOVEN J, WINKEL D, MALEWICKI D, et al. Varieties of Bricolage and the Process of Entrepreneurship [J]. New England Journal of Entrepreneurship, 2011, 14 (2): 53-66.

[325] VOGUS T J, SUTCLIFFE K M. Organizational resilience: towards a theory and research agenda [C] //2007 IEEE international conference on systems, man and cybernetics. IEEE, 2007: 3418-3422.

[326] WANG J. Developing organizational learning capacity in crisis management [J]. Advances in developing human resources, 2008, 10 (3): 425-445.

[327] WEICK K E, SUTCLIFFE K M. Managing the unexpected: Assuring high performance in an age of complexity [M]. San Francisco: Jossey-Bass, 2001.

[328] WEICK K E, SUTCLIFFE K, SAVELAND J, et al. Managing the unexpected in prescribed fire and fire use operations a workshop on the high reliability organization [R]. Missoula, MT: U. S. Department of Agriculture, Forest Service, 1999.

[329] WEICK K E, SUTCLIFFE K M, OBSTFELD D. Organizing for high reliability: processes of collective mindfulness [J]. Research in Organizational Behavior, 1999, 21: 81-123.

[330] WEICK K E. The collapse of sensemaking in organizations: the Mann Gulch disaster [J]. Administrative Science Quarterly, 1993, 38 (4): 628 - 652.

[331] WELTER C, MAUER R, WUEBKER R J. Bridging behavioral models and theoretical concepts: effectuation and bricolage in the opportunity creation framework [J]. Strategic Entrepreneurship Journal, 2016, 10 (1): 5-20.

[332] WILLIAMS T A, GRUBER D A, SUTCLIFFE K M, et al. Organizational response to adversity: Fusing crisis management and resilience research streams [J]. Academy of Management Annals, 2017, 11 (2): 733-769.

[333] WILLIAMS T A, SHEPHERD D A. Building resilience or providing sustenance: Different paths of emergent ventures in the aftermath of the Haiti earthquake [J]. Academy of Management Journal, 2016, 59 (6): 2069-2102.

[334] WILSON R L. Organizational resilience as a human capital strategy for companies in bankruptcy [J]. Work, 2016, 54 (2): 309-323.

[335] WINKEL D, VANEVENHOVEN J, YU A, et al. The invisible hand in entrepreneurial process: bricolage in emerging economies [J]. International Journal of Entrepreneurship and Innovation Management, 2013, 17 (4-6): 214-223.

[336] WITMER H, MELLINGER M S. Organizational resilience: Nonprofit organizations' response to change [J]. Work, 2016, 54 (2): 255-265.

[337] WONG S I, KOST D, FIESELER C. From crafting what you do to building

resilience for career commitment in the gig economy [J]. Human Resource Management Journal, 2021, 31 (4): 1.

[338] XIE X, WANG H, GARCÍA J S. How does customer involvement in service innovation motivate service innovation performance? The roles of relationship learning and knowledge absorptive capacity [J]. Journal of Business Research, 2021, 136 (Suppl C): 630-643.

[339] XIE X, WU Y, PALACIOS-MARQUÉS D, et al. Business networks and organizational resilience capacity in the digital age during COVID-19: A perspective utilizing organizational information processing theory [J]. Technological Forecasting and Social Change, 2022, 177 (Suppl C): 121548.

[340] YANNOPOULOS P, AUH S, MENGUC B. Achieving fit between learning and market orientation: Implications for new product performance [J]. Journal of Product Innovation Management, 2012, 29 (4): 531-545.

[341] YIN R K, DAVIS D. Adding new dimensions to case study evaluations: The case of evaluating comprehensive reforms [J]. New directions for evaluation, 2007, 2007 (113): 75-93.

[342] YIN R K. Case study research: Design and methods [M]. Thousand Oaks: sage, 2009.

[343] YING Y, WANG S, LIU Y. Make bricks without straw: Eco-innovation for resource-constrained firms in emerging markets [J]. Technovation, 2022, 114 (Suppl C): 102517.

[344] YOUSSEF C M, LUTHANS F. Positive organizational behavior in the workplace: The impact of hope, optimism, and resilience [J]. Journal of management, 2007, 33 (5): 774-800.

[345] YSTRÖM A, ASPENBERG H, KUMLIN A. Exploring the creative climate in an open innovation arena: Identifying challenges and possibilities [J]. European Journal of Innovation Management, 2015, 18 (1): 70.

[346] ZAHRA S A, NIELSEN A P, BOGNER W C. Corporate entrepreneurship, knowledge, and competence development [J]. Entrepreneurship theory and practice, 1999, 23 (3): 169-189.

[347] ZHENG Y, VENTERS W, CORNFORD T. Collective agility, paradox and organizational improvisation: the development of a particle physics grid [J]. Information Systems Journal, 2011, 21 (4): 303-333.

[348] ZSIDISIN G A, WAGNER S M. Do perceptions become reality? The moderating role of supply chain resiliency on disruption occurrence [J]. Journal of business logistics, 2010, 31 (2): 1-20.

附录

危机情境下组织韧性的形成

调查问卷

尊敬的先生/女士：

您好！衷心感谢您在百忙之中拨冗参加本次问卷调研，本问卷旨在探讨危机情境下组织韧性形成的相关问题，内容涉及资源拼凑、危机学习、组织韧性、环境不确定性和组织的创造性氛围等方面。请您根据贵企业实际情况选择与您看法相符或者最为接近的选项填写。

我们向您郑重承诺：本次调研采用完全匿名的方式，所获取的数据资料仅用于学术研究，我们会严格遵守相关规定，对涉及您身份或企业情况的信息进行严格保密，不以任何方式对外泄漏。

企业基本情况

1.贵公司成立的时间：

□2年及以下 □3~5年 □6~10年 □10年以上

2.贵公司的企业性质：

□国有企业 □民营企业 □外资企业 □合资企业 □其他______

3.贵公司的行业背景：________________

4.贵公司员工规模：

□100人及以下 □101~500人 □501 ~ 1 000人 □1 001~5 000人 □5 000人以上

5.贵公司年销售收入：

□500万元及以下 □501万 ~ 2000万元

□2001万 ~ 5000万元 □5000万 ~ 1亿元 □1亿元以上

6.贵公司是否经历过外部危机事件（如新冠肺炎疫情）的影响

□是 □否

☆请依据贵公司的实际情况在数字上打“√”或画“○”“7”表示非常同意，“1”表示非常不同意。

1. 关于贵公司资源拼凑的情况，您同意以下的陈述吗		非常不同意<------------>非常同意						
01	面对新的挑战，我们公司很有信心通过利用现有资源找出可行的解决方案	1	2	3	4	5	6	7
02	我们公司善于利用现有的资源来应对新问题或新机会	1	2	3	4	5	6	7
03	我们公司能够通过对现有资源和廉价获得的新资源的整合利用来应对新的挑战	1	2	3	4	5	6	7
04	当我们面对新问题或新机遇时，我们会采取行动，因为我们相信我们会找到一个可行的解决方案	1	2	3	4	5	6	7
05	通过整合现有的资源，我们公司能够成功应对任何新的挑战	1	2	3	4	5	6	7
06	面对新的挑战，公司通过对现有资源进行新组合得到解决方案	1	2	3	4	5	6	7
07	我们公司能够改变资源现有用途来应对新挑战	1	2	3	4	5	6	7
2. 关于贵公司危机学习的情况，您同意以下的陈述吗		非常不同意<------------>非常同意						
01	当危机发生时，我们公司会反思现有的产品、服务或管理实践	1	2	3	4	5	6	7
02	当危机发生时，我们公司会反思对于市场和顾客的原有假设	1	2	3	4	5	6	7

续表

03	当危机发生时，我们公司会致力于分享对应对危机有效的信息	1	2	3	4	5	6	7
04	当危机发生时，我们公司会总结经验并获取新知识	1	2	3	4	5	6	7
05	当危机发生时，我们公司能够快速提出新的改进思路	1	2	3	4	5	6	7
06	当危机发生时，我们公司会快速优化公司的流程或规范	1	2	3	4	5	6	7
07	当危机发生时，我们公司会快速完善产品或服务	1	2	3	4	5	6	7
08	当危机发生时，我们公司能够及时主动进行组织观念的变革	1	2	3	4	5	6	7
09	当危机发生时，我们公司会重复练习新创意或新行动	1	2	3	4	5	6	7
10	当危机发生时，我们公司会多次对新创意或新行动加以改进	1	2	3	4	5	6	7
11	当危机发生时，我们公司会多次运用新创意或新行动来解决现有市场问题	1	2	3	4	5	6	7
12	当危机发生时，我们公司会不断运用新创意或新行动来开发新产品或新服务	1	2	3	4	5	6	7
3.关于贵公司组织韧性的情况，您同意以下的陈述吗		非常不同意<------------>非常同意						

续表

01	在危机期间，我们公司能够灵活运用相应措施来承受意外事件造成的冲击，并维持组织运营的稳定性	1	2	3	4	5	6	7
02	在危机期间，我们公司能够灵活运用相应措施坚持并保持市场地位	1	2	3	4	5	6	7
03	在危机期间，我们公司研制替代方案以在不利环境中获取更高的销售额	1	2	3	4	5	6	7
04	在危机期间，我们公司灵活采取多样化的项目/产品/服务组合以利用意想不到的机会	1	2	3	4	5	6	7
05	风险应对意识根植于我们公司的组织文化	1	2	3	4	5	6	7
06	我们公司能够主动关注行业动态和趋势，并对可能出现的问题进行预警	1	2	3	4	5	6	7
07	我们公司不仅能观察与识别环境变化中隐含的危机，而且能够挖掘未来潜在发展机会	1	2	3	4	5	6	7
4.关于贵公司所面临的环境不确定性情况，您同意以下的陈述吗		非常不同意<------------>非常同意						
01	本行业的产品和服务的更新速度快	1	2	3	4	5	6	7

续表

02	本行业新产品流程的创新速度快	1	2	3	4	5	6	7
03	本行业客户对服务和产品需求的变化速度快	1	2	3	4	5	6	7
04	本行业竞争对手行动的变化速度快	1	2	3	4	5	6	7
5.关于贵公司创造性氛围的情况，您同意以下的陈述吗		非常不同意<------------->非常同意						
01	我经历过可以在项目中讨论不同意见、想法、经验和知识的情况	1	2	3	4	5	6	7
02	我觉得公司的氛围基本上是鼓励新的想法	1	2	3	4	5	6	7
03	我觉得这个组织有一种充满活力的氛围	1	2	3	4	5	6	7
04	我觉得公司允许我采取我认为最适合特定情况的行动来解决问题	1	2	3	4	5	6	7

索引